KB142716

대이동의 시대

인류, 새로운 생존의 지도를 쓰다

인류, 새로운 생존의 지도를 쓰다

MOVE

대이동의 시대

파라그 카나 글 | 박홍경 옮김

비즈니스맵

학자, 멘토, 세계주의자였던

데이비드 헬드David Held에게 바칩니다.

CONTENTS

들어가는 글
2050년 우리는 어디에 살아야 할까?   7

1장   이동은 우리의 운명   15

2장   청년 인재를 차지하기 위한 전쟁   57

3장   세대 이동   107

4장   차세대 아메리칸드림   153

5장   유럽 연방   191

6장   지역 연결   233

7장   북극주의   259

8장   '남반구'는 살아남을 것인가?   285

9장   아시아인들이 온다   313

10장   태평양 아시아에서 후퇴와 부활   333

11장   퀀텀 피플   357

12장   도시의 평화   385

13장   문명 3.0   421

2050년 우리는 어디에 살아야 할까?

2020년 4월은 세계가 멈춰 선 달로 영원히 기억될 것이다. 전 세계 인구가 이동 제한이라는 동일한 조치를 동시에 취한 적은 인류 역사상 단 한 번도 없었다. 거의 모든 사무실과 상점이 문을 닫았다. 거리와 공원은 텅 비었다. 자동차, 기차, 항공기는 운행되지 않았다. 에딘버러와 파리에서 케이프타운과 캔버라에 이르기까지 평소라면 인파가 북적이는 도시에서 염소, 사슴, 여우, 돼지, 오리, 캥거루, 심지어 펭귄이 한가롭게 거닐었다.

'폐쇄' 이후 수개월 동안 전 세계가 이동 제한 조치를 취하면서 수십억 명이 극심한 고통을 맛봤다. 혼란이 벌어지는 속에서 발생한 가장 큰 모순은 우리가 원활한 글로벌 이주에 얼마나 익숙해져 있었던지가 분명하게 드러났다는 점이다.

2019년은 관광업에 기록적인 해로 국제 항공편 승객이 15억 명으로 역대 최고치를 기록했다. 마찬가지로 해외 이주자로 분류된 인구도 2억 7,500만 명으로 사상 최대 규모를 기록했으며 여기에는 두바이의 인도 건설 근로자와 필리핀 가정부부터 아시아의 미국인 중역과 영국 교사들이 포함되었다.

이 모든 행렬이 중단되었다. 이주와 여행이 급증세를 보이던 상황에서 이동 제한 조치가 내려지면서 세계 인구가 갑작스럽게 원점으로 돌아갔다. 세계 곳곳에서 관광객, 학생, 국외 거주자가 자신의 출생지나 소속 국가로 돌아가야만 했다. 유럽은 시민들을 송환하기 위해 아프리카와 라틴아메리카로 전세기를 보냈다. 아시아의 학생들은 미국, 영국, 오스트레일리아에서 고국으로 돌아갈 편도 항공편을 구입했다. 20만 명이 넘는 인도 근로자들은 사우디아라비아와 아랍에미리트 같은 페르시아만 국가에서 인도로 돌아갔다. 이와 같은 전례 없는 귀환으로 사람들이 거주하는 위치와 시민권이 인위적으로 재조정되었다. 사람들이 기억하는 한 처음으로 거의 전 세계 인구가 '집'에 머물게 되었다. 하지만 이 상황이 얼마나 지속될까?

개인과 직장인으로서의 생활에서 상당 부분이 이동성에 기대고 있다. 사람, 상품, 자본, 데이터가 도시와 국가 내부뿐 아니라 다른 나라로 이동한다. 사회는 우리가 이동할 때에만 정상적으로 기능할 수 있다. 자전거 페달을 멈추는 순간 순식간에 넘어지고 만다. 인류 문명은 자전거와 다름없으며 우리는 앞으로 움직일 것이다.

2010년대 초에 나는 동료인 그렉 린제이Greg Linsay와 이런 질문을 나누었다.

"2050년에 우리는 어디에 살고 있을까?"

'첨단 IT 도시'라고 간단하게 답할 수도 있지만, 구체적으로 어느 도시일까? 어떤 도시에서는 감시가 만연해 있을 것이고 어떤 도시에서는 주민들에게 더 많은 사생활을 보장할 것이다. 기후 변화에 복원력을 갖춘 지역도 있지만 2050년이 되면 물에 잠기는 곳도 있을 것이다. 서비스 경제와 활기찬 문화가 번성하는 도시가 있는 반면 미시간에 흩어져 있는 버려진 '공장 도시'와 같이 변하는 곳도 있을 것이다.

세계에서 풍부한 식수를 제공하고 거버넌스(공동의 목표를 달성하기 위하여 주어진 자원 제약하에서 모든 이해 당사자들이 책임감을 가지고 투명하게 의사 결정을 수행할 수 있게 하는 제반 장치)가 발전했으며 혁신적인 산업으로 인재를 유치할 수 있는 지역을 찾은 결과······ 웬걸, 미시간이 적합한 장소로 확인되었다.

보다 폭넓게 보자면 우리는 '새로운 북반구'가 유망한 곳으로 부상하고 있음을 발견했다. 오대호 지역, 스칸디나비아반도 같은 지역에서 재생 에너지, 식량 생산, 경제 다변화에 많은 투자를 하고 있다.

단순해 보이는 사고 실험에 몇 가지 중요한 교훈이 담겨 있다. 우선 우리는 위기를 선택할 수 없다. 코로나19, 기후 변화, 경제 붕괴,

정치 불안이 동시에 전개될 수 있으며 심지어 하강 나선을 그리며 상황이 더 악화될 수도 있다. 또 다른 교훈은 과거에 버려진 장소가 미래에는 부활할 수 있다는 점이다. 오대호의 러스트 벨트 도시는 음울한 디스토피아의 전형으로 손꼽혔다. 여전히 미시간에서는 해마다 유입되는 인구보다 두 배 많은 수의 인구가 빠져나가고 있다(이 과정에서 의석 수도 줄었다). 하지만 향후 디트로이트의 부동산이 뜨거운 관심을 받을 수도 있고 이미 회복의 초기 징조가 보이고 있다. 경전철, 미술관, 부티크 호텔, 장인들의 패션, 화려한 아랍과 아시아 식품점이 등장하고 있는 것이다. 디트로이트 중심부에서는 청년 전문가들이 점심과 음료를 즐긴다. 산업 기업은 미시간의 공장을 전기차 생산지로 탈바꿈시켰으며 알파벳 기업(구글의 공동 설립자 래리 페이지, 세르게이 브린이 설립한 미국의 복합 기업)의 사이드워크랩스는 디트로이트와 앤아버를 오가는 자율 주행차를 위한 고속 도로를 건설 중이다. 앞으로 3D로 인쇄해 만든 주택을 위한 공장이 들어설 수도 있다. 20년 내에 미국—캐나다 관계가 진전되어 디트로이트가 시카고와 토론토를 잇는 세련되고 번성하는 중간 지점 역할을 할 수도 있다.

스펙트럼의 반대편에 있는 도시로는 홍콩을 들 수 있다. 화려한 글로벌 도시 홍콩은 현재 중국 정부의 폭력적인 진압에 신음하고 있다. 과거 영국의 식민지로 아시아의 주요 자본가 허브였던 도시는 자유를 원하는 홍콩 원주민 청년들과 국가보안법에 굴복하기를 바라는 중국 정부가 대치하는 전쟁터로 변했다. 홍콩이 중국 본토에 완전히 편입되는 공식 기한인 2047년을 한참 앞두고 홍콩의 많은 청년들이 다른 곳으로 떠날 것이며, 빈자리를 순종적인 중국 본토 시민 수백만 명이 채울 것이다.

수십 년 뒤 어떤 곳이 성공할지, 아니면 실패할지를 예측하려면 정치, 경제, 기술, 사회, 환경 요소를 전체적으로 살펴보고 각 요소가 서로 어떻게 교차되는지 예측하며 각 지리적 요소가 무한한 복잡성에 어떻게 적응하는지 시나리오를 그려 봐야 한다. 수많은 우여곡절이 기다리고 있다.

오늘의 이동 제한 조치가 내일에는 대규모 이주로 변할 수 있다. 현재의 포퓰리즘 민주주의가 향후 데이터에 기반한 거버넌스로 변할 수도 있는 것이다. 오늘날 국민으로서의 정체성이 앞으로 글로벌 연대로 발전하거나 일부 지역에서는 그 반대 현상이 일어날 수 있다. 2050년이 되기 전까지 자신이 적절한 이주를 시도했는지 여부는 알 수 없는 일이다.

역사는 팬데믹과 전염병, 전쟁, 대량 학살, 기근, 화산 분출 등 전 세계에 영향을 미치는 거대한 혼란으로 가득 차 있다. 거대한 재앙이 지날 때마다 인간은 생존 본능에 따라 다른 곳으로 이동한다. 인류는 역사상 가장 광범위한 실험을 하기 시작했다. 팬데믹이 서서히 지나가고 있으며 국경이 다시 열리고 사람들은 다시 떠날 채비를 하고 있다. 어떤 장소를 떠나 어디로 이주할까?

정치 격변과 경제 위기, 파괴적인 기술, 기후 변화, 인구 구조의 불균형, 팬데믹 피해망상이 복잡하게 뒤섞인 상황에 우리 모두가 대처할 수 있는 가장 좋은 방법은 무엇일까? 이러한 질문에 관한 답은 한 단어로 요약된다. 바로 '이동'이다.

인류의 지도는 고정되어 있지 않다. 지금뿐 아니라 한 번도 그런 적이 없었다.

이 책을 통해 독자들이 앞으로 지리가 급격히 변화하는 시나리오를 고려해 보고 현재 머물고 있는 곳이 인류의 다음 지도에서 어디에 위치할지 가늠해 보기를 바란다.

대이동의 시대

인류, 새로운 생존의 지도를 쓰다

1장

이동은
우리의
운명

우리가 만들어 가는 지리

1990년에서 2005년 사이에 조지타운대학교의 국제외교학부를 졸업한 사람을 붙들고 평생 기억에 남을 강의를 하나 꼽아 보라고 물어보라. 모두 눈빛을 반짝이며 입가에 미소를 머금고 한 단어를 내뱉을 것이다. 바로 '지도학' 강의다. 성적도 이수 혹은 미이수로 결정될 뿐인 1학점짜리 강의에 불과하지만, 학생들이 강의를 다시 듣기 위해 시험에서 고의로 낙방할 정도로 전설적인 수업이었다. 얼마 지나지 않아 청강이라도 하려는 수백 명의 학부생이 합류하면서 해가 갈수록 점점 더 큰 강당에서 수업을 진행해야 했다. 모두 박학다식하나 괴팍한 찰스 퍼틀Charles Pirtle 박사의 우레와 같은 강의를 지켜보는 즐거움을 맛보기 위해 모인 이들이었다. 퍼틀은 지구상의 모든 국가, 수도, 수역, 산맥, 국경 분쟁에 대한 중요한 사실을 투척하는 인간 대포와 같았다. 그의 '현대 세계의 지도' 강의는 2005년 〈뉴스위크〉의 '마조히스트를 위한 대학 강의' 목록에 당당히 이름을 올렸다. 이런 학대라면 얼마든지 당해도 좋지 않겠는가.

퍼틀이 강의에서 추구한 고결한 목표는 크게 두 가지다. 지리에 대한 무지를 타파한다는 목표와 세계 지도가 환경, 정치, 기술, 인구 통계의 끊임없는 충돌을 통해 도출된 결과물임을 보여 준다는 중요한 목표다. 내가 이러한 요소의 상호 작용을 전문가로서 파고들어 분석하게 된 것도 퍼틀 박사 덕분이다. 결과적으로 보면 1990년대 고등학교 지리 수업 시간에 배운 내용은 탐구열을 거의 불러일으키지 못했다. 지리는 지구 과학(기후학은 물론이고 주로 지질학을 탐색)에 가까웠으며 여기에 고정된 경계선을 살펴보는 식이었다. 대다수의 학생에게 지리학 공부는 이러한 정치 지리에 국한되었으며 지도에 표시된 임의의 선(경계) 대부분은 마치 이 세상에서 가장 불변의 성격인 양 배웠다. 하지만 현실에서 국가란 인간과 자원의 이동으로 형성되는 구멍 뚫린 공간과도 같다. 그러한 이동이 없다면 국가의 존재 가치가 있을까?

인문 지리는 인류가 여섯 개 대륙에 걸친 1억5,000만km² 땅덩어리의 어느 지역에, 어떻게 분포하고 있는지를 살피는 학문이다. 기후학과 마찬가지로 우리가 다른 인간, 지구와 어떻게 관계를 맺는지를 심도 있게 다루는 학문이라 할 수 있다. 인문 지리는 인구 통계(인구에서 연령과 성별 간 균형 상태), 이주(인구의 재정착)와 같은 뜨거운 쟁점도 다루지만 한층 더 들어가 민족의 구성, 환경 변화에 따른 유전적 적응도 살핀다. 기후 변화로 인한 난민 발생, 경제 이민, 근친혼에서 진화에 이르는 모든 주제가 인문 지리의 장대한 스토리를 구성한다.

인류는 험난한 여정을 이어 갈 수밖에 없으며 더는 자연(물, 에너지, 광물, 식량 자원의 원천), 정치(국가의 경계가 되는 영토 국경을 논하는 영역), 경제(사회 기반 시설과 산업이 작동하는 분야) 같은 지리적 층 간에 유지되어 온 안정적 관계를 당연시해서는 안 되기 때문에 오늘날 인문 지리는 중요한 의미를 지닌다.

그런데 여러 층 간에 형성된 이와 같은 피드백 루프(반응의 결과물이 그 반응의 시작을 증폭하는 현상)가 오늘날처럼 강력하고 복잡했던 적은 없었다. 인간의 경제 활동은 삼림 파괴를 일으키고 지구 온난화, 해수면 상승, 극심한 가뭄을 야기하는 산업 배기가스 배출 속도를 높였다. 미국의 4대 도시는 가장 큰 위험에 처해 있다. 뉴욕과 마이애미는 수몰 위험에 직면해 있으며 로스앤젤레스에서는 수자원이 고갈되었고 샌프란시스코는 화재에 시달린다.

이러한 연쇄 반응이 미국에서 수백만 시민의 삶을 강타한다면 아시아에서는 그 규모가 수십억에 달한다. 한번 생각해 보라. 지난 수십 년 동안 아시아 국가는 폭발적인 인구 증가, 도시화, 공업화에 힘입어 경제 발전을 이루었는데 모두 배기가스의 배출을 급격히 증가시키는 활동이다. 이로 인해 해수면이 상승하면서 환태평양 지역과 인도양의 해안에 위치한 메가시티(인구 1,000만 명 이상의 도시)에 거주하는 수많은 인구가 위험에 처해 있다. 아시아의 부상은 곧 아시아의 침몰을 앞당기고 있으며 침몰이 현실화될 경우 더 많은 아시아인이 국경을 넘으면서 자원 갈등이 벌어질 수 있다. 인간이 자연을 공격하고, 자연이 다시 인간을 공격하는 모양새다.

지금이야말로 지리의 여러 층이 얼마나 어긋나 있는지 찬찬히 살펴보기에 적절한 시점이다. 3억 인구가 거주하고 있는 북미와 유럽 선진국에서는 고령화가 진행되는 가운데 인프라가 노후한 상태인 반면, 청년 인구만 20억에 달하는 라틴아메리카, 중동, 아시아에서는 노년층을 돌보고 공공 서비스를 유지할 역량을 갖춘 청년들이 일손을 놓고 있는 실정이다. 캐나다와 러시아의 인구 과소 지역에는 광활한 경지가 사용되지 않고 있는 상태인 반면 수백만 명의 궁핍한 아프리카 농민들은 가뭄으로 인해 터전을 떠날 수밖에 없는 처지다. 인구가 적은 핀란드와 뉴질랜드 같은 국가는 탁월한 정치 체계를 자랑하는 반면 다른 나라의 수억 명의 인구는 독재 정권 아래에서 신음하거나 난민 수용소에서 생활하고 있다.

그러니 역사상 가장 많은 인구가 이동하고 있는 현상도 놀라운 일은 아니다.

20세기에 유년기를 보낸 사람이라면 '지리는 운명'이라거나 '인구 통계는 운명'이라는 격언을 잘 알 것이다. 전자는 위치와 자원이 우리의 운명을 결정한다는 의미이며, 후자는 인구 규모와 연령 구조가 가장 중요한 요소임을 암시한다. 종합하면 인간은 자신의 환경에 매여 있는 존재이며 더 나은 인구 구조와 자원이 풍부한 국가에서 태어나기를 바라는 수밖에 없다는 것이다. 그런 결정론을 계속 믿어야만 할까? 물론 그렇지 않다. 지리는 운명이 아니다. 지리는 우리가 만들어 가는 것이다.

2016년에 펴낸 『커넥토그래피 혁명』에서 나는 전 세계 문명의 궤적을 설명할 세 번째 격언으로 '연결성은 운명'을 제시한 바 있다. 철로, 전력망, 인터넷망과 같은 기계적 뼈대로 구성된 방대한 기간망 덕분에 인간, 상품, 서비스, 자본, 기술, 아이디어가 지구적인 규모로 빠르게 이동할 수 있다. 연결성과 이동성은 상호 보완적이며 동전의 양면과 같은 관계로 인류의 미래를 결정지을 네 번째 격언인 '이동성은 운명'으로 이어진다.

그렇다면 우리가 연결성을 최대한 발휘하지 못하도록 가로막는 장벽은 무엇일까? 인류라는 집단의 관성은 물리적, 법적, 심리적 경계에 그 뿌리를 두고 있다. 세계의 정치 지도는 고대 문명이 자리 잡은 곳, 유럽 제국이 정복하거나 분리한 곳, 인구를 분리시키는 자연적 특성 등 대체로 우발적인 이유에 따라 현재와 같은 모습을 하고 있다. 국경은 이전에 그렇게 정해졌기 때문에 현재의 모습을 하고 있는 것이다. 하지만 지구는 미국, 러시아, 캐나다, 중국의 것이 아닌 우리 인류의 것이다. 여기에서 질문을 하나 제기할 수 있다. 우리는 이 시대의 요구에 보다 잘 부합하는 정치 지리가 도출되도록 지도 제작에 새로운 실용주의를 불어넣을 수 있을까?

경영학의 대부 피터 드러커Peter Drucker는 "격변의 시기에 우리가 맞닥뜨릴 수 있는 가장 큰 위험은 그러한 변화 자체가 아니라 지난날의 논리로 대응하는 것이다."라고 경고했다. 우리에게는 더는 인문지리가 어떻게 펼쳐질지 수동적으로 관망할 여유가 없다. 그 대신 지리를 적극적으로 재편하여 인간과 기술을 필요한 곳으로 이동시키는 한편 살기 좋은 곳이 앞으로도 살 만한 공간으로 남아 있을 수 있도록 노력해야 한다. 그렇게 하려면 세계인을 위한 집단 이주 전략을 통해 전 세계 문명의 구조를 획기적으로 변화시켜야만 한다. 이 같은 전략을 제대로 실현한다면 인류의 생존 가능성이 높아지고 휘청이는 경제에 다시 활력을 불어넣고 인류가 보다 분별 있는 모습으로 살아갈 수 있다.

대규모 이주는 불가피하며 그 어느 때보다 필요한 상황이다. 앞으로 수십 년 동안 전 세계의 인구 과밀 지역은 버려지고 과소 지역의 인구가 크게 증가해 새로운 문명 중심지로 발돋움하는 변화가 일어날 수 있다. 운 좋게도 캐나다나 러시아와 같이 다른 곳으로 이주할 필요가 없는 지역에 살고 있지 않다면 앞으로 이주할 일이 생길지 모르는 것이다. 레닌의 발언을 바꾸어 표현하자면 '당신은 이주에 관심이 없더라도 이주는 당신에게 관심이 있는 것'이다.

내일의 세계는 인구의 이동뿐 아니라 모든 것의 이동으로 규정될 것이다. 모두가 휴대전화를 가지고 있어 어디서나 통신, 인터넷, 의료 상담, 금융 서비스를 이용할 수 있는 상황이니 누구도 '은행'에 갈 필요가 없어질 것이다. 업무와 학습도 이미 온라인 공간으로 옮겨졌기 때문에 디지털 유목민 수가 폭발적으로 증가할 것이다. 그 어느 때보다 많은 사람이 이동 주택을 비롯한 이동 가능한 주거 형태를 이용하고 있다. '고정' 투자조차 대체 가능한 형태가 되었다. 3D 기법으로 건물을 올릴 수 있게 되면서 어디에나 공장과 병원을 세우고 태양을 비롯한 재생 자원으로 전력을 생산하며 드론으로 필요한 모든 것을 배송받을 수 있다.

인구가 이동하면 공급망도 이동하기 마련이다. 노동력과 자본이 새로운 공간으로 끊임없이 이동하면서 생산성을 나타내는 지리도 새롭게 변화한다. 이동성은 인류의 미래 문명을 들여다볼 수 있는 렌즈인 셈이다.

이동성은 물질과 철학이 혼합된 개념으로서 다음과 같은 질문을 제기한다. 우리는 왜 움직이며, 이러한 이동은 우리의 필요와 욕구에 대해 무엇을 보여 주는가? 이와 함께 정치, 법과 관련된 질문도 살펴봐야 한다. 이동이 허용되는 대상은 누구인가? 이동 시 어떤 제약 사항이 있으며 그런 제약은 왜 존재하는가?

규범적인 질문도 제기된다. 사람들은 어디로 이동해야 하는가? 전 세계에서 최적의 인구 분포는 어떤 모습인가? 이동성은 형태가 없는 정신적인 경험이기도 하다. 이동은 삶의 여러 단편이 조합되는 방식을 새롭게 바라보도록 돕기 때문에 창의성을 자극한다. 존 듀이John Dewey 같은 철학자들은 자연과 사회 환경에서 자유롭게 이동하는 것의 미학에 대해 고찰하고 그러한 교류가 삶에 의미를 불어넣는다고 설득력 있는 주장을 펼쳤다.

발터 벤야민Walter Benjamin은 19세기 파리에 지어진 유리로 뒤덮인 아케이드와 그 아케이드에 몰려드는 방랑하는 한량들이 얼마나 중요한지를 십 년에 걸쳐 살폈다. 이동하는 것은 곧 자유를 누리는 일이다.

여러분은 이동할 준비가 되어 있는가? 정치와 경제 위기, 기술의 파괴적 변화, 기후 변화로 안위가 위협받고 있지는 않은가? 다른 곳에서라면 여러분과 가족이 더 나은 환경을 누릴 수 있는가? 그곳에 이르지 못하도록 가로막는 장애물은 무엇인가? 그 장애물이 무엇이든 극복해야만 한다. 수십억 인구에게 이동성은 규범이 되어 가고 있다. 이동 그 자체가 목적이 될 수도 있다. 우리는 그저 이동하는 것이 아니라 '항상' 움직이고 있다. 이동하는 과정에서 인간됨의 의미를 다시 발견하게 될지도 모를 일이다.

인구 밀도: 1km²당 인구수

■ 2,500-175,000
■ 501-2,500
■ 101-500
■ 51-100
■ 26-50
■ 6-25
■ 1-5

현재 전 세계 인구는 80억에 약간 못 미친다. 이 가운데 50억 가까이가 아시아에 살고 있고 10억은 아프리카, 7억 5,000만은 유럽, 6억은 북미, 4억 2,500만은 남아메리카에 거주하고 있다.

이주로 탄생하는 국가

인류의 대다수는 국경을 한 번도 넘어 보지 못했다. 오늘날에도 대부분의 인구가 자신이 태어난 나라에서 평생을 보낸다. 하지만 이런 사람들이 이주자가 아니라고 단정할 수는 없다. 국경을 넘는 사람들의 수를 집계하는 방식은 무척 허술하며 이주를 제대로 파악할 수 없도록 만든다. 국제이주기구IoM에 따르면 국내 이주자의 수는 국외 이주자의 약 3배에 달한다. 여기에는 터전을 떠날 수밖에 없는 사람도 포함되어 있다. 약 4,000만 명에 달하는 국내 실향민internally displaced peoples, IDP은 국내 다른 지역으로 강제 이주한 사람들로, 대부분 정치 폭력의 희생자이지만 기후 변화로 이주하는 경우도 있다. 이동하는 사람들에 대한 이야기는 해외 제트족(제트기로 자주 여행하는 부유층)에 대한 이야기이기도 하지만 이러한 강제 이주에 대한 이야기이기도 하다.

각국 내부에서 도시화가 진행되면서 인류 역사상 최대 규모의 이주가 지난 수십 년에 걸쳐 일어났다고 봐도 무방할 것이다. 1960년에는 도시 거주 인구가 10억에 불과했다. 하지만 오늘날에는 그 숫자가 50억을 뛰어넘는다.

세계 인구 중 상당수가 시골에서 도시로 이주하면서 교육, 업무, 건강 등 삶의 여러 측면에서 상상할 수 없는 변화를 겪었다.● 중국 해안 도시로 유입된 노동력은 그저 중국이 경제 대국으로 부상하도록 일조한 것이 아니라 엔진 역할을 했다. 중국 내부의 국내 이주자는 전 세계 이주자보다도 많다. 인도에서도 델리, 방갈로르, 하이데라바드, 기타 부상하는 상업 중심지로 청년이 몰리면서 중국과 유사한 과정이 진행되고 있다.

이러한 수치는 통계에 국제 이주로 집계되지 않지만 임금 인상,

● 도시와 농촌의 임금 격차는 점점 커지고 있으며 농촌 지역의 생활비가 낮다는 점을 고려하더라도 현재 주요 도시의 임금이 농촌보다 약 1.5배 높은 수준이다. William Gbohoui et al., "A Map of Inequality of Countries," International Monetary Fund Blog, November 6, 2019.

농촌의 가족에게 보내는 송금을 통해 성장의 주요 동력 역할을 한다. 이주의 효과를 누리기 위해 반드시 국경을 넘을 필요는 없다.

도시화는 국제 이주를 촉진시키기도 한다. 백 년도 더 전에 독일의 지리학자 에른스트 게오르그 라벤슈타인Ernst Georg Ravenstein이 설명했듯 많은 사람이 해외로 나갈 수 있는 발판을 마련하기 위해 대도시로 향한다. 세계 40대 메가시티가 성장을 거듭하고 있고 신흥 도시도 인구가 몰리면서 향후 수십 년 동안 약 10억 명이 추가로 도시에 유입될 전망이다. 그중 상당수가 해외로 나가려는 목적을 가지고 있다고 봐도 무방할 것이다.

이동성이 곧 인간의 특징

인류의 역사는 한 걸음의 도약에서 시작된다. 최초의 직립 보행인들은 약 200만 년 전에 아프리카를 벗어나 육교land bridge를 건너 오늘날 홍해와 시나이 반도에 해당하는 유라시아에 이르렀다. 이후 수백만 년 동안 우리의 조상인 원인(선사 시대 초기의 인류)은 이종 교배를 거쳤고 약 30만 년 전에는 호모 사피엔스homo sapiens라는 고유의 종이 출현하기 시작했다. 고생물학자들은 9만 년~13만 5,000년 전에 아프리카에 극심한 가뭄이 닥치면서 호모 사피엔스가 아프리카를 떠나 네안데르탈인이 거주하고 있던 유럽에 도달했다고 추정한다. 호모 사피엔스는 경쟁자인 네안데르탈인보다 날렵하고 곧게 선 신체를 활용해 더 먼 곳에서 사냥과 채집 활동을 할 수 있었고 뼈(이후에는 암석) 도구를 사용했다. 호모 사피엔스는 경쟁자들을 앞섰으며 더 오래 살아남았다.

흔히 인간을 다른 영장류와 구별 짓는 핵심 요소로 언어를 꼽는다. 그런데 대체 인간이 말하는 법을 터득한 이유는 무엇일까? 언어학자들은 인간의 언어가 10만 년 전부터 발전하기 시작했다고 추정한다. 이주에 나서면서 수백 킬로미터에 달하는 지역에서 사냥하기 시작했고, 이 과정에서 소통이 필요해지면서 호모 사피엔스 간교류가 증가했기 때문이다.

약 2만 5,000년 전의 마지막 빙하기와 같은 기후 변화 때문에 인간은 시베리아와 육교를 건너 북아메리카까지 이동할 수밖에 없었다. 그러다 1만 1,000년 전 북부 위도가 다시 주거 가능한 환경으로 변하면서 유라시아로 향하는 이주가 촉발되었고 오늘날 30억 인구가 사용하는 인도 유럽어족이 발생했다.

대규모 이주는 인류 역사와 가장 오래된 신화 전반에 스며들어 있다. 히브리 성서에 따르면 유대인들은 오랫동안 파라오가 다스리는 이집트에서 노예 생활을 하며 고통받았다. 그러다 대규모 탈출을 감행했고 기적적으로 시나이 반도를 건너 조상들의 고향인 가나안으로 돌아갔다. 게르만족, 슬라브족, 훈족이 쇠락하던 로마 제국을 침략한 기원후 초기의 수백 년을 가리켜 독일어로 대이동Völkerwanderung이라 칭한다. 예언자 무함마드의 추종자들은 메카에서 박해를 받게 되자 아프리카 아비시니아(에티오피아의 옛 이름) 왕국으로 도피했다. 한편으로는 포교를 수행하는 정복자가 되어 초기 칼리프국을 건설했으며 동남아시아에서도 추종 세력을 만들었다. 카스피해와 태평양 사이에 위치한 아시아 지역 남성의 최대 10퍼센트가 칭기즈칸의 후예로 추정되는 이유는 몽골족이 유목 민족이자 현지 부족과 결혼으로 인연을 맺는 일부다처 문화를 가진 정복자였기 때문이다.

14세기에 유행하던 흑사병으로 약 1억 명이 목숨을 잃었으며 이 사건으로 광대한 몽골 제국이 분열되기에 이르렀다. 유럽에서는 농민과 노동자가 토양 환경이 보다 나은 지역과 노동력 부족으로 임금이 상승하던 도시로 몰려들었다. 일부 아랍 영토에서는 인구의 90퍼센트가량이 전염병이 도는 마을을 버리고 도시로 달아났다.

이후 수백 년 동안 지속된 소빙하기에 빙하가 확대되고 흉작이 이어지면서 유라시아 인구는 주거 환경이 보다 나은 곳을 찾아 떠날 수밖에 없었다. 또한 네덜란드인과 포르투갈인은 해양 탐험에 나서 식민지 영토를 확대했다.

식민지 시대에 발생한 이주는 자발적인 측면과 비자발적인 측면이 혼합되어 있었다. 잉글랜드는 16세기 말 아메리카에 식민지를 건설하기 시작했다. 초기 정착민에 이어 17세기에는 이윤과 종교적 자유를 원하던 청교도, 퀘이커 교도가 이주 행렬에 동참했다. 대서양을 횡단하는 노예 무역이 실시되며 400년 동안 1,300만 명가량의 아프리카인이 북아메리카, 카리브해 지역, 남아메리카로 이송되었다. 아시아에서는 영국과 포르투갈 제국이 확장되면서 수백만 명의 말레이 상인과 인도 상인이 인도양을 건넜으며, 동아시아인들은 태평양을 건너 북아메리카와 남아메리카에 당도했다. 당·명·청 왕조를 아우르는 천 년 남짓 동안 말레이반도에 자리 잡은 중국 이주자들은 동남아시아를 오늘날과 같은 민족의 용광로로 만드는 데 기여했다.

19세기를 일컬어 '민족주의 시대'라고 부르는데 유럽 제국에 저항하는 민족주의 운동이 일어난 까닭이다. 하지만 19세기는 산업혁명으로 인해 농업과 제조업 모두에서 노동력이 크게 필요했던 대규모 이주의 시대이기도 했다. 수백만 농민이 도시의 공장에서 일하기를 원했고 증기선과 철도를 통해 수백만 근로자, 노예, 범죄자가 대영제국, 특히 대서양 건너 북미로 이동했다. 6,000만 명의 유럽인들이 아메리카로 이주했는데 이 가운데 150만 명은 감자 기근으로 피난길에 오른 아일랜드인(인구의 40퍼센트)이었으며 이어 농촌의 기근을 피해 수백만 명의 이탈리아인이 아메리카 땅을 밟았다.

민족주의는 20세기에도 각광받았다. 탈식민지 운동으로 유럽이 전 세계에 거느리던 제국이 막을 내렸고 수십 개의 새로운 국가가 탄생했다. 제2차 세계대전의 종전으로 세계 지도의 상당 부분에 해당하는 지역의 국경이 정해졌으나 세계인의 이동을 막지는 못했다. 수백만 명의 난민이 동유럽에서 서유럽으로, 유럽에서 아메리카 대륙으로 이주했다. 홀로코스트 전후로 수십만 명의 유대인이 유럽에서 아메리카, 팔레스타인으로 옮겨 갔으며 1948년 이스라엘이 건국된 뒤에는 그보다 더 많은 수가 몰려들었다. 1947년 인도와 파키스탄의 분리로 2,000만 명의 힌두교도, 무슬림, 시크교도가 터전을 잃었으며 이는 인류 역사상 최대 규모의 이주로 기록되었다.

식민지 시대의 잔재로 수백만 명의 인도인, 파키스탄인이 영국으로 이주했으며 같은 이유로 베트남인, 알제리인, 모로코인도 프랑스로 이주했다. 전후 수십 년 동안 유럽에서는 극심한 노동력 부족 사태가 벌어진 반면 튀르키예에서는 실업률이 치솟으면서 독일과 주변 국가에 튀르키예 초청 노동자Gastarbeiter가 몰렸다. 미국에서는 1965년 이민법 제정으로 이민자의 국적 제한이 폐지되면서 카리브해와 중앙아메리카의 라티노와 더불어 중국, 인도, 베트남 등에 거주하던 아시아인이 대거 몰려들었다.

최근 수십 년 동안에도 대규모 재정착을 촉발시키는 여러 사건이 있었다. 1980년대 아프가니스탄, 최근에는 이라크와 시리아에서 내전이 발발하고 파탄 국가가 되기에 이르면서 수백만 명이 난민으로 전락했다. 30년 전 소련이 붕괴되면서 수백만 명이 동유럽과 중앙아시아에 이르는 옛 공화국으로 이주했다. 페르시아만에서 석유 붐이 일면서 팔레스타인과 남아시아의 수백만 이주 노동자가 쿠웨이트, 사우디아라비아, 아랍에미리트UAE로 몰려들었다. 이주자들은 오늘날 가장 현대적인 국가를 물리적으로 건설했다. 이동하고 터를 닦는 행위야말로 인간의 가장 본질적인 특성이라 할 수 있다.

세계를 움직이는 이주자들

많은 사람이 포퓰리즘, 팬데믹 때문에 더는 오스트레일리아에서 이주가 일어나기 어려울 것이라 생각한다. 하지만 경제적인 측면을 보자. 지난 50년 동안 각국 정부는 도로 건설에서 퇴직 연금 제도에 이르는 각종 사업의 재원 마련을 위해 무려 250조 달러를 빌렸다(전 세계 GDP의 세 배가 넘는 금액이다). 이러한 차입을 통해 오늘날의 현대적인 문명을 건설했지만 이제 고령화 국가는 이주자와 투자자를 유치해 납세 활동을 이어가지 않는다면 장기간의 경기 침체기를 피할 수 없는 실정이다. 많은 국가가 주택, 학교, 병원, 사무실, 식당, 호텔, 쇼핑몰, 박물관, 경기장, 기타 시설을 활용할 젊은 세대가 없다면 인구와 경제 모두 영구적으로 위축될 위험에 처해 있다.

이주자들이 세계 인구에서 차지하는 비중은 작지만 그 중요성은 날로 커지고 있다. 19세기 말 국제 이주는 전체 인구에서 무려 14퍼센트를 차지했다. 숫자로는 16억 인구 중 약 2억 2,500만 명에 해당한다. 그러다 제1차 세계대전이 발발하고 스페인 독감이 발병하면서 이주 행렬이 둔화되었다. 그로부터 백 년이 흐른 현재 이주자 수는 2억 7,500만 명가량으로 이전보다 훨씬 많은 80억 인구에서 차지하는 비중이 3퍼센트로 이주 비율이 예전보다 크게 낮아졌다. 이를 보면 이주가 그리 활발하게 진행되지 않은 것으로 보일 수 있으나 사실 오늘날의 수치는 훨씬 의미 있는 성과를 담고 있다. 그 이유가 무엇일까?

19세기의 이주가 유럽인, 중국인의 필사적인 탈출과 더불어 영국 식민지 피지배자들이 제국 전역에서 강제적으로 이동한 현상이었다면, 오늘날 이주는 대부분 200여 개의 주권 국가에서 대부분 자발적으로 이동하는 형태이기 때문이다. 또한, 숫자는 차치하고 오늘날의 이주자들은 전 세계 GDP의 10퍼센트를 담당하는데 이는 중국이나 미국 GDP에 약간 못 미치는 수준이다. 2019년 기준으로 이주자들이 해외로 송금하는 금액은 약 5,500억 달러에 달한다(이 수치 역시 1980년 이후 약 1,000억 달러에서 정체되어 있는 해외 원조 총액을 크게 앞선다).

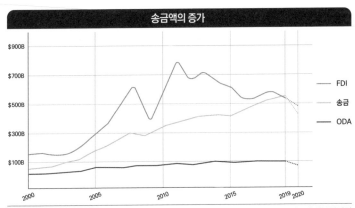

해외 이주의 증가와 발맞춰 송금액도 증가해 왔다. 반면 해외 원조는 답보 상태에 머물렀으며 외국인직접투자(FDI)는 금융 위기와 오스트레일리아의 정책 때문에 큰 폭의 등락을 보였다.

안타깝게도 자금이 해외로 이체될 때와 비교해 사람이 국경을 넘는 과정이 훨씬 까다롭다. 각국은 상품과 자본이 자유롭게 이동하는 데 (상대적으로) 개방적인 태도를 취하지만 사람에 대해서는 그렇지 않다. 이주는 영토에 출입하는 사람들을 관리하는, 주권에서 기본적이면서도 가장 민감한 영역에 해당한다. 미국은 망명 신청자와 연쇄 이주(특히 라틴계 가족)를 막는 엄격한 제한을 만들었으며 오스트레일리아는 반영구적 억류 캠프가 된 파푸아뉴기니의 정글에 이주 처리 센터를 만들었다. 이탈리아를 비롯한 유럽 국가는 이주자들이 지중해를 건너 오지 못하도록 리비아 민병대에 자금을 지원했다. 세계 인권 선언은 다른 나라에 거주할 권리를 보장하지 않는다. 오로지 수용국에서 결정할 문제다.

현재 글로벌 이주에 대한 구속력 있는 제도는 마련되어 있지 않으며 앞으로도 그럴 것이다. 하지만 가족사, 비즈니스 수요, 문화 선호에 따라 지역에 깊숙이 자리하고 있는 인구 변화의 패턴이 존재한다.

미국에 거주하는 외국인의 절반은 멕시코인이거나 라티노다. 유럽연합 회원국 내에서는 거의 제한 없는 이주가 허용되며 다른 혜택도 누릴 수 있다. 동남아시아는 대체로 국경이 개방되어 있으며 대부분의 해외 이주가 동남아시아 내에서 일어나거나 중국과 인도에서 유입되는 경우다.

대다수의 이주는 지역 내에서 혹은 인근 지역 간에 일어나고 있다. 최대 규모의 이주는 옛 소비에트 공화국에 해당하는 러시아, 동유럽, 중앙아시아가 차지하고 있으며 남아시아 인구가 걸프 국가로 옮겨 가는 이주가 그 뒤를 잇고 있다.

우리는 국적의 구분을 위해 '내부인'와 '외부인'과 같은 용어를 사용하지만 현실에서 이 세계는 이미 혼합melange된 지역의 집합과도 같다.

세계 최대의 이주는 유기적으로 연결되어 있는 지역 내부에서 발생한다. 동유럽에서 중앙아시아에 이르는 구소련 지역에는 무려 2,500만 명에 달하는 이주자가 거주하고 있고, 북아메리카와 중앙아메리카에서 주로 라티노의 이주(2,000만 명), 사하라 이남에서 아프리카인들의 이주(1,500만 명), 남아시아에서 걸프 국가로 이동하는 이주(1,500만 명), EU 내에서 회원국 시민들의 이주(1,200만 명), 중동 지역 내에서 아랍인과 북아프리카인의 이주(1,000만 명), 동유럽에서 서유럽으로의 이주(1,000만 명), ASEAN 회원국 내에서 동남아시아인들의 이주(1,000만 명 하회), 끝으로 1,000만 명 미만의 아랍인과 북아프리카인이 유럽으로 이동하는 이주를 꼽을 수 있다. 이러한 추세는 '북부'(북아메리카와 유라시아), '남부'(아프리카와 남아메리카)로 이동하는 2중 인구 이동이 이어지고 있음을 보여 준다. 55억 인구는 합리적인 전망이 있으나 25억 인구는 도망갈 계획이 있어도 그럴 기회가 없다. 대다수의 이주가 아직은 실행되지 않은 셈이다.

직접 표를 행사하기

앞으로 펼쳐질 대규모 이주의 시대에는 이주가 이어질 뿐만 아니라 점점 속도가 빨라질 것이다. 인문 지리를 형성하는 각 힘이 강해지면서 인류가 이동하는 소용돌이는 갈수록 빠르게 휘몰아칠 것이다.

- **인구:** 고령화가 진행되는 북부와 북부에 필요한 노동력을 공급할 수 있는 젊은 남부 간 심각한 불균형
- **정치:** 내전과 파탄 국가에서 발생한 난민, 망명 신청자와 더불어 종족 박해, 독재, 포퓰리즘을 피해 달아나는 인구
- **경제:** 기회를 찾아 떠나는 이주자, 아웃소싱으로 인한 근로자 해고, 금융 위기로 조기 은퇴에 내몰리는 근로자
- **기술:** 산업 자동화로 공장과 물류 일자리가 사라지는 한편 알고리즘, AI로 인해 전문 기술직도 실직 위기에 내몰림
- **기후:** 기온, 해수면 상승과 지하수면 하강과 같은 장기적 현상과 더불어 홍수, 태풍 같은 계절적 재앙의 발생

날마다 전 세계에서 이러한 트렌드가 서로 맞물려 증폭되고 있으며 그 관계를 다음과 같은 등식으로 표현할 수 있다.

이러한 변수는 복잡하고 예측할 수 없는 방식으로 상호 작용하기도 한다. 팬데믹으로 불과 수년 만에 수백만 명이 사망했으며 기후 변화는 가뭄을 비롯한 자연 재해를 통해 점진적인 영향을 미친다. 경제적으로나 사회적으로나 불확실성이 커지면서 출산율도 하락하고 있다. 금융 위기와 자동화의 영향으로 사람들이 실직에 내몰리고 생계를 위협받고 있다. 여기서 중요한 점은 각 요소가 개별적으로 결합되어 이주를 부추기고 있다는 것이다.

팬데믹과 그 후폭풍은 기존의 트렌드를 더욱 강화시킬 것이다. 분명하게 말하자면 코로나바이러스 봉쇄는 최근 수십 년간 진행되었던 재정착에 급제동을 걸었지만 이는 어디까지나 인위적이고 임시적인 조치에 불과하다. 다만 봉쇄 정책은 전 세계인에게 자신이 살고 있는 곳에 대해 다시 생각해 보고 더 나은 선택지를 살펴보도록 만들었다. 사람들은 부적절한 의료 서비스를 제공하는 '레드존' 대신 더 나은 의료 제도를 갖춘 '그린존'과 우수한 기후 탄력성을 갖춘 '블루존'을 찾고 있다. 우리는 모두 자유와 태도가 적절하게 조합되어 있는 곳을 원한다.

인간 이동성은 오로지 하나의 방향을 향하고 있다. 이동이 증가하는 방향이다. 앞으로 수십 년 동안 수십억 인구가 남쪽에서 북쪽으로, 해안에서 내륙으로, 저지대에서 고지대로, 물가가 비싼 곳에서 저렴한 곳으로, 파탄 사회에서 안정 사회로 이동할 수도 있다.

물론 수십억 인구는 자신이 태어난 나라에서 숨을 거둘 것이다. 인구가 가장 많은 국가에서 절반 이상이 한곳에 머물러 살고 나이가 많으며 병약하고 집을 떠나 다른 곳에서 살 의지가 없거나 그런 상황을 달가워하지 않는다고 가정해 보자. 다시 말해 최소 10억 명의 인도인, 10억 명의 중국인, 7억 명의 아프리카인, 2억 명의 브라질인, 2억 명의 인도네시아인, 1억 명의 파키스탄인, 1억 명의 기타지역 인구가 머물고 있는 지역에서 이동하지 않는 것이다. 그렇다 하더라도 40억 인구가 이주를 열망하거나 그럴 역량을 가지고 있는 셈이다.

이 40억 명 가운데 절반은 청년이다. 세계 인구의 절반 이상이 냉전이 막을 내린 이후 30년 안에 태어났다. 여기에는 대다수의 밀레니얼 세대(Y세대, 1981~1966년생), Z세대(1997~2014년생) 전체가 포함된다. 2020년 기준으로 세계 인구의 60퍼센트가 넘는다.

우리는 종종 세계적으로 고령화가 진행되고 있다고 말하지만 현재로서는 세계가 나이 들었다기보다는 젊다고 말할 수 있다. 통계적으로 인류가 고령화를 겪고 있다고 말하는 주된 이유는 오늘날 청년들이 거의 출산을 하지 않기 때문이다. 따라서 '인구'에 대해 논할때 교외에 거주하며 맞벌이를 하고 두 자녀를 키우는 중산층의 여피족(도시 주변을 생활 기반으로 하는 젊고 세련된 고소득 전문직 종사자)을 떠올리는 것은 옳지 않다. 미국, 유럽, 중국, 그 어느 곳에서도 들어맞지 않는 설정이다. 세계에서 가장 큰 범주를 차지하는 인구는 아이가 없는 독신으로 도시에서 고군분투하는 청년이다. 그 범주에 속하지 않는다면 소수 집단에 포함되어 있는 것이다.

또한 아시아인이 아닌 경우에도 소수 집단에 속하는 것이다. 아시아인은 전 세계 인구에서 60퍼센트를 차지할 뿐만 아니라(북아메리카와 유럽을 합쳐도 25퍼센트에 불과하다) 거의 모든 아시아 국가에 전 세계에서 가장 많은 청년이 포진해 있다. 미국인과 유럽인을 합한 숫자보다 더 많은 밀레니얼 세대가 중국과 인도에 각각 거주하고 있다. 최근 수년간 아시아 이주의 3분의 2가 아시아 지역 내부에서 일어났으며 서양에서 인구 불균형이 심화될수록 아시아인에 대한 전 세계적인 수요가 증가할 것이다. 지금은 중국 밖에 거주하는 중국인의 숫자가 인도 밖에 거주하는 인도인보다 많지만 곧 역전될 것이다. 중국 인구는 조만간 감소세에 접어들겠지만 인도의 인구는 훨씬 젊고 그 숫자도 계속 증가할 전망이다. (파키스탄과 방글라데시를 포함한) 남아시아가 중국보다 훨씬 가난한 상태이지만 청년들의 이주하려는 열망은 더 크다. 지리적으로 세계가 점점 황색으로 변하는 듯보이지만 인구 통계학적으로는 갈색으로 변화하는 것이 분명하다.

출신 지역을 떠나 오늘날 청년들은 인류 역사상 가장 규모가 크고 물리적으로나 디지털 측면에서나 이동성이 강한 집단이다. 이들이 어느 곳으로 이동하고 어떻게 살아가며 현재 무엇을 하고 있는지는 사회, 정치, 경제적으로 앞으로 어떤 모델이 지배할 것인지, 어떤 모델이 실패할 것인지를 보여 준다. 오늘날 시민이 감소하는 국가는 앞으로 고사할 가능성이 높다. 반면 청년이 증가하고 있는 국가는 앞으로 번영을 누릴 것이다.

현재 서른 살 미만인 인구는 지금부터 2050년까지 30년 동안 어떤 일을 겪게 될까? 지정학, 경제, 기술, 사회, 환경 측면에서 어떤 경험을 하게 될까? 21세기에는 어떤 사회가 승리자가 되고 패배자가 될까? 이와 같은 오늘날의 중요한 질문은 청년들이 뚜벅뚜벅 표를 행사하면서 해답을 얻게 될 것이다. 미래를 알려면 다음 세대를 따라 미래를 향해야 한다.

이동성의 지속

베이비 붐 세대는 냉전 시대 '지구종말시계'를 기억할 것이다. 핵무기로 인한 파괴가 임박했음을 경고하는 시계다. 과학자들은 지정학적 긴장감이 높아질수록 시곗바늘을 자정에 가깝게 옮겼다. 오늘날 청년들에게는 '기후위기시계'가 더 익숙하다. 지구의 기온이 섭씨 2도 상승하게 되는 시점을 예측하는 시계다. 기후 행동가 빌 맥키번Bill McKibben은 "기후 온난화를 막기에는 이미 늦어 버렸지만 앞으로 십 년 동안이 혼란을 최소화할 수 있는 마지막 기회일지 모른다."라고 경고했다. 혼란을 막는 데 실패하리라 예상하는 편이 안전할 것이다. 로이 스크랜턴Roy Scranton 같은 철학자는 우리가 '죽는 법'을 배워야 한다고 말하지만 우리는 그렇게 하지 않을 것이다. 보다 흥미로운 질문은 '생존하기 위해 우리는 무엇을 할 것인가?'다.

오랫동안 인류는 적절한 기후를 찾아 이동하면서 온난한 지역의 하천과 해안에 정착했다. 불을 제어하고 가축을 키우며 튼튼한 거처를 마련하고 지하수를 퍼 올리는 방법을 터득하면서 더 넓은 지역으로 퍼져 나갔고, 산업 시대에는 도시가 인구가 밀집하고 성장하는 장소로 떠올랐다. 하지만 수십억 인구의 도시 거주를 뒷받침하기 위해서는 막대한 자원 사용이 필요했다. 그로 인해 탄소 배출량이 급격하게 증가했고 기온이 상승하면서 빙하가 기록적인 속도로 녹아내리며 그 어느 때보다 넓은 지역이 거주 불가능한 상태로 변했다.

기온 상승을 억제하고 해수면 상승을 막을 수 있는 여러 방법이 있다. 하지만 신선한 물이 없다면 인류는 생존할 수 없다. 고대의 나일, 티그리스, 인더스, 황허강 문명은 관개를 토대로 발전했다. 오늘날 전 세계 인구의 3분의 2가 하천 인근에 거주하고 있고 농업에 담수의 70퍼센트가 사용된다.

하지만 지하수 고갈이 가속화되고 강수량이 감소하면서 하천이 말라 가고 있다. 브라질, 아프리카, 인도 등의 농민들은 이미 해마다 흉작을 경험하고 있다. 토지에 생계가 달려 있는 사람들은 여러 세대가 막대한 부채를 지게 되고 스스로 목숨을 끊거나 도시로 피난하며 해외에 불법 이주하는 행렬에 합류하기도 한다. 한 계절 동안비가 오지 않거나 일주일 동안 물을 사용할 수 없게 되면 농민들과도시 거주자들은 보다 비옥하고 수자원이 풍부한 토양을 찾아 떠날 것이다.

물 부족 압력 변화(2015~2040년)

| 2.8배 이상 증가 | 2배 증가 | 1.4배 증가 | 보통 | 1.4배 감소 | 2배 감소 | 2.8배 이상 감소 |

담수를 이용할 수 있는 정도는 향후 20년 동안 전 세계 거의 모든 지역에서 감소할 전망이다. 중동, 북아프리카뿐 아니라 미국 남부, 오스트레일리아 동부가 가장 큰 영향을 받는 지역이 될 것이다.

처음에 '인류세Anthropocene'라는 용어는 인류가 환경을 지배한다는 그릇된 인상을 심어 줬다. 하지만 이제는 이 단어가 자기 파괴적인 피드백 루프를 나타낸다는 사실을 알 수 있다.● 모든 석탄 발전을 사용한 전기 생산을 중단하고 화석 연료 대신 원자력, 수력, 풍력, 태양력을 사용하며 러시아, 캐나다, 오스트레일리아, 브라질, 미국에 1조 그루의 나무를 심는 등 현재 제시된 가장 야심 찬 제안을 당장 실행에 옮긴다 하더라도 대기에 축적된 온실가스는 지구의 생명

● 조지타운대학교의 환경·역사학자 J. R. 맥닐(J. R. McNeill)은 인간-기술-자연 연쇄 작용의 '급격한 가속화'를 방법론적으로 기술했다.

체에 이전보다 심각한 영향을 미칠 것이다. 아무런 조치를 취하지 않는 것은 수십억 인구에게 자살 행위와도 같다. 정치 주권이 지리에서 중요한 특징이 된 것은 300년에 불과하다. 하지만 앞으로 수백 년 동안 해수면은 상승할 것이다. 어떤 힘이 더 강할지 스스로에게 물어보라. 기후는 지구의 정치적 경계에 상관없이 영향을 미치며 사람들은 그 경계를 뛰어넘기 위해 점점 아우성을 칠 것이다. 기후 변화에 따른 압력으로 이주가 증가할 것이다. 현재는 기후 변화로 인한 난민(5,000만 명)이 정치 난민보다 많은 실정이다. 미국국립과학아카데미National Academy of Sciences에 따르면 지구 기온이 1도 추가로 상승하면 2억 명의 인구가 그동안 적응해 왔던 '기후 틈새climate niche'에서 밀려날 가능성이 있다. 거기에서 1도가 더 상승한다면 단위가 달라져서 10억 명 이상의 인구가 기후 난민이 될 수 있다.

기온이 상승하면서 인간이 거주하기에 최적인 장소도 변화하고 있다. 검은색 지역은 일 평균 기온이 섭씨 30도를 넘어가면서 2070년 혹은 그보다 이른 시기에 인간이 거주하기에 적합하지 않은 장소가 될 것이다. 옅은 색 지역은 시간이 지나면서 거주에 보다 적합한 지역이 될 것이다.

기후 변화의 영향을 완화하는 조치는 더는 타당해 보이지 않는다. 최악의 시나리오가 현실화되어 터전을 버리게 되는 상황이 올 때까지 기다리는 사람은 거의 없을 것이다. 대신 우리는 적응에 주력해야 하며 대다수의 인구에게 적응이란 곧 이주를 의미할 것이다. 사이클론으로 모든 것을 잃어버린 중앙아메리카의 불쌍한 농민과 가뭄으로 고통받는 아프리카 사람은 남은 재산을 챙겨서 북쪽으로 이동할 것이다. 산불로 집을 잃거나 태풍으로 요트를 잃은 부유층은 내륙과 고지대, 또는 노르웨이와 뉴질랜드의 토지와 연료 창고에 투자할 것이다. 돈이 많든 적든 상관없이 더 많은 사람이 고대에 우리 조상이 그랬듯 기후 틈새를 파고들 것이다.

로봇으로부터 도주

기후 변화가 기존의 거주지에서 인구를 분리시킨다면 로봇은 과거에 안정적이었던 일자리에서 근로자들을 내몰고 있다. 아웃소싱과 자동화로 인해 이미 미국의 산업 근로자들이 타격을 입었으며 새로운 일자리를 찾아 임금이 더 낮은 곳으로 옮겨갈 수밖에 없는 처지다. 아시아의 근로자들은 공급망 변화로 인한 수혜자였다. 그러나 지금은 중국이 세계에서 산업 로봇에 가장 적극적으로 투자하며, 그로 인해 수억 명의 중국 근로자들이 정처 없이 긱 이코노미(기업이 정규직보다 필요에 따라 계약직 혹은 임시직으로 사람을 고용하는 경향)를 배회하는 처지에 내몰렸다.

코로나19 사태 이후 기업이 취약한 인간에 대한 의존도를 낮추려 하면서 전 세계적으로 자동화 움직임이 빨라질 것이다. 미국에서는 자율 주행차의 개발로 최대 300만 명의 트럭 기사가 실직할 전망이며 200만 명의 부동산 중개인은 부동산 거래 앱 때문에 일자리를 잃을 것이다. 아마존 창고는 궁극적으로 인력 없이 관리되는 시스템을 갖출 것이다. 코로나 봉쇄 기간 동안 묵묵히 빛을 발한 영웅들은 농장과 육가공 공장에서 일한 밀입국 이주자들이지만 이들은 적절한 보상을 받지 못할 것이다. 잡초를 뽑고 종자를 심고 수확하는 기계로 농장 업무가 자동화될 것이기 때문이다. 라티노 농장 일꾼들은 캐나다로 옮겨 가서 농지를 확대하는 일을 거들고 루마니아인들은 러시아로 이주할 수도 있다.

오늘날 창출되고 있는 많은 일자리가 현재 청년들이 노동 시장에 유입되기도 전에 사라질 것이다. 이미 관련 인프라가 모두 구축된 상황에서 5G 통신망이나 태양광 설치 업무를 하려는 짓은 어리석은 일이다. 교육업에서 접객업, 소매업에 이르는 주요 분야는 아직 디지털에 점령되지 않았지만 앞으로 그렇게 될 것이다. 혹자는 최소 3억 7,500만 명이 인공 지능과 자동화의 발전 때문에 '직업 카테고리'를 변경해야 할 것이라고 추산한다. 새로운 일자리가 기존의 일자리와 같은 장소에 마련될까? 그렇지 않을 가능성이 높다.

기계와 겨루는 경기에서 생존하는 이들은 가장 부유한 사람들이다. 코딩 전문가, 엔지니어, 최고급 기술을 보유한 전문가들은 로봇과 알고리즘을 설계하며 앞서 있지만 빈곤한 근로자들은 제조, 물류, 소매 분야에서 톱니 역할을 하다가 폐기되고 말 것이다. 한편 청년들은 로봇처럼 일하기를 원하지 않는다. 프랑스의 동네 빵집 자리에는 반자동으로 운영되는 식료품점과 심지어 바게트 자판기가 들어서고 있다. 청년들은 빵을 굽기 위해 새벽 3시에 일어날 마음이 없기 때문에 다른 곳으로 이주한다.

정부에서 기업의 로봇에 세금을 부과하고 이익을 재분배한다면 인구가 증가하지 않더라도 보다 공평한 복지 국가를 만들 수 있다. 어떤 방식으로든 이들은 금융, 미디어, 교육, 기술, 의료, 물류, 엔터테인먼트, 소매, 기타 전문 분야에서 일자리를 찾아야 하기 때문에 이주 행렬이 이어지고 있다. 중소기업청Small Business Administration에 따르면 미국에서 이러한 분야가 성장하고 있는 노스캐롤라이나, 오리건, 워싱턴, 버지니아, 조지아, 유타, 콜로라도, 캘리포니아, 텍사스는 인구가 증가하는 곳이기도 하다. 여기에서 얻을 수 있는 교훈은 분명하다. 사람을 따라가라는 것이다.

양자 미래

─────────●─────────────────────────●─────────

지난 20년 동안 미시간, 펜실베이니아, 오하이오, 기타 북부 주의 러스트 벨트(제조업 호황을 구가했던 중심지였으나 제조업의 사양화로 불황을 맞은 지역)를 떠난 수백만 명의 미국인이 거의 대부분 캘리포니아에 정착했다. 하지만 2015년 이후에는 캘리포니아의 인구가 줄어들기 시작했고 특히 세율이 낮은 텍사스와 애리조나로 이주하는 모양새다. 여기에 미국 남서부 전역은 갈수록 심해지는 열파, 물 부족, 오락가락하는 이민 정책으로 고통받고 있다. 라스베이거스, 피닉스, 투손의 인기가 높기는 하지만 미국 사막 지역의 상당 부분은 버려질지도 모른다. 오대호를 떠났던 인구는 예상했던 것보다 더 이른 시기에 돌아가게 될 수도 있다.

일을 시작했던 곳에 다시 돌아온다는 것이 무의미한 순환으로 보일 수도 있다. 하지만 일정 시간이 지나면 그 뒤에 있는 논리를 발견할 수도 있다. 또 다른 예를 들어 보자. 2016년 영국이 브렉시트를 결정하면서 기업과 투자가 영국에서 빠져나갔고 영국의 전문 인력은 자신의 전문성과 자본을 가지고 캐나다, 포르투갈, 네덜란드, 스위스, 스웨덴, 그 외 대여섯 개 나라로 이동했다. 하지만 영국은 시민의 교육 수준이 높고 경제 규모가 크며 수자원이 풍부하고 빨라지는 기후 변화에 대해 대다수의 나라보다 훨씬 대처를 잘할 것이다. 따라서 브렉시트 때문에 영국을 떠났던 요소들이 브렉시트에도 불구하고 결국에는 회귀할 가능성이 있다. 여기에는 보다 현명해진 정부에서 수용한 새로운 이민자들도 포함될 수 있다.

인문 지리는 점점 경계가 흐려지고 있다. 사람들이 정기적으로 이동에 나서면서 마치 물질이 고체에서 액체를 거쳐 기체로 변화하듯 양상이 변화하는 모양새다. 분자에 열을 가하면 서로 연결성이 약화되면서 진동이 더 빠르게 일어난다. 인간이 양자 물리학의 입자처럼 변하여 속도와 위치가 끊임없이 변화하고 있다고 생각하는 사람도 있을 것이다. 겉으로 안정적인 모습으로 돌아오는 것도 좋지만 양자 세계의 작동 원리에는 맞지 않는다. 오늘날은 세계의 복잡성 때문에 어느 곳에서도 영원히 정착하기가 어렵다. 고액 연봉을 받는 디지털 유목민과 여러 국가의 여권을 소지한 억만장자뿐 아니라 필리핀 가정부와 인도 건설 근로자 같은 이주 하층 계급 모두가 다변화되고 증가하는 세계의 양자 인구를 구성한다.

아울러 정치 난민과 망명 신청자가 증가하는 추세가 중단되리라 기대할 근거도 없다. 오히려 이러한 추세가 계속되리라고 시사하는 이유가 증가하고 있다. 식민지 이후 아프리카, 중동, 아시아 일부에서 새로 탄생한 국가들이 시작과 동시에 인구 과밀과 부패 때문에 내리막을 걸었다. 최근 수십 년 동안 이라크에서 여러 차례의 전쟁이 벌어지고 아랍의 봄 사태로 수백만 아랍인이 북아프리카에서 시리아를 거쳐 요르단, 튀르키예, (대부분은) 유럽으로 이동했다. 이들이 알아보기 어려울 정도로 산산조각 난 고국으로 다시 돌아가는 일은 없을 것이다. 2019년 〈내셔널지오그래픽〉에다 폴 살로펙Paul Salopek은 '현재 수십억 명 이상의 난민과 이주자가 대규모 폭력과 가난을 피해 국내나 해외로 이동 중이다. 이는 인류 역사에서 가장 대규모 인구가 정처 없이 떠도는 행렬이다.'라고 기록했다.

'난민refugee'이라는 단어는 이 집단이 범위가 좁고 일시적임을 암시하지만 현재 지구상의 난민들은 주변국의 시리아인, 요르단의 팔레스타인인, 파키스탄의 아프간인, 케냐의 소말리아인처럼 반영구적으로 정착한 경우가 많다. 튀르키예에는 400만 명에 가까운 시리아인이 '임시 보호 신분temporary protected status'이지만 사실상 머물고 있는 곳을 떠나지 않는다. 한편으로 이들은 2020년 튀르키예가 그리스를 향해 또 한 차례 일격을 가한 사례에서 보듯 튀르키예가 유럽에서 양보를 얻어 내는 데 협상 카드로 활용되면서 강제 추방될 위험에 시달린다. 이러한 난민은 튀르키예 내부에서 지속적으로 옮겨 다녀 앞으로 계속될 이동 외에도 다른 이동 절차가 늘어날 전망이다. 강제 추방되는 이들에게는 이보다 많은 이동이 기다리고 있다.

수천만 명에 달하는 난민, 망명 신청자, 불법 이주자들이 안전한 곳에 정착할 가능성은 낮다. 지난 십 년 동안 미국은 수백만의 멕시코와 중앙아메리카인을 국경 너머로 돌려보냈으며, 스페인은 북아프리카인을 지속적으로 추방하고, 중국은 코로나바이러스 사태가 벌어지자 미얀마 이주자들을 미얀마로 되돌려 보냈다. 이주자들은 국경을 건너면서 문제가 해결됐다고 생각했지만 결국에는 다시 쫓겨나는 신세가 된 것이다.

폭력과 자원 부족은 라틴아메리카, 아프리카, 남아시아의 북적이는 메가시티에서 일상적으로 벌어지는 문제다. 현재 전 세계에서 가장 빠르게 성장하고 있는 도시는 중국의 웨강아오 대만구(Greater Bay Area, 광둥성-홍콩-마카오 경제권)가 아니라 라고스, 카라치, 카이로, 다카, 마닐라, 이스탄불, 자카르타, 뭄바이, 콜카타, 상파울루, 방콕 같은 곳이다. 대부분 기후 복원력이 우려스러울 정도로 취약한 도시다. 이러한 도시를 비롯한 메가시티의 거대한 빈민가에는 15억 인구가 거주한다고 추정된다. 선적 컨테이너를 재활용하거나 3D 인쇄로 지은 주택을 지원하고 이동식 진료소를 제공하며 도시 농업과 태양광 패널 설치에서 일자리가 창출되는 도시에서는 가난한 하층계급에게 평화를 선사할 수 있을지 모른다. 하지만 그러한 계획이 실제로 추진되는 경우는 드물다. 하지만 앞으로 수십 년에 걸쳐 그러한 혁신이 확대되거나 아니면 소외화와 압제에 맞선 대대적인 혁명이 일어날 것이다. 대규모 탈출이라는 제3의 시나리오가 현실화될 수도 있다. 사람들이 자원에 인접하고 고지대에 위치한 도시로 몰려드는 경우다. 과연 어떤 미래가 펼쳐질까? 답은 자명하다. 여러 시나리오가 복합적으로 일어나는 것이다.

앞으로 인구가 증가하거나 감소하는 지역을 어떻게 파악할 수 있을까? 일부 지역은 인구가 증가할 만한 구석이라고는 찾기 어려운데다 청년층이 얇고 정치적으로 불안정하며 경제적으로도 경쟁력이 없으며 환경 측면에서도 취약하다. 이러한 곳에서는 사람들이 탈출할 기회만을 꿈꾼다. 스펙트럼의 반대편에는 사람들이 살고 싶어 하는 모든 요소를 갖춘 지역이 자리하고 있다. 인구 구조가 탄탄하고 정치가 안정되어 있으며 경제가 번성하고 환경 안정성이 우수한 곳이다. 모두가 이런 지역에서 살기를 원한다. 여기에서 함정은 어떤 국가에 대한 오늘의 설명이 내일은 달라질 수도 있다는 점이다. 많은 이주자가 새로 몰려드는 시점에 안정성을 장담할 수 있는 곳이 있을까? 매력적으로 보이던 장소가 순식간에 불안정한 곳으로 변할 수도 있다. 이미 유럽과 미국으로 건너간 사람들의 일부가 느끼는 감정이며 캐나다가 다음 차례가 될 수도 있다.

하지만 예측할 수 없다고 해서 가만히 머물러야 할 이유는 없다. 오히려 그토록 많은 사람이 우선 이동하는 이유가 바로 여기에 있다. 딱 맞는 장소를 찾아 몇 번이고 이동하는 것이다. 이동성은 불확실성에 대한 인류의 대응 방식이다. 맞서 싸울 수 없는 장벽을 피해 달아나는 것이다. 미래는 움직이는 목표물과 같으며 인간도 마찬가지다.

우리의 미래, 4가지 시나리오

나는 몽상에 잠기는 유형은 아니지만 장거리 하이킹을 하는 도중에 상념에 빠질 때가 있다. 그럴 때면 전 세계의 서로 다른 성격의 공동체가 자유롭고 평화롭게 연결되고 교류하며 사람들이 원하는 곳을 방문하는 세상에 대한 비전을 꿈꾼다. 안타깝게도 오늘날의 세계와는 거리가 먼 모습이다.

현재 인문 지리는 의도적이라기보다는 우발적인 요인에 따라 형성되고 있다. 우리는 이동성, 권한, 기술, 공동체의 조합이 앞으로 어떻게 전개될지에 대해 여러 시나리오를 구상하는 것 외에는 별다른 선택권이 없다.

여기에 제시된 4가지 시나리오는 이주와 지속 가능성이라는 축을 따라 펼쳐질 미래에 대한 서로 다른 비전을 나타낸다.

세계는 어떤 길을 갈 것인가?

지속 가능성 증가

지역 요새

유라시아에서는 힘이 더욱 강해진 EU가 러시아와 함께 이주자를 배척하는 정책을 펼치는 가운데, 자급자족이 가능한 북아메리카 연합은 유라시아와 거리를 둔다. 다만, 북반구 강대국들은 생태계 보존을 위해 남반구에 기술력을 제공한다.

북부의 빛

북극의 지속 가능한 여러 정착지에 20억 명의 기후 이주자가 몰려드는 가운데 국제기구의 개입으로 계절성 이주가 원활하게 이뤄진다. 인구 구조가 회복되고 문화적 동화가 활발하게 진행되는 한편 인간 중심의 혁신을 토대로 경제가 번성한다.

신중세

수렵-채집의 지방주의로 되돌아가면서 안정적인 도시 지역과 혼돈에 빠져 쇠락하는 농촌 지역이 대조를 이룬다. 동맹을 맺은 지역 간에는 군사 및 상업 네트워크를 구축하려 하지만 기후 이주자에게는 문을 걸어 잠근다.

문 앞의 야만인들

대대적인 기후 위기로 세계 경제가 붕괴하지만 강대국들은 중요한 결정을 놓고 충돌한다. 지도층이 살기 좋은 땅을 사들이는 동안 국경은 대규모 이주로 통제가 불가능한 상태에 빠지고 정부의 관리 역량도 미비하다. 내전으로 인해 소수 민족의 거주지는 더 큰 고통을 겪게 된다.

지속 가능성 감소

이주 감소   이주 증가

미래에 대한 4가지 시나리오가 세계 여러 지역에서 동시다발적으로 전개될 가능성이 높다.

　

왼쪽 상단의 '지역 요새'는 오늘날의 현상 유지와 가장 닮아 있다. 청정에너지 투자가 증가하지만 이주는 제한된다. 북부의 선진국은 궁핍한 지역을 돕기보다는 자국의 기후 복원력에 집중한다. 지속 가능한 농업이나 빈곤 지역의 기타 생존 대책을 선별적으로 장려하지만 대부분 금전을 지원하면서 이러한 지역의 거주자와 거리를 둔다. 북미, 유럽, 동북아시아는 제한적인 교류 속에 자족적인 체제를 운영하며 남부 이주자의 침입을 제한하기 위해 협력할 가능성이 있다. 또한 조지 오웰George Orwell의 『1984』에서처럼 서로 끊임없이 갈등을 벌일 수도 있다.

이주가 제한되는 또 다른 시나리오는 '신新중세'의 도래다. 이 시나리오에서는 지속 가능성 투자가 금지되며 민병대가 수자원과 에너지 자원을 시민이나 해외에서 강제로 빼앗는다. 자연재해와 인간에 의한 환경 파괴가 이어지면서 세계 인구의 상당수가 사망에 이른다. 생존자들은 봉건적인 도시 지역으로 모여들어 중세 한자 동맹(13~15세기에 독일 북부 연안과 발트해 연안의 여러 도시 사이에 이루어진 도시 연맹)과 유사한 연합체를 구성한다. 〈헝거 게임〉이나 〈매드 맥스〉를 비롯한 많은 영화에 묘사되어 있는 미래다(여기에 살인 로봇의 스토리가 더해지는 미래를 그린 영화로는 〈터미네이터〉가 있다).

이주가 제한적인 두 시나리오에서 세계의 전체 인구는 증가하지 않는다. 지역 요새 시나리오에서는 기후 변화의 파괴적인 정도가 덜할지 모르나 많은 로봇이 외국인 노동자를 대체하더라도 사회에 활력을 불어넣고 보다 편안한 생활을 누리기 위해 필요한 청년 근로자가 부족할 것이다. 새로운 중세에 접어든다면 세계는 부분의 합에 크게 못 미치는 모습일 것이며 인류가 멸망을 향해 빠르게 치달을 가능성이 있다.

오른쪽 하단의 시나리오는 세계가 지속 가능성 노력에 협력하지 않는 『문 앞의 야만인들』(차입매수(LBO) 전략이 거대 기업을 몰락시키는 과정을 통해 금융의 야만성을 고발한 책)에 훨씬 가까운 상태다. 기후 변화는 세계 경제를 붕괴시키며 하천 유역에서는 '수자원 전쟁'이 벌어지고 대규모 이주자가 살기 좋은 지역을 강제로 점거하여 막대한 인구 유입으로 거주지가 파괴된다. 이때 부유층은 자신과 식솔을 위한 기후 오아시스 지역을 사들여 주변에 해자를 파고 무장한다. 공상 과학 재난 영화인 〈투모로우 The Day After Tomorrow〉는 이와 같은 정치와 기후 혼돈이 겹쳐진 상황을 잘 그려 낸 영화다.

'북부의 빛'이라는 시나리오는 유일하게 대규모 인간 재정착과 환경 복원을 위한 발전된 계획을 담고 있다. 경제는 탄소 중립 에너지를 향해 빠르게 재편되고 국경을 초월하여 재원을 마련하며 통치되는 드넓은 지역(주로 북반구에 위치)에 수십억 명의 이주민이 몰려들면서 남반구 회복에 대대적인 투자가 이루어진다. 세계는 자원 효율성뿐 아니라 잘 관리된 문화적 동화를 달성한다. 이 시나리오를 그린 영화는 아직 나오지 않았으며 우리가 그 시나리오를 써야 할 것이다.

북부의 빛과 같은 세계가 되려면 어떤 경로와 단계를 거쳐야 할까? 우선 오늘날의 포퓰리즘과 팬데믹 제한은 이주를 국가와 지역 수준으로 제한한다. 하지만 십 년 안에 경제가 살아나고 베이비 붐 세대가 은퇴하면 노동력 부족이 악화되기 때문에 이주에 친화적인 지도자가 이끄는 젊은 세대가 바통을 이어받을 것이다. 이와 동시에 기후 변화의 영향이 본격적으로 나타나면서 이주자를 이동시켜 정부가 이주자에게 경작 가능한 토지를 일구도록 배치할 필요성이 커질 것이다. 지구 공학 분야에서 노력을 기울여 이산화탄소 배출량과 태양 복사를 제한하는 한편 파괴된 지역의 생태를 복원하는 노력을 기울인다. 그 결과 환경을 안정화시키고 지구를 다시 인류가 살 만한 공간으로 되살릴 수 있다.

하지만 우리 앞에 이처럼 단순하고 예측 가능한 미래가 펼쳐지는 사치가 보장되어 있지는 않다. 타당성이 높은 시나리오는 서로 배타적으로 전개되는 것이 아니다. 현실에서는 4가지의 시나리오 모두를 오가는 일이 벌어질 것이다. 예를 들어 환경 복원은 '북부의 빛'에서 신중한 계획에 따라 진행되겠지만 '신중세'에서 대규모 사망 사태가 벌어져야 추진이 가능할 수도 있다. 혁신, 분열, 불평등이 모든 시나리오에 어느 정도 녹아 있다.

중요한 것은 많은 변수가 충돌하는 상황이 지리적으로나 연대적으로 고르게 전개되리라 생각해서는 안 된다는 점이다. 바로 이런 이유로 시나리오별로 서로 이질적인 장소가 타격을 입을 때 우리는 더 나은 삶을 찾아 이동해야 하는 것이다. 사실 미국과 같이 드넓은 국가에서는 서로 다른 시기에 서로 다른 지역에서 4가지 시나리오 모두가 펼쳐지는 상황이 오리라 쉽사리 예상할 수 있다. 이는 우리가 미래의 중심축으로 '국가'에 계속 의존할 수 있는지 질문을 던지게 한다. 장소와 사람 중 무엇이 더 중요한가?

2장

청년 인재를
차지하기 위한
전쟁

'인구 절정'을 맞다

1975년 10월 16일 헨리 키신저Henry Kissinger 국가안보보좌관은 제럴드 포드Gerald Ford 대통령에게 NSSM-200(세계 인구 성장이 미국의 안보와 해외의 이해관계에 미치는 영향)에 대한 승인을 구하는 제안서를 전달했다. 이 제안서에는 인도, 파키스탄, 방글라데시, 나이지리아, 에티오피아, 인도네시아, 멕시코, 브라질 등 십여 개 국가에서 가족 계획을 비롯한 기타 인구 제한 정책을 보다 적극적으로 지원할 것을 촉구하는 내용이 담겨 있다. 백악관은 세계 인구가 '극심한 기아나 개발에 대한 희망을 완전히 포기하는 일 없이' 2050년에 60억 명에 도달하기를 바랐다. 물론 해당 국가에 제안서가 전달되었을 리는 만무하다. 세계 인구가 실제로 60억 명에 도달했을 당시(1995년) 유엔은 세계 인구가 150억 명까지 증가세를 이어 가리라 전망했다.

하지만 오늘날의 전망은 사뭇 다르다. 이제는 세계 인구가 2045년에 절정에 도달하며 90억 명까지 증가하는 일은 일어나지 않을 것이라 예상한다. 과거에 그토록 계산이 잘못되었던 이유는 무엇일까? 답은 인간이 제대로 예측했다는 데 있다. 인구 과잉으로 인한 경제와 생태 위험에 대해 경보음이 울리면서 출생률이 높은 빈곤 국가에서는 가파른 인구 성장을 억제하기 위한 조치에 나섰다. 이와 같은 피드백 루프가 아니었다면 인구는 이미 100억 명을 돌파했을 것이다.

사실 90억 인구를 예측하는 것도 아프리카의 나이지리아, 에티오피아, 우간다, 탄자니아, 콩고, 이집트와 아시아의 인도, 파키스탄, 인도네시아와 같은 출생률이 높은 나라에서 폭발적인 인구 증가가 이어진다는 잘못된 예측을 근거로 한다. 하지만 급속한 도시화, 여권 신장, 수자원 공급 감소가 이러한 국가의 가족 계획에 영향을 미쳤다. 과거 개발 도상국에서는 더 많은 자녀를 낳는 것을 미래의 노동력을 확보한다는 차원에서 훌륭한 투자로 간주했다. 오늘날에는 더 많은 실업자를 양산할 뿐이다.

세계 인구의 간략한 역사

인류가 지구를 떠돌던 수천 년 동안 총인구수는 비교적 일정한 수준으로 유지되었다. 기원후 1년에는 지구상에 인구가 2~3억 명이었던 것으로 추정된다. 그로부터 1,000년이 지난 뒤에도 비슷한 수준을 유지했다. 1500년에도 1억 명의 인구가 추가되었을 뿐이다. 그러다 18세기에 산업 혁명이 진행되면서 화석 연료가 인간과 동물의 에너지를 대신하여 주요 동력 역할을 했다. 조면기와 밀 탈곡기가 발명되면서 농장의 생산성이 크게 상승했고 증기 기관과 철도의 등장으로 식량을 먼 곳까지 수송할 수 있게 되었다. 위생 환경이 개선되면서 질병의 확산이 억제되어 수명이 증가했고 더 많은 아이들이 생존하여 성인이 되었다. 이 모든 혁신 덕분에 세계 인구는 1800년에 10억 명까지 증가했다.

산업 혁명 덕분에 인구가 급격히 증가한 모습을 목격한 영국의 철학자 토머스 맬서스Thomas Malthus는 1798년에 점점 증가하는 인구 때문에 세계가 식량 공급 부족 위기에 직면하리라는 유명한 예측을 내놨다. 하지만 영양 상태와 건강의 증진(백신의 발명 등)은 수명을 연장시켰고 한편으로는 출산 과정과 유아기에 생존하는 아동이 증가하면서 19세기 말에는 전 세계 인구가 16억에 이르렀다. 제1차 및 제2차 세계대전 이후 녹색 혁명으로 비료와 농약이 도입되면서 인도와 같은 개발 도상국에서 식량 공급이 급격히 증가했고 1945년 20억 남짓이던 전 세계 인구는 1970년에 40억 명 가까이 증가했다.

농산물 수확량이 크게 증가하기는 했지만 일부 전문가들은 맬서스의 예언이 현실화되지 않을까 우려했다. 1972년 로마 클럽(금융, 정치, 학계 지도자로 구성된 모임)의 회원들은 『성장의 한계』라는 성명서를 통해 지구의 자원은 유한하며 급격히 증가하는 인구를 계속 부양할 수 없다고 강조했다. 그러면서 낙태에 대한 제약 완화, 피임 장려와 같은 인구 제한 정책을 보다 적극적으로 펼쳐야 한다고 주장했다. 이와 같은 신新맬서스주의 사고는 강력한 영향력을 발휘하여 중국은 한 자녀 정책을 실시하기에 이르렀고 인도는 남성과 여성의 강제 불임에 나서기까지 했다.

비슷한 시기에 콘돔과 페서리 같은 피임 방식과 1960년대 경구 피임약이 개발된 덕분에 전 세계의 출산율이 하락하기 시작했다. 특히 피임약은 가정, 학교, 공동체, 직장에서 여권을 신장시키는 데 중요한 역할을 했다. 또한 도시화가 급격하게 진행된 것도 출산율 하락의 중요한 요인이다.

1960년에는 20억 인구가 농촌에 거주하고 도시 거주 인구는 10억에 불과했다. 50년 뒤인 2010년에는 도시 인구가 농촌 인구를 추월했다. 가족이 도시로 이주하면서 여성은 의료, 교육, 취업 혜택을 누리게 됐다. 하지만 임대료와 다른 비용이 많이 들고 비좁은 주택에 거주하게 되면서 여덟 명 이상의 아이를 낳을 만한 금전과 공간상의 여유가 사라졌다. 오늘날의 상황을 살펴보자면, 세계 인구가 80억에서 90억을 향해 가고 있기는 하지만 그 이상으로 증가할 가능성은 낮다. 세계의 인구는 더는 급증하는 일 없이 쪼그라드는 길에 접어들었다.

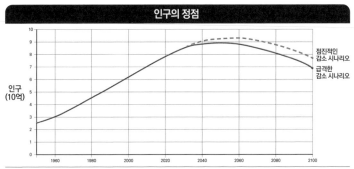

인구의 정점

인구
(10억)

점진적인
감소 시나리오

급격한
감소 시나리오

세계 인구는 절정에 근접했으며 감소세로 전환될 것이다. 그 시기가 얼마나 빠르게 오느냐의 문제일 뿐이다.

인간의 생식에 관련된 우려를 어떻게 달리 설명할 수 있을까? 맬서스는 인구 증가가 식량 증가 속도를 앞지를 것으로 우려했으나 오늘날 세계 인구의 약 30퍼센트는 비만 상태이며 반대로 영양실조 상태의 비율은 13퍼센트에 불과하다. 인간이 스스로의 성공에 피해자가 되었다는 징조 중 하나다.

금전적인 문제도 출산을 가로막는 주요 요인 중 하나다. 금융 위기 이후 불안감이 안정성을 좀먹기 시작했다. 미국에서는 2008년 금융 위기가 닥치기 전까지 5년 동안 출생률이 소폭 상승하는 추세였으나 금융 위기 직후에는 폭락했다. 전 세계적으로 선진국과 빈곤국 가릴 것 없이 금융 위기 이후 10년 이상 출생률이 크게 하락했다. 2020년 현재 전 세계에는 65세 이상의 인구가 5세 이하의 아동보다 많은 상황이다. 기대 수명의 증가는 역설적이게도 출생률 하락을 부추긴다. 인간이 스스로의 생명 활동을 의식적으로 조작하는 단계이므로 더 오랫동안 보다 활동적인 삶을 살기 위해서는 저축을 늘려야 하기 때문이다.

장수와 저축 외에 윤리적인 딜레마도 존재한다. 더 많은 자녀를 낳을 여력이 있는 밀레니얼 세대조차 탈물질주의 가치에 동조하는 경향이 있으며 이는 기후에 대한 관심에서 가장 두드러지게 나타난다. Z세대는 지구의 취약함에 어떻게 대처해야 하는지에 대해 의식적인 죄책감을 안고 있으며 자녀를 낳는 일보다 문명의 생존에 더 큰 관심을 둔다.

많은 이들에게 자녀를 낳는 일은 경제적인 사치일 뿐만 아니라 부도덕한 일로 간주된다. 아이들이 태어날 환경의 변화가 심하고 새로 인간이 태어날 때마다 취약한 생태계가 더욱 훼손되기 때문이다. 인터넷을 떠도는 잘 알려진 인포그래픽은 한 아이를 덜 낳기만 해도 자동차 소유와 장거리 비행을 피하고 채식주의자가 되려는 노력을 전부 합친 것보다 더 많은 이산화탄소 배출량을 감축할 수 있음을 보여 준다.

사람들이 점점 신앙심을 잃어 가고 환경에 대한 의식이 그 어떤 신앙심도 뛰어넘는 시대에 사는 대다수의 청년은 결혼해서 여러 자녀를 낳는 것이 신의 뜻이라고 믿지 않는다.

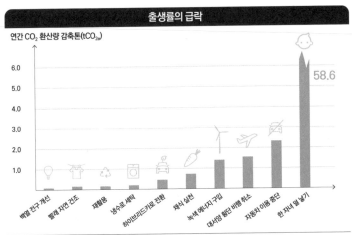

연간 CO$_2$ 환산량 감축톤(tCO$_2$e)

6.0
5.0
4.0
3.0
2.0
1.0

58.6

백열 전구 개선 · 빨래 자연 건조 · 재활용 · 냉수로 세탁 · 하이브리드카로 전환 · 채식 실천 · 녹색 에너지 구입 · 대서양 횡단 비행 취소 · 자동차 이용 중단 · 한 자녀 덜 낳기

환경에 민감한 밀레니얼 세대와 Z세대는 탄소 발자국을 줄이기 위해 여러 조치를 취하고 있다. 하지만 지금까지 탄소 배출량을 가장 크게 감축할 수 있는 비결은 한 명의 자녀를 덜 낳는 것이다.

그마저 이 모든 상황이 코로나19 팬데믹이 발생하기 전에 일어난 일이다. 팬데믹으로 경기가 2008년 금융 위기 때보다 심각한 수준으로 위축되면서 Z세대의 출생률은 2008년 이후 밀레니얼 세대의 출생률과 마찬가지로 급락할 것으로 예상된다. 팬데믹 기간 중에 각국 정부는 부부가 가정에 머물게 되면서 출산이 증가하리라 기대했다. 하지만 봉쇄 기간 초반에 콘돔의 판매가 급증하더니 그 이후에는 이혼율이 치솟았다. 출생률 급락을 부채질하는 또 다른 요인이 된 것이다.

브루킹스 연구소는 2021년 미국에서 태어나는 영아의 숫자가 최대 50만 명 줄어들 것으로 추정한다. 앞으로 세계가 제3차 세계대전이나 자연재해, 또 다른 팬데믹을 겪게 되면 인구 심판을 더욱 앞당길 것이다.

세계 인구는 13세기 몽골 정복 활동과 14세기 흑사병 등 대규모 사망을 촉발한 여러 사건에도 불구하고 회복되었다. 또한 유럽 식민주의자들과 이들이 옮긴 질병으로 인한 아메리카 대륙 원주민 인구의 급감, 중국의 여러 왕조에 걸친 수백 년 동안 벌어진 내전, 세계 인구의 3분의 1이 사라진 1600년대 소빙하기, 수백 년 동안 이어진 대서양의 노예 무역, 제1·2차 세계대전, 1918년 스페인 독감, 소련과 중국 마오쩌둥 시대에 정치 과오로 빚어진 기근과 같은 대규모 사망을 야기한 사건에도 복원력을 보였다.

하지만 이번에는 상황이 다르다. 현재 밀레니얼 세대, Z세대가 전 인구의 64퍼센트를 차지하고 있다. 이 청년들은 많은 후손을 남기지 않고 있다. 2015년 이후 태어난 알파 세대는 Z세대만큼 숫자가 많지 않을 수도 있다. 그 결과 오늘날의 청년 세대가 미래에도 인구의 대부분을 차지하게 되는 것이다. 다시 말하면 이들이 지구의 현재이자 미래인 셈이다. 2050년에 30대~60대가 되더라도 여전히 이들은 전 세계 인구에서 대다수를 차지하게 될 것이다. 그때쯤이면 현재의 노년층은 사망하며 태어나는 아동의 수는 줄어들기 때문이다. 2019년 8월 마윈馬雲과 일론 머스크Elon Musk는 AI의 미래에 대해서는 엇갈린 의견을 보였지만 향후 20년 동안 인류가 직면하게 될 최대 위협이 전 세계적인 인구 붕괴라는 점에는 깊이 동감했다.

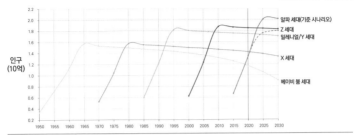

최후의 위대한 세대?

------ 알파 세대(코로나19 조정 시나리오)

인구
(10억)

알파 세대(기준 시나리오)
Z 세대
밀레니얼/Y 세대
X 세대
베이비 붐 세대

거의 백 년 동안 세대가 지날수록 인구가 증가해 왔다. 그러나 경제 위기와 코로나19 사태 때문에 알파 세대의 전체 규모는 Z세대에 약간 못 미칠 가능성이 있다.

부자 나라, 사라지는 국민

도널드 트럼프 미 대통령이 멕시코와 맞댄 국경에 장벽을 세우고 이민을 줄이겠다는 캠페인을 여러 해 동안 펼친 가운데 어느 순간 "우리 나라는 포화 상태다."라는 주장을 멈췄다. 그의 수석 보좌관인 믹 멀베이니Mick Mulvaney는 다른 구호를 내세우기를 간청했다. 2020년 초에 열린 한 행사에서 멀베이니는 "미국에는 더 많은 국민이 절실하게 필요하다."라고 털어놨다. 이 발언의 배경이 된 간단한 계산을 살펴보면 충분히 이해가 간다. 미국에 해마다 50만 명의 새로운 이민자가 유입되더라도 2023년 GDP가 2020년 대비 1조 달러 줄어들 전망이다. 그런데 오늘날 유입되고 있는 이민자 수를 50만 명으로 계산하는 것은 공격적인 가정이다. 5년 연속 100만 명 이상의 신규 이민자가 새로 유입되더니 2019년에는 순 이입자 수가 20만 명 남짓으로 급락했다. 미국으로 향하는 이민자 수는 기존 노동력을 대체하기에 부족한 수준이다. 해마다 8,000만 명의 베이비 붐 세대 가운데 100만 명 이상이 은퇴하고 있기 때문에 거의 모든 카운티가 노동력 부족에 시달리는 실정이다. 여기에 미국의 낮은 출생률과 고령화를 고려하면 인구를 늘릴 방법은 이민뿐이다.

세계 인구의 절정을 확인하기 위해 2040년까지 기다릴 필요도 없다. 이미 세계의 많은 지역에서 인구 감소를 체감하고 있다. 세계에서 가장 부유한 3대 지역인 북미, 유럽, 동북아시아에서는 출산율이 인구 대체 수준에 못 미친다.* 인구가 사라지는 딜레마가 가장 잘 드러나는 나라는 일본이다. 현재 일본에서 태어나는 영아의 기대 수명은 107살이지만 일본은 오늘날의 1억 2,500만 인구에서 해마다 50만 명의 인구가 사라지고 있다. 생산 가능한 인구 한 사람이 재정적으로 부양하는 노인 수를 뜻하는 부양비는 세계 최고 수준이다. 성인용 기저귀가 유아용보다 더 많이 판매되고 있으며 파나소닉은 휠체어로 변형 가능한 병원 침대를 만들고 있다.

한국의 출생률은 일본보다도 더 낮다. 여성 한 사람이 낳는 아동이 한 명 미만이다. 주요 공항이 위치한 인천 근처에 송도와 같은 첨단 기술 신도시를 조성했지만 그곳으로 옮겨 가는 데 관심 있는 젊

● 전 세계 인구의 절반은 출생률이 인구 대체 수준에 못 미치는 '저출산의 덫(여성 한 명이 두 사람 미만의 자녀를 낳는 상태)'에 빠진 나라에 거주하고 있다.

은 층은 많지 않다.

중국은 14억 인구로 여전히 세계에서 가장 인구가 많은 나라에 해당하지만 향후 10년 안에 인구가 정점에 도달한 이후 감소하기 시작할 것이다. 일본과 상황이 비슷하지만 인구수가 열 배 많은 버전인 중국에서는 노년층을 돌볼 아동이 충분하지 않은 상태에서 빠르게 고령화가 진행되고 있다. 2020년 중국은 사회보장기금으로 유입액보다 더 많은 금액을 지출했으며 2040년이 되면 노년층의 숫자가 15세 미만 인구의 2배에 달할 수도 있다. 일각에서 중국을 '세계 최대의 요양원'이라고 부르는 이유다.

유럽의 미래는 계획에 없이 실행된 계획생육정책(한 자녀 정책)과도 같은 모습을 보이기 시작했다. 유럽의 중위 연령은 43살로 전 세계 평균보다 열 살이나 많으며 인구는 이민 유입에도 불구하고 2020년대에 감소세를 보일 전망이다. 아일랜드에서 슬로베니아, 핀란드, 이탈리아에 이르기까지 거의 모든 유럽 국가가 연금과 노인 요양 지출은 증가하면서도 노동력은 줄어드는 유지 불가능한 조합으로 골머리를 앓고 있다. 일본처럼 장수를 누리기로 유명한 스페인과 이탈리아 역시 낮은 출생률 문제를 겪고 있다. 이탈리아의 인구는 백 년 만에 처음으로 감소했으며 현재 5,500만 명을 기록하고 있다. 스페인에서는 대도시로 인구가 몰리면서 소도시의 80퍼센트가 인구 감소를 겪고 있다. 이탈리아와 스페인은 규모와 인구 면에서 대국에 속하지만 많은 지방이 사실상 비어 있는 실정이다. 또 다른 가톨릭 국가인 아일랜드와 폴란드도 출생률이 2퍼센트 미만이며 점점 하락하고 있다.

인구 감소는 추상적인 경제라는 개념이 갑자기 한계가 뚜렷한 대상으로 보이게 만든다. 병원과 위생 시설을 건설하는 세금을 누가 낼 것인가? 노년층을 누가 돌볼 것인가? 학교에는 누가 다닐 것인가? 누가 식당에 가고 매장에서 쇼핑할 것인가? 인구 규모가 지금보다 작고 빈곤하다는 의미는 곧 소비와 (국내외) 투자가 줄어든다는 뜻이다. 인구 규모가 쪼그라들면 자산 가격은 폭락한다. 인구 감소는 제로섬보다 더 나쁜 결과를 낳는다. 네거티브 섬negative-sum을 겪는 공동체는 이전 상태로 되돌릴 수 없는 쇠퇴의 길을 걷게 된다. 기업은 소비가 증가할 가능성이 보이는 분야, 다시 말해 사람이 모이는 곳에 실질 투자를 하기 마련이다.

모두를 환영합니다

2020년 4월 도널드 트럼프 미국 대통령은 라틴아메리카인과 아시아인 등의 이주를 엄격하게 금지하는 행정 명령에 서명했다. 아이러니하게도 같은 시기에 미국에서 코로나바이러스 확진자가 급증하면서 전 세계의 미국 대사관과 영사관에는 신속한 이주를 할 수 있는 의사와 간호사를 물색하라는 지시가 전달되었다. 미국에서 의사와 외과의 가운데 30퍼센트는 이민자이며 전체 의료 서비스 분야에서 이민자가 담당하고 있는 비율은 약 25퍼센트에 달한다. 미국의 이민 정책이 이념이 아닌 수요와 공급에 따라 움직였다면 수만 명의 생명을 구할 수 있었을 것이다.

이와 비슷하게 지난 십 년 동안 영국 시민은 브렉시트 지지자인 나이젤 파라지Nigel Farage가 '영국 정치에서 최우선 과제'인 이민에 대해 오만한 발언을 하면서 영국이 어떻게 '국경에 대한 통제를 잃었는지' 강조하는 주장에 점점 익숙해졌다. 보리스 존슨이 이러한 슬로건을 앞세워 영국 정부에 입성했지만 정권을 잡았다는 희열을 느끼는 것도 잠시, 그는 냉엄한 현실에 직면하고 말았다. 국립보건제도National Health System에서 부족한 의사와 간호사는 10만 명이 넘으며 처치를 기다리는 명단에 있는 환자는 450만 명으로 사상 최대치를 기록하고 있었다. 게다가 이러한 수치는 코로나19 사태가 터지기 전 기준이었다. 2020년 중반이 되자 영국 정부는 입장을 바꾸었다. 보리스 존슨은 '여권보다 사람'을 중시할 것을 강조했고 프리티 파텔Priti Patel 내무부 장관은 의사, 간호사, 조산사, 수업료 전액을 지불하는 유학생 등 기본적으로 열정이 있으면서 일정 수준의 기술이나 자금력을 갖춘 인재에게는 신속하게 비자를 발급하겠다고 약속했다.

오늘날 글로벌 이주를 둘러싼 거대한 모순은 대규모 노동력 부족을 겪는 국가에서 적대적인 반이주 정책을 펼치고 있다는 점이라고 할 수 있다. 하지만 이 같은 포퓰리즘은 노년층과 청년층 인구 사이의 엄청난 불균형, 사회와 경제가 제 기능을 하기 위해 채워져야 할 노동력 부족을 고려하면 일시적인 주장에 지나지 않는다. 포퓰리즘과 팬데믹 때문에 일부 국가에서 한때 국경의 문턱을 높였지만 기술을 가진 사람들이 유입될 수 있도록 완화하는 모양새다. 세계 인구가 급격한 증가세에서 감소세로 전환되는 가운데 방향을 잘못 잡았던 이주 정책이 인재를 차지하기 위한 총공세로 그 양상이 바뀌고 있다.●

실제로 이주는 경기를 부양하는 효과를 낸다. 미국, 영국, 싱가포르에 이르기까지 보수주의자들은 외국인 노동자에 과도하게 의존하고 있다고 매도하지만 이주자들은 전문가의 효율성을 높여 전체적인 생산을 끌어올려 준다. 또한 주택을 임대하거나 구입하고 이주자의 자녀들이 소득을 올리기 때문에 토박이들에게만 세금을 거둘 때와 비교해 과세 기반이 확대된다. 미국 경제는 소비에 기반하고 있으며 소매, 잡화, 의료, 엔터테인먼트 같은 활동에 좌우된다. 이런 이유에서 미국의 금융 대기업은 값싼 노동력의 공급뿐 아니라 새로운 소비 세대를 유입시키는 이주를 전적으로 지지하는 것이다. 미국에 대대적인 인프라 정비가 필요한 이 시기에 노동력 수입은 문제를 해결할 수 있는 중요한 전략이다.

혁신에 기반한 경제에 기술력을 지닌 이주자만 필요하다는 생각도 잘못된 것이다. 저숙련 이주자가 없다면 건설과 제조에서부터 농업, 간호에 이르기까지 모든 산업이 멈춰 설 수밖에 없으며 많은 상품과 서비스 가격이 인상되면서 인플레이션이 발생한다. 반이주 정책을 지지하는 사람들은 정부가 최우선으로 시민들을 위한 정책을 펼쳐야 한다고 주장하지만 병원에 일하는 인력이 부족할 때 가장

● 세계 인적 자원 경쟁력 지수(The Global Talent Competitiveness Index)는 기술력을 갖춘 근로자를 유치하고 유지하는 역량을 국가별로 평가해 순위를 매긴다. 상위권은 스위스, 싱가포르, 미국, 영국, 스웨덴, 오스트레일리아, 캐나다가 차지했으며 상위권의 나머지에는 유럽 국가들이 포진해 있다.

큰 피해를 입는 사람이 과연 누구일까? 1,000만 명 이상이 코로나 19에 감염되어 간호가 필요하고 생존자들이 장기적인 고통을 겪게 되리라는 점을 고려하면 미국은 무계획적인 이주 정책을 하루빨리 바로잡아야 한다. 실업자들의 숙련도를 향상시키는 일과 사회에서 부가가치를 창출하는 외국 인력을 유치하려는 시도는 기본적으로 이해가 상충되지 않는다. 내국인의 일자리와 외국인 근로자의 일자리는 대체로 다른 직업군에 속해 있으며 일자리를 놓고 서로 경쟁을 벌이는 일은 거의 없다. 라티노를 대신해 과일과 목화를 수확하고, 필리핀인을 대신해 간호사와 아이 돌보미로 일하며, 인도인 코딩 전문가를 대체할 미국인은 많지 않을 것이다. 가정 의료 서비스 도우미, 식사 준비, 위생 서비스 등 빠르게 성장하는 직업 부문에 종사하기 위해 교육이 거의 필요하지는 않지만 이들 덕분에 노년층과 중산층을 비롯해 사회 나머지 구성원의 삶이 훨씬 편리해진다.

실제로 외부의 도움을 거의 받지 않았을 때 윗세대와 아랫세대를 동시에 부양하느라 가장 고생을 많이 할 집단은 서양의 X세대 워킹 맘이다. 코로나19로 인한 봉쇄 기간 중 워킹 맘들은 업무를 하면서 자녀의 (그나마 운영되었다면 다행이었던) 온라인 수업을 지도하는 한편 나이 든 부모를 돌보고 가사 일을 병행하느라 고생했다. X세대에서 이혼율이 상승한 것은 더더욱 보탬이 되지 않았다. 이혼은 곧 워킹 맘들이 가정에서 도움을 받을 수 없음을 의미하는 경우가 일반적이었기 때문이다. 이에 더해 저렴하게 이용할 수 있는 병원, 노인 요양 시설, 활동적 노인층 커뮤니티와 더불어 보육 교사(child-minder,

본인의 집에서 아동을 양육하는 사람)와 베이비시터가 턱없이 부족하다.

미국에서는 '모성 페널티(워킹 맘이 직장을 다니면서 받는 다양한 불이익)'에 대한 반작용으로 노동력에서 이탈하는 여성의 숫자가 증가했다. 반면 중산층이 가사 도우미, 요리사, 청소부, 아이 돌보미를 고용할 만한 여유가 있는 홍콩과 싱가포르에서는 기업의 중역에서 여성이 차지하는 비율이 더 높다. 기진맥진한 '사커 맘(자녀 교육에 열성인 여성)' 혹은 코로나19 시대에 '분노에 찬 엄마'가 되는 것은 정치적인 선택의 문제이며, 문제의 상당 부분은 이주 노동력으로 해결할 수 있다.

미국에서 이주자가 설 자리를 잃는 동안 이주자가 경제에 기여할 수 있는 수천억 달러의 투자도 사라졌다. 2019년 미국에 유입된 외국인직접투자(FDI) 금액인 약 2억 5,000만 달러 가운데 4분의 1 이상이 부동산에 집중되었으며 현금이 풍부한 부자 이주자들은 그린카드(영주권)에 이어 시민권을 신속하게 발급받았다. 미국 투자 이민(EB-5) 같은 제도는 외국인이 빈곤한 지역(기회 특구 등)에 부동산을 매입하거나, 아니면 부동산 개발업자에게 임대하여 이주자가 매입한 아파트가 위치한 지역에 콘도를 조성할 수 있도록 장려한다. EB-5는 여러 정권에서 인기를 끌었던 정책이며 트럼프의 종잡을 수 없는 정책에서도 활용된 것은 놀라운 일이 아니다. 트럼프의 아들은 중국 투자자들에게 EB-5를 적극적으로 홍보하기까지 했다.

이주자들은 로스앤젤레스, 샌프란시스코, 시애틀, 덴버, 댈러스, 휴스턴, 마이애미, 애틀랜타, 워싱턴 D.C. 등의 부동산 시장뿐 아니라 애크론, 인디애나폴리스, 올랜도, 잭슨빌과 같은 침체된 지역까지 활성화시켰다. 이러한 도시에 적당한 시기에 도착한 이주자는 주택을 구입하고 자녀를 학교에 진학시키며 오피오이드(양귀비에서 추출한 약물. 진통 작용이 있어서 예전부터 마취제나 진통제로 사용되었다) 중독자가 차지하고 있던 현지 일자리를 대체했다. 수천만 명의 미국인이 미국의 이상에 부응하는 삶을 살지 못하는 동안 수천만 이주자가 미국을 위대한 나라로 유지하기 위한 많은 일을 해내고 있다. 이주자들이 찾아온 것에 대해 미국은 감사해야만 한다.

젊을 때 모셔라

학생들은 인재 유치 전쟁에서 사실상 가장 자유로운 집단이다. 2001년 9·11 테러 공격 이후 미국의 이주 정책에서 주로 제약을 받은 대상은 (아랍을 비롯한) 무슬림 학생들이다. 이후 20년이 넘는 세월이 흐르는 동안 현실적으로 미국 유학이 점점 어려워지는 데다 다른 지역에서 유치 경쟁이 벌어지면서 미국에서 유학하기를 꿈꾸는 여러 개발 도상국의 엘리트 숫자도 줄었다.

　미국은 중국과 지정학적 긴장이 이어지고 아시아인을 향한 외국인 혐오 문제가 커지면서 해외 학생 유치에 어려움을 겪고 있다. 미국의 해외 유학생 전체에서 3분의 1을 차지하던 중국 유학생 가운데 많은 수가 고국으로 돌아가고 있다. 또한 민감한 기술 분야에 접근이 금지되고 OPTOptional Practical Training 비자 연장을 더는 활용할 수 없게 되면서 그 속도가 더 빨라지고 있다. 마찬가지로 인도의 전문가들이 주로 혜택을 받아 왔던 H1-B(전문직 취업 비자) 프로그램에 대한 불확실성이 커지면서 많은 인도 학생이 미국을 떠나고 있다. 물론 이 상황에서 패배자는 아시아 학생들이 아니라 미국 경제와 대학이다. 특히 미국을 향하는 전체 해외 학생의 5분의 1이 몰려드는 캘리포니아는 큰 피해를 입었다.•

다른 영어권 국가는 트럼프의 외국인 혐오와 코로나바이러스 헛발질의 기회를 활용하기 위해 재빠르게 움직였다. 영국은 모든 인도인 졸업생에게 4년 거주 비자를 제공했으며, 캐나다는 전면적인 디지털 학생 비자 시스템을 도입했고, 오스트레일리아는 신속하게 아시아 학생들을 대상으로 여행 비자 면제에 나섰다. 영국이 코로나19 사태에 비교적 미흡하게 대처했음에도 2020년 영국 대학에 입학한 해외 유학생의 수는 (두 배 증가하여) 4만 명을 넘었다. 미국 정책 환경에서 벌어지는 상황과 무관하게 다른 영어권 국가에서는 수준 높은 대학 교육 서비스를 저렴하게 제공하고 있으며 취업 전망도 유망해 졸업생들은 이들 국가가 안전하다고 인식하고 있다.

미국의 대학은 싱가포르의 예일-NUS, 아랍에미리트의 NYU 아부다비 캠퍼스와 같이 해외에 세계 수준의 캠퍼스를 설립하여 미국으로 이동할 때 학생이 겪게 될 불확실성을 완화하고 있다.

• 9·11 테러 이후 3년 동안 해외 학생의 미국 대학 지원은 30퍼센트 감소했으며 10년 뒤에는 해외 학생의 순 등록이 2.4퍼센트 줄었다. Burton Bollag, "Foreign Enrollments at American Universities Drop for the First Time in 32 Years," The Chronicle, November 10, 2004

인재를 차지하기 위한 전쟁에서 가장 귀찮은 일 없는 이주를 제안하는 국가가 경쟁에서 앞서 나갈 것이며 이들 국가는 원하는 인재, 즉 청년들을 차지하는 데 성공할 것이다. 보편적으로 포인트에 기반한 이주 제도에서는 청년들에게 가점을 준다. 캐나다의 경우 18~35세 지원자는 12포인트를 얻는 반면 45세 이상 지원자는 2포인트밖에 받을 수 없다. 인재의 이주에서는 연령 간 차별이 존재하는 것이 현실이다. 현재 절약하는 삶을 사는 대학생이 미래에는 기업가가 될 수 있기 때문에 학생의 유치는 경제를 활성화하는 효과가 있다. 유학생들에게 학위뿐 아니라 그린카드도 제공해야 하는 이유다. 학생들이 자신이 공부한 지역에 머무른다면 대학이 위치한 도시에 활력을 불어넣으며 이주를 통해 러스트 벨트를 디지털 산업 설계와 고급 제조업을 위한 허브로 탈바꿈시킬 것이다. 미국 이주자 가운데 학사 또는 석사 학위를 지닌 사람은 3분의 1에 불과하다. 만약 미국 첨단 기술 산업의 수요에 맞게 정책을 조정한다면 그 비중은 두 배로 뛸 수 있다. 미국이 세계의 인재를 유치하지 않는다면 다른 나라에서는 반색하며 유학생을 먼저 데려갈 것이다.

미국이 전 세계에서 가장 좋은 몫을 챙긴다는 주장이 한때는 그럴듯하게 들렸지만 지금은 진부한 이야기에 지나지 않는다. 영어가 세계 공통어로 각광받는 시대이지만 앵글로—아메리칸의 포퓰리즘은 찾아볼 수 없으면서도 우수한 영어 프로그램으로 학위를 취득할 수 있는 나라가 증가하고 있다. 독일, 네덜란드, 스웨덴, 일본 등은 미국, 영국, 캐나다, 오스트레일리아와 직접 경쟁하기 위해 많은 프로그램을 영어로 전환하여 제공하고 있다.

유럽 정부는 유학생들이 사회에 긍정적인 기여를 할 수 있도록 최소 3년의 시간을 준다. 투자를 촉진하기 위해 유럽의 블루카드(우수한 해외 인력 유치를 위해 EU에서 운영하는 제도)를 대규모로 제공하는 것은 납세자의 세금을 인재 유치에 쓴 다음 이내 폐기하는 것보다 나은 계획이다. 모순된 이주 정책의 실마리를 먼저 푸는 나라가 청년 인재 유치를 위한 전쟁에서 유리한 위치를 차지할 것이다.

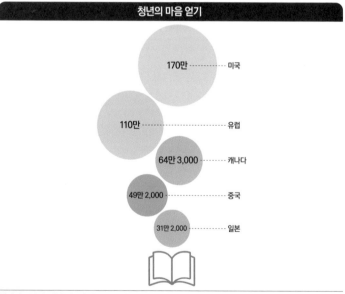

청년의 마음 얻기

170만 ········· 미국

110만 ········· 유럽

64만 3,000 ········· 캐나다

49만 2,000 ········· 중국

31만 2,000 ········· 일본

해마다 500만 명에 가까운 학생이 유학을 위해 해외로 나간다. 유럽에는 많은 해외 유학생이 머물고 있으며 미국은 전통적으로 많은 아시아인이 유학을 하는 나라다. 현재 캐나다는 유학생 유치를 놓고 미국과 경쟁하고 있으며 일본은 더 많은 아시아 학생을 받기 위해 영어 프로그램을 확대하고 있다.

행동에 나서는 여성들

금융 위기로 아이슬란드의 경제가 추락한 이후 대부분 여성으로 구성된 내각이 상황을 수습하러 나섰다.

핀란드의 산나 마린Sanna Marin 총리는 2019년 서른넷의 나이에 취임했으며 당시 핀란드 5대 정당 가운데 4개 정당의 당수는 30대 여성이었다.

유럽은 전 세계에서 여성이 법적으로나 실질적으로나 동등한 권리를 누리는 유일한 지역이다. 그럼에도 유럽의 여성들은 편안함을 저버리고 자신의 생각을 따르거나 돈이 있는 곳을 찾아 유럽을 떠나는 선택을 하기도 한다. 웹사이트에는 아시아에서 일자리를 찾으려는 유럽 거의 모든 나라의 20대 오페어(외국인 가정에서 일정 시간 아이들을 돌보는 대가로 숙식과 급여를 지급받는 프로그램)의 프로필이 넘쳐 난다.

세계적으로 여성은 교육 수준이 높아지고 출산하는 자녀의 숫자가 줄어들면서 전 세계 청년 중에 가장 열정적으로 이동하는 집단이 되었다. 안타깝게도 세계의 강제 이주자 대다수는 아시아와 아랍 국가에서 밀려난 여성들이다. 가사 노동자로 채용된 이들은 착취당하고 (급여가 있더라도) 저임금에 시달리며 인신매매를 통해 매춘부, 가사 노예, 댄싱걸, 기타 노예 형태의 상태에 머문다.

전 세계 이주 인구에서 중국과 인도 여성이 차지하는 비중은 그 어느 때보다 높다. 양국에서 수십 년 동안 성별 선택과 여아 살해가 이어진 결과 많은 남성이 적은 수의 여성을 놓고 경쟁을 벌이게 되었다. 인도에서는 성폭력과 노예 노동이 만연한 상태이며 중국에서는 여성에게 여러 명의 남편을 맞도록 장려하고 있다. 여성들이 가능한 한 해외로 나가려는 것도 당연한 일이다.

이와 동시에 중국 벤처 캐피털 파트너에서 여성의 비율은 20퍼센트로 실리콘밸리(8퍼센트)보다 높다. 고소득을 올리는 동아시아 전문직 여성은 (결혼과 이혼 여부를 떠나) 뉴욕, 싱가포르, 홍콩, 런던, 밴쿠버의 부동산 시장에서 큰손 역할을 해 왔다. 인도에서는 STEM(과학, 기술, 공학, 수학) 분야 졸업생 중 여성이 차지하는 비율이 44퍼센트인데 이는 미국(34퍼센트)이나 다른 서양 국가보다 높은 수준이다. 인도의 여성 IT 전문가는 다른 나라에서 유치하기를 열망하는 가장 위협이 덜한 이주자에 해당한다.

앞으로는 여러 세대 동안 압제에 시달렸던 사우디 여성들이 처음으로 해외에서 두각을 나타낼 것이다. 2015년 기준으로 사우디 대학에 등록한 여학생 숫자가 남학생보다 많다. 이제는 남편의 허락 없이도 여권을 만들 수 있다. 두바이에서 베이루트, 런던, 파리에 이르기까지 사우디 여성들은 점점 많은 전문 분야에 진출할 것이다.

더 많은 여성이 일하고 더 많은 독립성을 얻을수록 출산하는 자

녀의 숫자는 줄고 더 높은 전문성을 달성하기 위해 해외로 이주
하기를 바랄 것이다.

진정한 이주 문제: 타국으로의 이주

"우리나라는 사라질 위기에 처해 있는가? 안타깝게도 답은 '예스'다.
아이를 만들지 않는 나라는 사라지고 만다."

마테오 살비니Matteo Salvini만큼 헤드라인을 화려하게 장식한 이탈
리아 지도자도 드물다. 살비니는 이탈리아 북부동맹의 대표로 잠시
부총리를 지내기도 했다. 살비니는 자신이 카리스마 넘치는 X세대
정치 아이콘이라고 내세운다. 그는 여러 시간 동안 가두연설, 상의
탈의 집회, 셀카 타임을 즐겼으며 심지어 DJ로도 활동했다.

하지만 출산 정책에 있어서 그의 업적은 이탈리아의 상징적인 화
이트 트러플 플레이크(요리의 풍미를 더해 주는 값비싼 식재료)보다도 가볍
다. 여성의 출산을 늘리기 위해 '가족부'를 신설하자는 정책을 내세
웠지만 성별을 불문하고 이탈리아를 떠나는 전문가의 숫자는 1980
년 이후 해마다 증가하고 있다. 임금이 상승하고 여권이 신장되는 인
구 구조를 만든 나라에서는 인구 감소가 이점으로 작용할 수 있겠지
만 현재 남유럽에서 이에 해당하는 나라는 하나도 없는 실정이다.

이주는 지난 십 년 동안 비판을 도맡아 받는 주제였다. 하지만 유럽의 포퓰리스트들에게 유럽이 처한 훨씬 큰 존재론적 위협은 타국으로의 이주라는 점을 일러 준 사람은 없다. 유럽은 미국의 절반 규모에 인구는 두 배 많지만 많은 지역이 텅 비어 있는 느낌이다. 실제로 비어 있기 때문이다. 저출산과 타국 이주 행렬 때문에 동유럽은 세계에서 가장 빠른 속도로 인구가 줄어들고 있다. 2007년 루마니아가 EU에 가입한 이후 루마니아 인구의 약 4분의 1(500만 명)이 서유럽으로 향했으며 다시 고국으로 돌아가지 않았다. 전문가들은 이런 나라에 인프라를 개선하고 보육 시설을 늘리며 교육에 투자하라는 뻔한 제안을 했다. 하지만 진전은 거의 이뤄지지 않았다. 이 같은 개혁만으로는 불가리아 청년들이 유학이나 취업을 위해 해외로 향하지 않도록 막기 어렵다. (높은 사망률과 낮은 출산율과 더불어) 이러한 이유로 불가리아는 세계에서 인구가 가장 빠르게 감소하는 나라가 되었다. 현재 불가리아와 튀르키예 사이의 270킬로미터 국경에 설치된 날카로운 철조망이 월경을 어렵게 만들고 있지만 조만간 국경을 감시할 인력조차 남아 있지 않을 것이다.

남유럽과 동유럽에서는 인재 유출이 끝없이 이어지고 있으며 세르비아, 보스니아, 알바니아가 EU 회원국이 되면서 이 같은 타국 이주는 더욱 빠르게 진행될 전망이다. 이주자들은 다른 나라에서 자녀들이 경제적으로 더 나은 기회를 얻으리라 생각하기 때문에 고국으로 돌아가지 않을 것이다.

역사를 통틀어 인간에게는 하나의 장소가 정체성과 안정성을 주는 원천으로 기능했다. 하지만 무능과 부패가 만연해 있으면서 일자리도 부족한 사회에서 자라난 청년들은 직접 스스로를 부양할 수밖에 없다. 설문 조사에 따르면 청년들은 투표권보다 이동성을 중요하게 여긴다. 특히 국가 지도자가 낡은 사회적 태도를 고수하는 경우 이동성은 소속감보다 높은 가치를 지닌다. 현재의 포퓰리즘에 젖어 있기보다 해외로 이주하여 유학하는 편이 나은 이유가 여기에 있다. 정치적 급변과 경제 불황에 대한 청년들의 반응은 '버티기'가 아니다. 더 견고한 땅을 향해 헤엄칠 수 있는 상황에서 가라앉고 있는 배의 기둥에 매달릴 마음이 없는 것이다.

지리학자와 인류학자 모두 정체성을 국적과 연결시키는 '지리적 덫'을 극복하라고 요구한다. 이동에 대한 원대한 열망을 인정하는 것은 훌륭한 출발점이다. 대다수의 사람에게 해방을 선사하는 것은 국수주의가 아닌 이주다.

미국: 이민자의 땅?

인재를 차지하려는 전쟁에서 가장 큰 승리자는 말할 것도 없이 미국이다. 미국의 위대함은 토박이 못지않게 이주자에서 비롯되었다. 이주자 중 초창기 잉글랜드 정착민의 후손은 4분의 1에도 못 미친다는 점에서 대다수의 '토박이'도 역시 이주민에게 뿌리를 두고 있는 셈이다. 미국 과학자의 약 40퍼센트, 의사와 외과의의 3분의 1, 실리콘밸리 기술 기업의 절반, 기술 회사 직원의 3분의 2 이상이 미국 밖에서 태어났다.

미국은 해마다 많은 이주자를 받아들이고 있지만 한편으로는 타국으로 이주하는 미국인의 숫자도 증가하고 있다. 2008년 금융 위기 이후 국외에 거주하는 미국인의 숫자는 900만 명 이상으로 이전보다 두 배 뛰었다. 검소한 은퇴자는 멕시코나 카리브해로 이주했으며 수천 명의 부자는 미국의 과세를 피하기 위해 자금을 가지고 해외로 이주하면서 국적을 포기했다. X세대와 밀레니얼 세대는 정치적인 갈등을 피하기 위해 캐나다로 이주하거나 더 많은 연봉과 기업가로서 역동성을 맛보기 위해 아시아로 옮겨 갔다. Z세대는 영어 교사로 일하거나 막대한 학자금 대출 상환을 피하기 위해 해외로 나갔다. 모두가 정치 양극화, 터무니없는 불평등, 인프라 부실, 문화 전쟁으로 인한 문제를 동포들의 손에 맡기고 고국을 떠났다.

경기 불황, 실업난, 분열된 정치, 외국인 혐오가 어우러지면서 역사상 가장 위대한 이주의 역사가 뒤집힐 수 있을까? 유전학자이자 〈내셔널지오그래픽〉의 거주 탐험가를 지냈던 스펜스 웰스Spencer Wells는 사람들이 2020년을 미국 인구가 3억 3,000만 명으로 정점을 찍은 뒤 이주자보다 더 많은 인구가 해외로 나가기 시작한 해로 기억하리라 전망했다. 2020년 미국은 1850년의 아일랜드와 마찬가지일 수 있다. 지난 세대에 미국은 이주자들이 도달할 수 있는 최고의 나라였지만 이제 미국은 전 세계 시장에서 인재를 차지하고 심지어 미국인들을 고향에 머물게 만들기 위해 경쟁을 벌여야 하는 상황이다.

저무는 국가주의

수백 년 동안 국가주의는 정치 자유와 영토의 안전을 약속했다. 대중이 국가를 건설하는 자랑스러운 전통에 누가 맞설 수 있겠는가? 사실 팔레스타인 사람이나 쿠르드인을 비롯해 국민의 신분을 얻기 위해 싸우는 수천만 명의 무국적자가 존재한다. 그들에게 국가주의는 존재를 위해 따라야 할 임무다. 이러한 대의를 위해 국가주의를 고수하는 일은 지킬 만한 가치가 있는 이념일 것이다.

하지만 최근 애국적 자긍심을 타인에 대한 편견과 조합한 '신국가주의'의 대두를 주장하는 전문가가 늘고 있다. 미국에서 튀르키예, 인도, 중국에 이르기까지 민족 쇼비니스트Chauvinist들은 소수자와 외국인을 희생양으로 삼는 슬로건을 내세우고 있다. 산업과 인프라 개선에 별다른 노력을 기울이지 않았던 정부 입장에서는 정부의 실패 원인으로 이주자와 다른 나라를 탓하는 편이 더 쉽다.

신국가주의에서는 미래를 위한 실제적인 계획을 세우는 대신 받아들이기 어려운 현실을 모면하는 일에 집중한다. 과거에는 식민지에서 독립한 아프리카, 중동, 아시아에서 자국의 불행을 식민주의와 자본주의 탓으로 돌리는 정도였다. 하지만 식민지에서 독립한 많은 나라가 과거의 헛된 자기 연민을 버리고 현대화하려는 노력에 구슬땀을 흘리고 있다. 일반적으로 아시아인들은 빠르게 가난을 극복하고 경제 성장을 이뤘다는 점에서 강한 애국심을 보인다. 하지만 이들의 국가주의는 서양을 벌하는 것이 아닌, 따라잡고 뛰어넘으려는 열망으로 배가된다. 일각에서는 한국이나 일본에서 근로자 재훈련, 저렴한 주택 공급, 수준 높은 인프라를 제공하기 위해 기울인 노력을 미국이나 영국 정부가 시도했다면 두 나라의 '국가주의'가 얼마나 다른 양상을 보였을지 질문을 제기한다.

특히 미국과 영국에서 신국가주의자들은 글로벌 시장이 이롭고 국제 협력이 전 지구적 문제를 해결하는 데 중요하다고 생각하는 글로벌리스트globalist와 선을 긋는다. 이번에도 진정한 분열은 내부에 존재한다. 도시와 농촌, 부유층과 하층 계급, 청년과 노년층이 대립한다. 도시의 청년들은 미국의 트럼프와 영국의 브렉시트에 강한 반대 의사를 나타낸다. 따라서 브렉시트도, 트럼프도 신국가주의가 지속된다는 설득력 있는 증거가 되지 못한다. 다만 지리적으로나 세대 간에 분열된 나라에서 합의에 기반한 민주주의가 얼마나 취약한지를 잘 보여 주는 예에 불과하다.

이는 (특히 서양의) 신국가주의자들이 한 발은 무덤에 걸치고 있는 노년층의 구미에 맞추면서 그들을 따라 무덤으로 들어가게 될 것이라고 예측하게 한다. 이들은 정체성 정치를 국익으로 가장한 백인 특수층이 마지막으로 부르는 만세나 다름없다. 파키스탄의 소설가 모신 하미드Mohsin Hamid는 이 유혹적인 향수를 날카롭게 묘사했다. "지리적인 이동을 멈출 수 있을 뿐만 아니라 시간 이동을 할 수 있다는 주장이 있다. 내가 속한 국가, 인종, 종교가 진정으로 위대했던 과거, 더 나은 과거로 돌아갈 수 있다는 믿음이다. 우리가 받아들여야 할 것은 구분이다. 인류는 원주민과 이주민으로 나눌 수 있다."

하지만 이 이론에서 유일하게 확실한 것은 지지자들이 곧 사망하리라는 점이다. 외국인을 혐오하는 노인들은 하미드가 '하늘의 거대한 브렉시트'라고 부른 곳을 향할 것이다.

반면 오늘날의 청년들은 열성적인 국가주의자로 보기 어렵다. 미국의 선거 설문 조사에 따르면 미국 밀레니얼 세대의 45퍼센트만 국가 정체성이 중요하다고 답했다(베이비 붐 세대에서는 70퍼센트, X세대에서는 60퍼센트). 게다가 미국 밀레니얼 세대의 절반은 미국이 다른 나라보다 위대하지 않다고 생각한다. 미국을 예외적인 국가로 인식하던 베이비 붐 세대의 75퍼센트보다 크게 낮은 것이다(PragerU 채널에서 만든 '당신이 국가주의자가 되어야 하는 이유(Why you should be a nationalist)'라는 5분 분량의 엉터리 동영상은 조회 수가 400만이 되지 않는다). 이전 세대 혹은 과거 수백 년 동안에는 배은망덕한 청년이라도 결국에는 국가주의 태도를 갖게 된다고 여겼지만 오늘날 청년들은 정보를 접할 기회가 훨씬 많기 때문에 자신의 나라가 자화자찬에 걸맞은 모습인지 직접 판단할 수 있다.

중요한 사실은 오늘날 청년들이 분명하게 세계주의를 찬성하는 태도를 보인다는 점이다. 서양 20개국에서 실시한 설문 조사에서 17~24살 응답자의 무려 77퍼센트가 '세계화가 선한 힘'이라고 느낀 반면 부정적인 시각을 지닌 비율은 11퍼센트에 불과했다. 청년들이 움직이고 서로 섞일수록 세계화가 더욱 확산되고 국가주의는 쇠퇴한다. 로널드 잉글하트Ronald Inglehart와 조너선 하이트Jonathan Haidt 같은 학자들의 연구 결과는 교육 수준이 높은 청년들이 세계주의 태도를 지니며 사회의 가치가 이들과 더불어 발전한다고 밝힌다. 세계주의자와 국가주의자 사이에 차이가 있다면 전자는 현실을 받아들이는 반면 후자는 그렇지 않다는 점일 것이다.

청년들은 현명하게도 포퓰리즘 정치가 이주보다 국가 안정성에 더 큰 위협이 된다고 생각한다. 국가주의와 마찬가지로 포퓰리즘은 불만을 해결하기 위한 발판이 아니라 이를 이용하려는 정치적 움직임의 성격이 크다. 포퓰리즘의 역사는 우려를 자아내는 표현과 극적인 개혁을 외치는 주장의 이면에서 유권자를 솜씨 좋게 선동했던 여러 정부로 채워져 있다. 하지만 이들은 거의 얻은 것이 없다. 라틴 아메리카 사회주의자에서 아랍의 이슬람주의자에 이르기까지 포퓰리스트들은 반드시 패배한다. 최악의 코로나19 감염률을 기록한 국가는 미국, 영국, 인도, 브라질과 같이 포퓰리즘을 내세운 국가주의자가 활약하는 국가와 일치했다.

폴란드와 헝가리는 범유럽 포퓰리즘 물결의 조짐을 가장 빈번하게 보인 나라다. 폴란드에서는 우파인 법질서당이 반이주를 표방하고 있는데 2020년 7월 선거에서 청년들이 분명한 거부 의사를 나타낸 이후 좀처럼 권력을 잡지 못하고 있다. 유럽에서 자유를 제한하는 독재자의 상징과도 같은 헝가리의 빅터 오르반Victor Orban은 반이주를 정책의 중심으로 내세웠다(독일과 가까운 헝가리에서 머물기를 원하는 이주자는 사실상 없다). 노동력 부족이 곧 헝가리 일반 대중의 초과 근무(무급)와 주말 교대로 이어지자 대중이 오르반에게 순식간에 등을 돌린 것은 충분히 예측 가능한 일이다. 한편 젊고 환경을 생각하는 테크노크라트(과학 지식이나 전문 기술로 사회의 의사 결정에 중요한 영향력을 끼치는 계층)들이 바르샤바, 부다페스트, 프라하, 브라티슬라바의 시장 선거에서 승리를 거뒀다. 작은 나라에서는 수도의 시장보다 더 높은 자리란 거의 없다. 따라서 이러한 나라에서 국가주의자인 독재자의 정부가 오랫동안 지속되리라 보긴 어렵다.

포퓰리스트들이 활용하는 확성기는 그들 자신의 실패를 알리는 부메랑으로 돌아온다. 좌파든 우파든 포퓰리즘 메시지를 강조해 관심을 얻은 집단은 누구에게 정책 실패의 책임이 있는지를 분명히 보여 준다. 감정은 충만하나 정작 실체는 빈약한 포퓰리스트들은 '일상'을 깨뜨리는 것에 대한 반발을 대표한다고 주장하지만 오히려 그 집단에 대한 반발을 불러일으킬 뿐이다. 가령 이탈리아의 사르데냐 대중 운동은 평범한 중도 서민이 허풍 떠는 비주류가 아닌 국민이라는 메시지를 던져 이탈리아 극우 정치인인 마테오 살비니 Matteo Salvini의 기선을 제압했다. 마찬가지로 브뤼셀과 '그렉시트Grexit'를 놓고 십 년간 공방을 벌인 그리스에서는 포퓰리스트 정당의 계속되는 선동이 중단되었다(신나치주의인 황금새벽당 역시 해체되었으며 이들은 끔찍한 폭력을 행사하여 진짜 모습을 드러냈다). 이들 대신 들어선 신민주주의당은 투자를 장려하고 일자리를 창출하는 등 정부가 마땅히 해야 할 일에 집중하고 있다. 테크노크라트가 감정 표현에서는 제한적일지 모르나 포퓰리스트의 무능은 정치적인 단명을 보장한다. 유럽에서 가장 크고 중요한 나라인 독일과 프랑스에서는 테크노크라트의 실용주의가 지배적이라는 사실을 기억해야 한다. 유럽에서 연륜이 많은 정치인인 독일의 앙겔라 메르켈Angela Merkel은 제2차 세계대전 종전 75주년을 맞아 '민족 국가 유일 주의'를 맹비난했다.

민족에 따라 국가를 규정하는 법칙의 발원지인 유럽에서는 인구 감소, 이주, 내혼intermarriage, 시민권에 대한 법 개정을 통해 민족 국가의 개념이 빠르게 희석되고 있다. 한때 유럽인들은 국적에 따라 서로를 맹렬하게 구분지었으나 이제 유럽은 해외 교환 학생 프로그램에서 만난 X세대에게 태어난 '에라스무스 베이비(에라스무스는 EU의 교환 학생 제도를 지칭한다)'가 대세로 떠오르고 있다. 이들은 초국가적인 유럽인 1세대에 해당한다. 게다가 유럽에 유입되는 이주자의 숫자가 증가하고 있고 이주자의 출신 지역도 점점 다양해지고 있다. 오늘날 극우 정당이 어떤 주장을 하든 상관없이 수요와 공급은 역사상 어떤 포퓰리스트 운동보다 강력한 힘을 발휘한다. 민족 국가주의와 경제적 필요에 따른 이주 사이에 타협할 수 없는 뿌리 깊은 갈등이 생긴다면 궁극적으로 전자의 편을 들 나라는 하나도 없을 것이다.

사회가 정치적으로나 문화적으로 감당할 수 있는 수준 이상으로 인구가 증가하는 극단적인 시나리오를 생각해 보자. 그러한 상황이 되면 인구 시계를 되돌리는 일은 불가능해진다. 포용적인 새로운 국가 정체성을 조성하거나 내전을 치르는 선택의 기로에 설 것이다. 앞선 세대는 향수가 깃든 개념을 고수하겠지만 이는 오늘날의 청년과 미래 세대로서는 견딜 수 없는 사치다.

미국은 그 어느 때보다 다양한 민족으로 구성되어 있다. 미국에서 다양성이 부족한 카운티는 이미 히스패닉 인구로 대부분 구성되어 있다. 이런 곳은 마이애미나 텍사스의 멕시코 접경 지역과 같이 히스패닉 인구가 더욱 증가하는 지역이다. 해가 갈수록 미국, 영국, 캐나다, 독일은 세계의 주요 이주 대상국이 되고 있다. 이는 포퓰리즘이 실패할 수밖에 없으나 계속 유지되리라는 경고이기도 하다. 이주자의 존재는 포퓰리스트에게 비난할 대상을 제공하기 때문이다. 포퓰리스트들이 민주주의 정치 발전을 가로막기 때문에 점점 많은 사람들, 특히 청년들은 탈출구를 찾으려고 노력한다. 어떤 방향이든 정치적 극단주의로 기우는 나라에서는 국민이 도피처로 달려가기 마련이다.

국가 브랜딩 전문가인 사이먼 안홀트Simon Anholt는 청년들이 배타적인 정체성보다는 그 나라가 존경받을지 아니면 지탄받을지를 근거로 이동할 곳을 선택한다고 주장한다. 정체성에 대해 광신적 애국주의를 보이는 나라와 세계적 존경을 받는 나라 사이에 역의 상관관계가 있는 것은 당연한 결과다. 각 사람이 하나의 시민권만을 선택할 수 있는 가상의 세상이 존재한다면 튀르키예, 러시아, 브라질의 국가주의 지도자들은 청년들이 배를 버리고 떠나려는 열망이 얼마나 큰지를 보고 크게 당황할 것이다.

이는 요즘 유행하는 민족 중심의 제국주의적인 '문명 국가'라는 개념이 사이비 지식인의 관념에 지나지 않는다는 사실을 보여 준다. 현실에서는 인구 구조가 정화가 아닌 희석의 방향을 가리키는 경우가 많다. 러시아와 튀르키예는 문명 보복 정책(영토를 되찾기 위해 취하는 정책)을 표방하는 전형적인 보수주의의 나라다. 하지만 러시아에서는 옛 소련 공화국의 무슬림과 투르크 소수 민족 인구가 증가하는 반면 러시아 민족은 높은 사망률을 보이고 있다. 러시아 대통령 블라디미르 푸틴Vladimir Putin은 인정하고 싶지 않겠지만 발트해에서 아시아에 이르는 옛 소련의 민족적 다양성을 받아들이지 않는다면 소련을 재건할 수 없다. 튀르키예의 경우 그 어느 때보다도 쿠르드 시민과 아랍 이주자가 많은 상황이다. 레젭 타입 에르도안Recep Tayyip Erdoğan 튀르키예 대통령이 오스만 제국의 재건을 진정으로 바란다면 인구 구조 면에서도 그런 정책을 펴야 한다. 오스만 제국은 발칸에서 이라크, 이집트에 이르기까지 다양한 민족과 종교를 아울렀기 때문에 오랫동안 대제국을 유지할 수 있었다. 러시아와 마찬가지로 튀르키예도 경기가 나쁠 때는 소수 민족을 희생양으로 삼지만 국가의 장기적 성공은 이들을 자산으로 삼는지의 여부에 달려 있다.

역사는 공동의 정체성을 형성하는 제국에 상을 주고 스스로를 남보다 우위에 두는 문명을 벌한다. 역사를 통틀어 로마, 몽골과 같이 성공한 제국은 단일 민족의 지배가 아닌 다양성과 포용을 토대로 건설되었다. 인구가 감소하는 가운데 '문명 국가'의 추구는 문명도, 국가에도 이르지 못하는 길이 될 것이다.

문명의 자긍심을 고취하려는 독재자는 국가 정체성이 통일되어 있던 시대로 시계를 돌리고 싶을 것이다. 하지만 젊은 세대는 조부모의 사진첩이 아니라면 그런 사회를 그릴 수 없다. 각 세대가 하나의 지배적인 집단에 기반하는 모습에서 멀어지는 것은 불가피한 일이다. 국가가 국민을 만드는 것이 아니라 국민이 국가를 만드는 것이다.

조화를 이루는 다양성을 달성할 수 있을까?

이 모든 것은 세계에서 가장 다양한 민족이 뒤섞여 있는 거대 국가인 인도에 적용할 수 있다. 현 지도자인 나렌드라 모디Narendra Modi는 세속적이 아닌 힌두교 중심의 '신인도'를 표방하는 다수 소속의 포퓰리스트다.* 2019년 시민권법 개정안Citizenship Amendment Act, CAA에서는 방글라데시에서 온 수백만 무슬림 이주자의 시민권을 부인했다. 또한 인도 주민등록National Registry of Citizens은 공식적인 출생증명서가 없는 무슬림을 이류의 비시민으로 전환했다. 하지만 모디 총리의 무슬림 자유에 대한 공격에도 불구하고 20년 안에 인도는 (인도네시아나 파키스탄을 제치고) 전 세계에서 무슬림 인구가 가장 많은 나라가 될 전망이다. 인도의 무슬림은 농촌을 비롯해 무슬림 인구가 더 많은 지역으로 이동하고 있지만 인도를 떠나지는 않고 있다. 인도의 십여 개 주에서는 CAA를 지지하지 않는다고 밝혀 이곳이 무슬림의 목적지가 될 가능성이 있다. 한편 유권자들은 문화적인 보호보다는 경제 개혁에 더 큰 관심을 두고 있다. 인도의 청년들은 모디 총리의 인프라 투자, 일자리 창출 우선 정책, 왕가 출신이 아닌 배경, 자수성가한 이의 자긍심에 이끌려 그를 지지했으나 이제는 경제 정책 실패와 분열을 일으키

---

* 이는 이미 지역적 이주에 영향을 미쳤다. 양국의 분할 이후 파키스탄에 머물렀던 힌두인들이 인도에 돌아온 숫자는 최대치를 기록했다. 해마다 두 배 증가하여 2018년에는 만 2,000명을 넘어섰다.

는 쇼비니즘 때문에 빠르게 그에게서 돌아서고 있다. 청년들에게는 정부에서 규정한 정체성이 필요하지 않다. 불만에 찬 인도 농민들 역시 모디 총리가 그들의 항의를 '반국가적'이라고 칭하자 날을 세우고 있다. 모디 총리는 과신에 차서 행동하다가 자신이 뒤집으려는 바로 그 분열을 더욱 가속화시킬 수 있음을 깨달을 것이다.

중국에도 수십 개의 소수 민족이 존재하지만 이러한 소수 민족이나 외국인을 모두 합쳐도 14억에 달하는 한족과 비교해 이들이 차지하는 비중은 미미하다. 그럼에도 한족은 몽골, 만주족, 수이족을 비롯해 중국의 역사적 성공에 기여한 기타 민족들의 역할과 사회 기저에 깔려 있는 유전적 다양성을 줄곧 부인한다. 중국에 존재하는 티베트, 위구르, 몽골의 정체성을 지우려는 포그롬(유대인 등에 대한 조직적 약탈과 학살을 뜻하는 러시아어)의 지속은 더 많은 사람을 인도, 카자흐스탄, 몽골로 내몰 것이다. 중국은 제국이지만 현 지도부가 인정하려는 것보다 더 다양한 문명이 뒤섞여 있다.

징집: 국가주의의 테스트

독일에서 고등학교를 졸업할 당시 모든 (남성) 친구들은 연방군에 보고를 해야 했으나 소수는 대체 근무를 선택했다. 군 복무를 하지 않는다는 것은 상상도 할 수 없었다. 의학적으로 매우 적절한 변명거리가 있거나 양심적 병역 거부를 주장하는 경우에만 면제를 받고 사회 복무를 할 수 있었다. 당시는 1990년대 중반이었고 서유럽은 냉전 이후의 평화를 누리고 있었다. 이후 군 복무 기간을 18개월에서 1년 미만으로 줄여야 한다는 목소리가 높아졌다. 2011년에는 그러한 추세를 더는 무시할 수 없게 되었다. 독일은 전체를 자원병으로 구성하는 정책으로 전환하여 (미국과 마찬가지로) 군인을 매우 일시적인 기간 동안 직업으로 선택하는 사회가 되었다. 2018년 독일의 기독교민주연합당CDU은 급감한 병력을 보충하기 위해 군 복무 제도를 부활하는 방안을 제안했으나 이는 그러한 주장을 지지하는 극우파를 영합하기 위한 시도일 뿐이었으며 나머지 모든 사람에게 빈축을 샀다.

징병제에 대한 태도는 이른바 '국가주의의 부활'이라는 가장 파멸적인 그림을 제시한다. 동양과 서양을 막론하고 여러 사회에서 국가를 수호하는 임무만큼 세대 분열을 극명하게 보여 주는 주제도 없을 것이다. 버트런드 러셀Bertrand Russell은 애국주의에 대해 '사소한 이유로 죽고 죽임을 당하려는 의지'라고 규정했다. 이 기준을 적용한다면 오늘날의 청년들은 역사상 가장 애국심이 없는 세대일 것이다.

유럽 전역의 청년들은 청소년기 이후의 소중한 시절에 군 복무를 강제하려는 정부의 어떠한 시도도 거부했다. 징병제는 폐지되거나 복무 기간이 대폭 줄었다. "스위스에는 군대가 없다. 스위스 자체가 군대다."라는 말로 유명한 스위스에서조차 군 입대 비율은 빠르게 하락하고 있다. 기업가 정신과 시민으로서의 삶에 더 많은 관심을 가지고 있는 청년들에게 군 복무는 시간 낭비로 보일 수 있다. 개인의 기회주의가 집단의 노력보다 중시된다.

복무 부담을 지는 일에 관한 한 미국인들은 더는 다른 나라보다 강한 애국심을 보이지 않는다. 미국은 베트남전 이후 전체 군을 자원병으로 전환했으며 현재 30세 미만의 미국인 가운데 친인척이 군 복무를 하는 비중은 3분의 1 이하다.• 모병제로 전체 군을 구성한다는 사실은 군 복무를 애국심과 통과 의례로 여기던 생각에 큰 변화가 일어났음을 뜻한다. 2018년 RAND 기업에서 수행한 설문조사에 따르면 직업적인 동기(일할 기업으로서 군대를 필요로 하는 경우)가 제도적인 동기(군 복무의 가치)를 크게 앞질렀다. 지원병들은 주로 비정상적인 환경에서 벗어나고 재정과 교육 혜택을 받는 것에 관심을 뒀으며 나라를 위해 일한다고 답한 사람의 경우 가족 가운데 군인이 있는 경우가 주를 이뤘다. 9·11 테러 공격이 일어나고 20년 뒤 이라크와 아프간 전쟁에 참전한 군인들이 받은 트라우마는 전체적으로

• 지난 20년 동안 이라크와 아프가니스탄에서 복무했던 재향 군인은 근무했던 기지에서 멀지 않은 곳에서 자체적인 사회 계층을 이루며 이들의 가족은 군 혜택으로 제공되는 사회 복지와 보장 서비스를 이용하고 있다.

신병 지원을 가로막는 역할을 했다. '영원한 전쟁'의 폐해가 무척 컸기 때문에 오늘날 청년들은 자신이 지지하지 않는 전쟁에 파병되어 죽는 상황을 모면하기 위해서라면 무슨 일이든 할 것이다.

설사 원한다 하더라도 미국 대중의 상당수는 전투에 적합하지 않다. 미국인의 71퍼센트는 비만, 범죄 이력, 미비한 교육과 같은 문제로 군 복무에 적합하지 않다. 2010년대 미 육군에서 발간한 일련의 보고서에는 '전투를 수행하기에는 과도하게 비만인' 혹은 '여전히 전투를 하기에는 과도하게 비만인'이라는 불길한 제목이 붙어 있어 비만이 미국의 안보에 위협을 준다는 경고를 한다. 하지만 소셜 미디어와 게임에 사용하는 시간을 사이버전 수행을 위한 준비로 볼 수 있다면 미래의 군대가 고려할 만한 신병은 많다. 그런 이유에서 (틱톡이 인기를 잃기 전까지) 틱톡을 사용해 Z세대 자원병을 적극적으로 모집했는지도 모른다. 2020년 초 미군에서 징병제를 부활하기를 원한다는 소문이 돌자 겁에 질린 청년들이 구글 검색을 하면서 의무 병역 제도 웹사이트가 다운되는 일이 벌어졌다. 징집은 오늘날 미국 청년들이 응하고 싶지 않은 부름인 것이다.

러시아는 그 위상을 확고히 하려고 충성스럽고 강한 군대를 보유하고 있는데 이는 중요한 국수주의적 국가의 사례에 해당한다. 하지만 러시아 역시 2008년부터 의부 복무 기간을 2년에서 1년으로 단축했으며 청년들이 푸틴을 지지한 유일한 공약은 러시아가 직업군인으로 군대를 유지할 수 있게 되면 징병제를 완전히 폐지하겠다는 것이다. 2016년 현재 러시아군에 입대하는 신병은 약 26만 명인 반면 직업 군인은 40만 명에 가깝다. 직업 군인은 러시아나 해외 점령지의 군사 시설을 유지하는 사실상 국내 용병으로, 일자리가 필요한 전 연령층으로 구성되어 있다. 미국처럼 러시아의 청년들도 돈이 필요한 경우에 직업 군인으로 입대한다.

중동과 아시아와 같이 보다 거친 환경에 있는 청년들조차 군 복무에 관심이 없다. 예를 들어 튀르키예와 한국은 진정으로 전략적인 위험을 마주하고 있는 애국심 강한 사회다. 유럽처럼 튀르키예에서도 대중의 거센 요구로 군 복무 기간이 1년에서 6개월로 단축되었다. 하지만 이마저도 지나친 요구다. 2018년 8월 현재 튀르키예 정부는 청년들이 비용을 지불하고 6개월 복무를 대체할 수 있도록 허용하고 있는데 5,000리라(약 900달러)를 내면 3주를 면제받을 수 있다. 등록 포털이 온라인에서 가동되고 2주 만에 34만 명의 튀르키예 청년이 신청을 했다. 그해에 추가로 18만 명의 남성이 군 복무를 피했다. 입대를 피하기 위한 저축은 튀르키예의 모든 십 대 남자 청소년에게 중요한 저축으로 떠올랐다. 돈을 모으지 못하면 시리아로 파병되는 것이다. 2020년 튀르키예는 사우디아라비아가 예멘에서 그렇게 하듯 군 복무를 대신하는 파키스탄인에게 시민권을 부여하는 협정을 체결했다.

한국도 사정은 다르지 않다. 남성의 83퍼센트는 할 수만 있다면 입대를 피할 것이라고 답한다. 군대의 규모는 8만 명으로 쪼그라들었다. 나이 든 한국인들은 북한을 존재의 위협으로 인식하는 반면 젊은 세대는 진보 정당의 통일 정책을 지지한다. 사실 한국 정부가 북한의 개방을 도우려는 시도에는 실직 상태의 한국 남성을 군인이 아닌 국가 건설자로 북한에 보내 일자리를 창출하려는 의도가 깔려 있다. 최근 한국 정부에서는 여군을 늘리려는 시도도 하고 있는데 거세게 불었던 미투 운동에 대한 복수로 남성들이 강력하게 지지하는 방안이기도 하다. 저출산과 비혼 트렌드를 고려하면 여성은 더는 가정생활을 핑계 삼을 수 없는 상황이다. 일본에서도 상황은 마찬가지다. 출생률이 워낙 낮기 때문에 자위대에서는 여성들에게 입대를 호소했으나 거의 효과가 없었다.

중국은 어떠한가? 중국의 청년들은 국가주의적인 도그마에 지속적으로 노출되지만 전반적으로 군국주의보다는 물질주의 성향이 훨씬 강하다. 청년들은 이웃 나라에서 미국을 쫓아내기 위해 맞붙어 싸워야 할지도 모른다는 사실은 알고 있지만 그러한 갈등으로 평온한 삶을 깨뜨릴 마음은 없다. 천안문 사태 이후 중국 정부는 국가주의 형성을 명목으로 1년의 군 복무 기간을 연장했다. 하지만 얼마 지나지 않아 대학교 1학년 초에 2주간의 강의와 군사 훈련을 받을 수 있도록 기간을 단축했다.

대체 군대를 유지해야 하는 이유가 무엇인가? 멕시코 같은 나라는 군대 해산에 무게를 두면서 군 대신 마약 및 범죄 소탕에 주력하는 더 강력한 방위군을 육성하고 있다. 미국 정부가 멕시코에 중앙아메리카인들이 리오그란데에 도달하지 못하도록 보다 강력하게 차단할 것을 요청함에 따라 수십만 명의 과테말라인과 온두라스인이 멕시코 국경 안에 머물게 되었다. 공식적으로 해외에서 태어난 멕시코 거주자는 200만 명 미만이지만 비공식적인 숫자는 두 배에 달한다. 브라질 역시 해외의 군사적 위협이 없는 상황으로 최대 규모의 파병은 아마존을 지키기 위한 임무를 수행하는 것이다. 한편 케냐와 에티오피아는 공군을 다른 나라가 아닌 수십억 마리의 메뚜기를 소탕하는 작업에 동원하고 있다. 전 세계에서 군대는 코로나바이러스를 퇴치하는 데 중요한 역할을 했으며 전함은 병원으로 기능하고 육군은 의료 텐트를 세웠다.

미군 역시 국내의 실존적 임무를 수행하는 데 주력해야 한다. 플로리다에서 네브라스카, 알래스카에 이르기까지 많은 기지가 홍수, 허리케인, 들불의 위협에 처해 있음에도 군대는 그저 작전 수행 능력을 유지하기 위해 자금과 시간을 투입하고 있다.

하지만 정부가 코로나19 사태에 당혹스러울 정도로 미흡하게 대처한 이후 작전을 신속하게 수행한 조직은 역량과 규율을 갖춘 국방부로 백신 제조와 배포를 지원했다.

우리 스스로가 인류 최대의 적인 경우가 많음을 인정하고 이에 대한 조치를 취하면서 국수주의도 다시 정의되어야 할 것이다.

대부분의 국가는 노인 요양, 이주민 동화, 부적응자들의 교육 지원 등 사회 통합과 시민 문화 육성에 긴급하게 기여하도록 여성과 남성 모두가 1년간 병역의 의무를 수행하도록 강제할 수 있고 그래야만 한다. 빌 클린턴Bill Clinton 전 미국 대통령은 1992년 대선 캠페인에서 병역을 중점 의제로 강조했다. 그로부터 30년 뒤 미국에는 여전히 의무 징병제가 도입되지 않은 상태다. TFA(Teach for America, 미국의 비영리 단체로 미국 대학 졸업생이 2년간 미국 각지에 배치되어 학생을 가르치는 프로그램을 운영한다)는 경쟁력 있고 존경받는 프로그램이지만 규모가 작고 재정이 부족한 상태다. 애국심을 실용주의와 조합할 수 있는 방법은 무수히 많다. 병역을 수행하는 사회는 연대감이 더 강하며, 병역 의무가 없다면 궁극적으로 국가주의는 아무 의미를 갖지 못한다.

종교는 어떠한가?

오늘날 국가주의가 반감을 불러일으키는 것으로 과장되어 있듯 종교도 마찬가지다. 종교적 정체성은 정의상 국가와 무관하며 기독교인과 무슬림은 세계 최대 규모의 공동체로서 지구상에 22억 명의 기독교인과 18억 명의 무슬림이 존재한다. 하지만 실제로는 대다수의 기독교인과 무슬림(혹은 다른 종교를 추종하는 사람들)의 정체성은 국가의 종교와 연결되어 있다.[*] 국가주의와 종교의 공통점은 대다수의 사람에게 구경하는 스포츠 역할을 한다는 것이며, 실제로 대다수의 사람은 스포츠를 직접 즐기거나 구경하는 데 훨씬 많은 시간을 쏟아붓는다. 이는 그 어느 때보다 많은 아랍

---

[*] 이는 정체성이 여럿이고 서로 겹치는 부분이 있음을 방증한다. 국가주의자가 여러 정체성을 지니는 문제를 가지고 평범한 종교인을 극단주의자로 비난하는 것은 모순이다. 국가주의자야말로 극단주의자이며 단세포적으로 하나의 정체성에 갇혀 있는 수감자와 같다.

청년이 압제 정치에 시달리지 않으면서도 무슬림으로 살아갈 수 있는 말레이시아와 인도네시아에 정착하는 이유를 알려 준다.

종교가 지정학적 요인에 얼마나 취약한지는 여러 번 드러난 바 있다. 가장 단적인 예가 팔레스타인 사람이 당하는 곤경이다. 온갖 수사에도 불구하고 이웃의 아랍 무슬림은 팔레스타인에 대해 실제 조치보다는 동정심을 보이는 데 그치고 있다. 유대인의 자치 구역 획득 운동에 대한 미미한 반응은 팔레스타인에 심각한 영향을 미쳤으며 무슬림과 기독교인 모두 해외로 떠나는 피난을 꿈꾼다. 요단강을 병합한 이스라엘이 인근 주민에게 이스라엘 시민권 부여를 거부하면서 이미 200만 명 이상의 난민 디아스포라(본토를 떠나 타지에서 자신들의 규범과 관습을 유지하며 살아가는 민족 집단)가 기거하고 있는 요르단에 갈수록 많은 팔레스타인인이 옮겨가게 할 것이다. 마찬가지로, 중국이 신장의 무슬림 위구르인을 억류하는 것에 대해 무슬림 국가에서는 형식적으로 우려를 표시했을 뿐이다.

2019년 많은 국가는 종교 극단주의의 위험에 맞선다는 중국의 입장에 지지 서명을 했는데 극단주의는 이들이 중국 못지않게 경계하는 대상이다. 종교 다수주의는 세속적이고 영토와 관련된 의제를 눈가림하기에 유용한 도구다. 종교 탄압은 많은 기독교인을 인도와 중국에서 몰아냈으며 이 과정에서 종교적인 뉘앙스보다 더 큰 정치적인 목적을 숨겼다. 110만 명 이상의 로힝야족 무슬림이 미얀마에서 쫓겨나 방글라데시에서 난민으로 위태로운 삶을 살고 있다. 미얀마와 스리랑카의 군부는 종교가 위협을 가해서가 아니라 종교인이 살고 있는 지역의 땅과 자원을 차지하기 위해 소수 민족과 소수 종교인을 박해했다.

코로나바이러스 팬데믹 역시 종교가 세속적 우선순위에 밀려나는 데 일조했다. 한국의 교회에서 파키스탄의 모스크, 이스라엘의 성전에 이르기까지 종교적 장소는 전염병을 퍼뜨리는 온상이 되었다. 심지어 사우디아라비아는 무슬림 순례자에게 메카를 폐쇄해야만 했다. 불교인들은 팬데믹을 가난, 전쟁, 탐욕, 기근과 같은 다양한 재앙의 하나로 바라본다.

세계의 종말을 맞아 사람들은 종교로 회귀하여 다음 계절에는 더 큰 재앙이 내리지 않기를 기도할까? 일부는 그렇게 할 것이고 뉴스거리가 될 것이다. 하지만 대다수의 사람은 보다 검증된 방식을 따라 이동할 것이다.

대이동의 시대

인류, 새로운 생존의 지도를 쓰다

3장

세대 이동

최초의 글로벌 세대

정확히 25년 전 나는 국제 연합United Nations에서 열정적으로 인턴 생활을 하고 있었는데 사실 우리 팀에서 유일한 청년이기도 했다. 내가 일하던 부서의 부문 예산 대부분은 청년 활동가들이 각국 정부에서 사회 정책을 입안할 때 청년들의 의견이 포함될 수 있게 로비하도록 회의를 개최하고 훈련하는 데 지출되었다. 당시 활동가였던 밀레니얼 세대는 진보적인 시장과 장관, 사회 정의 단체를 운영하는 코즈모폴리탄causemopolitans, 다자 인도주의 단체의 관리자, 주주 참여와 지속 가능한 공급망 또는 임팩트 투자 펀드를 발전시키는 '사내 기업가intra-praneur'가 되었다.

1990년대 청년에 주력하던 인턴십 기간을 돌아볼 때 한 가지 분명한 사실은 각 대표는 고국의 국내 변화에 관심을 집중했지만 같은 세대로서 동지애가 있었다는 점이다. 1920년대 칼 만하임Karl Mannheim이 설명했듯 세대는 생물학적인 특성뿐 아니라 사회학적인 특징을 갖는다. 즉, 공유하는 경험이 심리를 형성하는 것이다. 하지만 진정한 의미에서 전 세계적인 사건이 세대를 규정하는 중요한 요소로 기능한 것은 30년 전부터다. 1991년 소련 붕괴, 2001년 9·11 테러 공격, 2008년 금융 위기, 2020년 코로나바이러스의 대유행이 여기에 해당한다. 이 기간 동안 이주는 폭발적으로 증가했으며 휴대전화와 인터넷 사용은 전 세계적으로 확대되었고 기후 변화가 인류의 존재를 위협하는 문제로 떠올랐다. 기술이 지리와 계

급을 넘어 자기 인식을 가능케 했다는 사회학자 울리히 벡Ulrich Beck
의 지적은 더없이 정확하다. 1968년 일어난 학생 운동은 오늘날의
미투 운동, 기후 행동, 인종 평등 운동처럼 포괄적이지 않았다.

사실 오늘날의 청년들은 이전 세대가 자국의 문제에 대해 공감
대를 형성했던 것과 달리 지역을 불문하고 공통적인 견해를 가지
고 있다. 사람들은 국가에 대해 공통적인 사고방식을 지니고 있다
고 생각하지만, 밀레니얼 세대와 Z세대는 세계적 규모에서 연결, 이
동, 지속 가능성에 대한 권리 등의 가치를 공유한다. 이전의 그 어떤
세대도 오늘날 수십억 청년들처럼 공통적인 특징을 지니지 못했다.
따라서 전 세계에서 가장 거대한 분열은 동양과 서양 혹은 북부와
남부가 아닌 청년과 노년 사이에 존재한다.

개인적으로 청년들이 처한 곤경에 큰 연민을 가지고 있다. 지난
20년 동안 수많은 기업인, 행동가, 학생, 교수, 정치인, 언론인, 조정
자, 통역사에게 자국의 청년들은 어떤 삶을 사는지 물었다. 지난 2
년 동안에는 조사와 워크숍에서 수백 명의 청년 전문가와 소그룹
토론을 할 기회가 있었다. 이 자리에서 나는 지정학적 경쟁(관심 없
음), 금융 자본주의(혐오함), 선거 민주주의(중요하지 않음), 주택 소유(짜
증 남), 결혼(하더라도 나중에), 대학 교육(너무 비쌈) 등의 주제에 관해 과
거의 청년들과 닮은 반응을 거의 찾을 수 없었다.

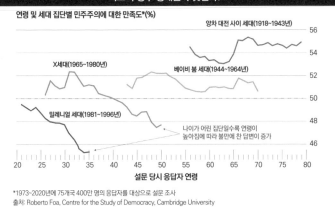

최고의 정부 형태는 무엇인가?

연령 및 세대 집단별 민주주의에 대한 만족도*(%)

양차 대전 사이 세대(1918~1943년)

X세대(1965~1980년)

베이비 붐 세대(1944~1964년)

밀레니얼 세대(1981~1996년)

나이가 어린 집단일수록 연령이
높아짐에 따라 불만에 찬 답변이 증가

설문 당시 응답자 연령

*1973~2020년에 75개국 400만 명의 응답자를 대상으로 설문 조사
출처: Roberto Foa, Centre for the Study of Democracy, Cambridge University

젊은 세대일수록 민주주의에 더 환멸을 느꼈다. 밀레니얼 세대의 응답자들은 정부에 대해 가장 낮은 수준의 만족도를 보였다.

모든 세션에서 청년들이 항상 내게 물었던 질문이 하나 있는데 바로 '성공하는 데 가장 중요한 기술이 무엇인가?'이다. 그 어느 때보다 내 대답은 확고부동하다. 어떤 기술을 가지고 있든 이동 가능해야 한다는 것이다. 언제든 움직일 준비를 해야 한다. 이동에 관한 한 나도 한두 가지는 안다고 생각한다. 지금까지 평균 3~4년에 한 번씩 이동하는 삶을 살아왔기 때문이다. 우리 가족은 별 볼 일 없는 (인도) 여권을 가지고 있을 때조차 주기적으로 터전을 옮겼다. 십 대부터 미국, 유럽, 아시아에서 이동한 일은 지리적 회전의 이점에 대한 자기 충족적 예언이었다.

사람들은 인간이 고국을 떠나려는 열망을 과소평가하는데, 아마

그 기저에는 나처럼 다른 사람도 고향에서 편안한 삶을 살 것이라는 무의식적인 편견이 있을 것이다. 역사적으로 사람들은 같은 민족 근처에 정착하는 경향이 있었으며 해외로 떠난 많은 사람조차 노부모를 보살피거나 가정을 꾸리기 위해 고향으로 돌아왔다. 예를 들어 해외로 나간 중국인은 고향으로 돌아가도록 유혹하는 '문화인식' 또는 '뿌리 찾기'에 대해 말한다. 하지만 자녀가 없는 청년들은 특정한 방식으로 양육하기 위해 '고향'으로 돌아갈 필요도, 부모를 보살피러 갈 필요도 없다. 어쨌든 오늘날의 조부모는 자녀가 돌아오기를 기대하지 않기 때문에 전문적인 요양 시설로 들어가거나 온종일 아이를 돌보는 신세가 되지 않는다. 무엇보다도 오늘날의 세계는 청년이 기존의 문화를 따르기보다 자신만의 사회 환경을 공동으로 만들 수 있는 공간으로 가득하다.

생활 수준이 서로 크게 다른 나라 간에도 청년들은 비슷한 경제 문제를 겪는다. 예를 들어 미국에서는 1990년대 이후 임금 수준이 정체되어 있는 반면 주택 가격은 2배, 의료비는 280퍼센트, 대학 등록금은 500퍼센트 상승했다. 미국의 밀레니얼 세대, Z세대는 1조 5,000억 달러의 학자금 대출을 상환해야 하며 신용카드 부채는 그보다 더 많다. 2019년 연준은 보고서에서 밀레니얼 세대가 '이전 세대가 젊었을 때보다 더 빈곤한 세대로, 전 세대보다 소득이 적고 자산 규모도 적으며 부가 더 적다.'라고 지적했다. 미국은 막강한 군사력, 탄탄한 금융 시장, 혁신적인 인재, 역동적인 기업가 정신을 갖춘 나라이지만 한편으로는 청년들이 보잘것없는 저축과 미래에 대한 확신이 별로 없는 상태로 살아가는 나라이기도 하다.

반면 중국의 청년들은 부모 세대가 상상할 수 있었던 것보다 훨씬 나은 삶을 살고 있다. 1980년대 덩샤오핑鄧小平의 개혁으로 중국은 세계의 공장으로 급부상했고 가장 빠르게 성장하는 국가로 발돋움하여 하위 50퍼센트의 소득이 4배 증가하는 등 역사상 가장 큰 규모로 빈곤을 완화하는 쾌거를 이뤘다. 하지만 전반적으로 중국의 청년들도 양질의 일자리 부족, 생활비 상승이라는 동일한 걱정을 안고 살아간다. 베이징에서 유일하게 저렴한 주택은 우환五環 외부에 위치하며 30년 모기지를 갚는 데 대가족이 총동원되어야 한다. 중국의 사채업자들은 현금이 부족한 세대를 착취하여 수백만 명이 디지털 대부업자에게 돈을 빌려 다른 대부업자에게 상환하는, 빚에 허덕이는 궁지로 몰아넣는다.

기술을 지닌 도시 청년들에게 중국은 여전히 기회의 땅이다. 교육 수준이 높고 자녀가 없는 밀레니얼 세대는 자금을 어디에든 사용할 수 있다. (미국과 마찬가지로) 이들의 광활한 고국은 하나의 거대한 시장을 형성하고 있다. 청년들은 중국의 거대 기업이나 스타트업에서 망설임 없이 이곳저곳으로 옮겨 다닌다. 하지만 필요하다면 1선 도시를 서둘러 떠날 의향도 있다. 중국에는 청년들이 몰려들어 미래에는 1선 도시로 올라설 성장세의 2선 도시가 즐비하다. 창사, 쿤밍, 충칭은 오스틴, 피츠버그, 애틀랜타와 같은 도시가 되고 있으며 다른 점이 있다면 규모가 10배 크다는 것이다. 중국의 청년들은 물리적, 전문적 이동성을 가능케 하는 자국의 안정성을 높이 산다.

옥스퍼드의 역사학자 라나 미터Rana Mitter에 따르면 바로 이런 이유에서 중국의 많은 청년이 중국식 밀레니얼 사회주의인 마오쩌둥 사상에 이끌렸던 것이다.

전 세계의 밀레니얼 세대는 긱 이코노미로 인해 과로에 시달리고 있다. 언론인 맬컴 해리스Malcom Harris는 미국의 청년 프레카리아트(precariat, 이탈리아어 '불안정하다(Precario)'와 무산 계급을 뜻하는 영어 '프롤레타리아(Proletariat)'의 합성어)를 '항상 이동 중인 프리랜서 종들의 바글거리는 무리'라고 묘사한다. 많은 청년들이 노동 시장에서 사라졌다가 다른 어딘가에서 느린 속도로 다시 진입한다. 실업자는 가격이 좀 더 싼 장소로 이동한다고 해서 잃을 것이 별로 없다. 이러한 맥락에서 중국의 상징적인 실력자인 마윈은 아침 9시부터 저녁 9시까지, 주 6일 일하는 '996' 근무를 찬양했다. 하지만 중국의 수백만 '개미족(중국에서 1980년대에 태어나고 학력은 높지만 도시에서 궁핍하게 살아가는 젊은이)'은 교육 수준에 걸맞은 괜찮은 일자리를 찾을 수 없기 때문에 도시에서 최소한의 임금을 받으면서 근근이 살아가는 실정이다. 백 년을 이어 온 기업들이 경직된 노동 시장을 장악해 온 일본 역시 현재 청년의 35퍼센트가 임시직을 맡고 있기 때문에 대기업은 간접비를 절감할 수 있다. 한국의 '흙수저' 청년들은 사회 이동성이 확대될 것이라는 약속에도 불구하고 부유한 '금수저'와 달리 불평등의 확대 때문에 고통받고 있다. 오스카상을 거머쥔 영화 〈기생충〉의 봉준호 감독이 "한국은 매력적인 나라로 보이지만 청년들은 절망에 빠져 있다."라고 말한 것도 놀라운 일이 아니다.

경기 둔화, 기업의 몸집 줄이기, 자동화로 인해 Z세대에게는 자영업이 표준으로 자리 잡았다. 경력은 음식 배달이든 부유한 사람들을 위한 심부름이든 일과 수수료의 집합에 지나지 않는다. 샌프란시스코에서 자카르타에 이르기까지 '부와 관련된 일자리' 앱은 돈은 많고 시간이 부족한 사람과 돈은 없으나 시간이 많은 사람을 연결한다. 긱 이코노미에 참여하는 일이 십 년이 지나자 시들해졌지만, 그렇다고 해서 이것이 정규직 일자리가 모두에게 제공되리라는 의미는 아니다. 청년들의 블로그에 '인생에서 유일하게 확실하게 정해져 있는 것이 있다면 불확실성과 죽음뿐이다.'라는 식상한 문구가 계속 등장하는 것도 놀랄 일이 아니다.

미국 청년의 대다수는 은퇴를 대비해 제대로 된 저축을 시작하지 않은 상태다. 은퇴를 하기 위해서는 점점 더 생활비가 저렴한 곳을 찾아 떠나야 할 것이다. 소득 수준이 상당하고 많은 금액을 저축하는 밀레니얼 세대 다수는 캘리포니아와 같이 물가가 비싼 주를 떠나 오리건이나 애리조나와 같은 물가가 보다 저렴한 주로 이동하고 있다. 가진 것이 별로 없으며 자녀 또한 없다면 이동이야말로 돈을 아껴 저축을 할 수 있는 가장 확실한 방법이다.

Z세대에게 안정성이란 점점 달성하기 어려운 목표가 되고 있다. 코로나19 사태가 벌어지기 전에도 이들은 순자산과 주택 자산이 밀레니얼 세대와 X세대에 비해 부족했다. 코로나바이러스는 그러한 상황을 가늠할 수도 없이 더 나쁘게 만들었다. 그토록 많은 Z세대가 심리 상담과 약물 중독과 남용에 기대고 있는 것도 당연한 일이다.

한 지인에게 십 년 뒤 Z세대 자녀들이 어디에 있을 것으로 예상하는
지 묻자 그는 "중독 치료를 받고 있을 것이다."라고 진지하게 답했다.

사과 없는 글로벌리즘

오늘날의 청년들은 어디에 속해 있는가? 실제 국적과 무관하게 법적
일원으로서의 소속감과 의무뿐 아니라 충성을 약속하는 측면에서
시민이 되었다고 느끼는 곳은 어디인가? 우리는 '글로벌 시민' 혹은
'세계 시민'이 될 수 있을까?

  두 용어는 서로 관련되어 있기는 하지만 구별된다. 일반적으로
'글로벌 시민'은 인권이나 환경과 같은 전 세계적 관심사에 대한 공
동의 인류애와 우려가 반영된 표현이다. 오늘날 빈곤 타파에 앞장서
는 NGO부터 시민으로서의 참여를 지지하는 청년 리더십 훈련 프
로그램에 이르기까지 많은 조직이나 운동이 '글로벌 시민'이라는 이
름을 내걸고 있다.• 몬테소리 유치원에서 엘리트 국제 학교에 이르
기까지 점점 많은 학교가 '글로벌 시민' 수업을 실시하고 있고 전 세
계 고등학교에서 인터내셔널 바칼로레아International Baccalaureate, IB 커리
큘럼이 갈수록 인기리에 채택되는 등 청년들은 스스로를 글로벌 시

• 9·11 테러 이후 정치 이론가 벤자민 바버(Benjamin Barber)는 9월 12일을 '독립기념일'로 선포하는
  운동을 벌였다. 이 시민운동에서는 전 세계의 시민 질서를 발전시키는 원칙을 선언하는 자체 여권도
  인쇄했다.

민으로 생각하도록 만드는 환경에서 자라나고 있다. UWC United World College 운동은 전 세계에 십여 개의 IB 학교를 운영하고 있으며 여기에 소속된 수천 명의 학생은 보다 큰 공동체의 구성원으로 스스로를 인식하고 있다. 이들의 정체성에는 사명에 이끌리는 삶이 한 부분을 차지하고 있다. 이들은 단순히 '존재'하는 것이 아닌 '행동'하라는 가르침을 받는다. 운동가를 양성하는 교육은 정치적 결과를 내고 있다. 홍콩에서 시민 참여를 강조하는 자유 민주적 의무 교육 커리큘럼은 2019년 이후 반중 시위 행렬을 촉발시킨 주요 원인으로 손꼽혀 왔다. 친중 관료들은 이 커리큘럼이 실패작이라며 맹비난하는 반면 학생들은 홍콩의 주권이 중국으로 이양된 1997년 이후 정부가 유일하게 잘한 정책이 이 커리큘럼이라고 여긴다. 2020년 중국 정부가 홍콩 시민의 자유를 더욱 축소하는 내용의 국가보안법 도입을 추진하자 학생들이 저항을 이어 간 것도 이러한 이유에서다. 2020년 중반에 실시한 설문 조사 결과에 따르면 홍콩 청년의 4분의 3은 자신의 정체성을 '홍콩 사람'이라고 인식하며 '글로벌 시민'과 '아시아인'이라는 답이 뒤를 이었다. '중국인'이라는 응답은 가장 마지막 순위를 차지했다.

밀레니얼 세대나 Z세대의 사고방식을 요약하기란 어렵지 않다. 살기 위해 일하기를 바라지, 일하기 위해 사는 것은 원하지 않는다. 행복하고 선한 일을 하며 가난하게 살지 않기를 원한다.

부를 추구하며 힘들게 일하던 추세로 되돌아갈 수도 있겠지만 자본과 노동 간 간극이 커지는 현상은 헌신적으로 일한다 해도 물질적이나 정신적 성취감을 얻지 못할 수도 있음을 시사한다. 직원들의 관심사가 이동하는 것을 인지한 기업들은 개인과 전문가로서 성장할 수 있는 다양한 기회를 제공한다. 크레디트스위스에서 운영하는 '글로벌 시민' 프로그램은 은행에서 2년간 근무한 경력이 있는 임직원에게 적십자에서 자원봉사를 하거나 아프리카에서 마이크로 파이낸스 조직을 운영하거나 라틴아메리카에서 교육 관련 비영리 단체에서 일하거나 회사에서 지원하는 기타 자선 단체에서 근무하는 등 2개월 동안 현장에서 일할 기회를 제공한다. 유급 자원봉사는 애사심, 인격, 동지애를 함양할 뿐만 아니라 사회에도 의미 있는 기여를 할 수 있는 기회다.

안타깝게도 1990년대 이후 '글로벌 시민'이라는 표현은 자유로운 자본주의 엘리트와 융합되기 시작했다. 새뮤얼 헌팅턴Samuel Huntington 하버드대학 교수는 이를 조롱하며 '다보스맨Davos man'이라는 신조어를 만들었다. 서양인보다 훨씬 많은 비서양인이 스스로를 '글로벌 시민'으로 인식한다. 실제로 2015년부터 BBC 글로브스팬BBC Globespan에서 실시한 설문 조사 결과를 보면 자칭 글로벌 시민의 대다수는 나이지리아, 중국, 인도, 케냐, 파키스탄 등 개발 도상국 출신이다. 글로벌 시민의 전형은 전용기를 타고 다니는 헤지펀드 억만장자가 아니라 인도의 아동 인권 운동가이자 2014년에 노벨 평화상을 받은 카일라시 사티아르티Kailash Satyarthi다. 그는 자신이 따르는 보편적인 대의와 자국 정부에게 버려졌다는 이유에서 스스로를 '글로벌 시민'이라고 칭한다. 대다수의 사람들은 고결한 이상을 위해 시선을 국경 너머에 두고는 이를 위해 행동하는 영웅적인 노력을 기울이는 사람을 최고의 글로벌 시민이라고 여긴다.

차세대 자선가들은 조지 소로스George Soros와 빌 게이츠Bill Gates의 발자취를 따르기를 열망한다. 두 사람은 기업의 이익을 인도적 대의를 위한 활동 자금에 기부했다. 청년 자선가들은 젊은 부자가 되는 것을 더 나은 글로벌 시민이 되기 위한 의무라고 여기며 많은 경우 기업 정의와 사회 정의라는 두 가지 사명을 달성하려 한다. 오늘날 주요 개인 은행은 고객의 자선 활동을 지도할 수 있는 차세대 프로그램을 갖추고 있다. 또한 시너고스와 넥서스 같은 조직은 사업에서 성공하거나 큰 재산을 상속받은 청년들의 사회적 임팩트 투자(impact investments, 재무적 수익을 창출하는 동시에 사회나 환경에 긍정적 영향을 미치는 투자) 욕구를 충족시킨다. 서양인이든, 아시아인이든, 아랍인이든, 아프리카인이든 다음 세대는 정치만으로는 절대 달성할 수 없는 변화를 진전시키려는 사명을 품고 있다.

글로벌 시민 지망자들은 다양한 역사적·철학적·문학적 영감을 얻을 수 있다. 독일의 계몽 철학자 임마누엘 칸트Immanuel Kant는 어느 나라의 시민이든 평등에 관한 자연법에 따라 대해야 한다고 주장했다. 미국의 혁명가이자 건국의 아버지인 토머스 페인Thomas Paine은 『인간의 권리』에서 '나의 조국은 세계다.'라고 기록했다. 칸트와 페인 모두 도덕, 문화, 심지어 정치 공동체도 국가 너머에 존재한다는 세계 시민주의cosmopolitanism의 주창자로 존경을 받는다. 우리는 런던 정치경제대학교LSE의 정치 이론가였던 데이비드 헬드David Held가 '중첩되는 운명 공동체'라고 부른 세상에서 살게 되었다. 헬드는 보편적인 인류 공동체에는 국가 주권 위에 존재하는 정치 및 법적 권한이 필요하다고 주장했다. 그러한 공동체를 이루기 위해서는 상향식 방법을 써야 한다. 단순한 유토피아 이상주의자가 아니라 지적 행동가였던 헬드에 대해 학계에서는 '아이디어 기업가'라고 부른다. 저명한 사회학자 앤서니 기든스Anthony Giddens와 더불어 헬드는 1990년대 토니 블레어Tony Blair와 빌 클린턴Bill Clinton을 이끌었던 사회민주주의 개념인 '제3의 길'을 창안했다. 이들의 의제는 국제적인 성격을 지녔다. 헬드는 '세계 시민적 민주주의costmopolitan democracy'에 찬성하면서 민주주의 정부의 이상은 국경에서 중단되는 것이 아니라 국제기구에도 적용해야 한다고 강조했다. 그래야만 '민주주의를 세계화하는 동시에 세계화를 민주화할 수 있다'는 주장이다. 이는 지금도 대다수의 '글로벌 시민'을 움직이는 의제로 남아 있다.

'글로벌 시민'과 마찬가지로 '세계인cosmopolitan'이라는 단어도 무시하는 용어로 사용되어 왔다. 세계 시민 주의를 주창한 철학자인 그리스의 금욕주의자 디오게네스가 부자로서가 아닌 거대한 항아리에서 주로 잠을 자는 걸인으로 살면서 스스로를 'kosmou polite'로 칭했다는 사실을 우리는 쉽게 잊는다. 디오게네스는 도덕적인 인간이 되기 위해서는 말하는 대로 행동해야 한다고 생각했다. 고대 그리스의 섬을 떠돌아다니면서 그는 자신이 태어난 폴리스만이 정체성을 규정하는 주된 근원이라는 가정을 거부했다. 대신 그는 인간이 자기 자신과 가족을 뛰어넘어 인류 공동체에 보다 큰 도덕적 의무를 지고 있다고 주장했다. 이는 글로벌 시민이 되는 것의 핵심이다.

그렇다면 '세계 시민'은 어떠한가? 간단하게 설명하자면 대체로 이 표현은 여러 장소를 여행하고 살아 본 사람이라는 의미를 함축하고 있다. '글로벌 시민'과 마찬가지로 학생, 배낭여행객, 기업가를 비롯해 다원적인 정체성에 고취된 국제 경험이 풍부한 국외 거주자와 글로벌 유목민을 표현하기 위해 1990년대에 유행하기 시작한 표현이며, 이들은 애국심에 더해 세계에 대한 충성심을 지니고 있다. 또한 '세계 시민'은 장소를 불문하고 경험과 기회를 쫓는다는 점에서 자부심에 찬 표현이기도 하다. '세계 시민'이 되는 일은 자신의 선택에 의해 뿌리 없는 존재가 되는 것이다. 명상 여행가인 피코 아이어Pico Iyer는 『이곳이 집일 수도This Could Be Home』에서 '내가 어렸을 때는 다른 사람에게 처음 물을 만한 질문이 '어디에서 왔나요?'였는데 지금은 '어디로 가고 있나요?'가 그런 질문이다.'라고 지적했다.

밀레니얼 세대와 Z세대는 특히 매여 있지 않은 상태다. 프린스턴과 같은 아이비리그 대학에서는 학생들이 학부에 등록하기 전 갭이어(gap year, 고교 졸업 뒤 대학 생활을 시작하기 전에 일이나 여행을 하면서 보내는 1년)를 권장하거나 비용을 대기까지 한다(코로나바이러스 때문에 갭이어는 거의 필수가 되었다). 미네르바와 기타 대학은 전 세계에 캠퍼스가 퍼져 있으며 학부생들이 캠퍼스를 순회하며 공부하고 있다. 론리플래닛은 해외 유학, 갭이어, 안식 기간에 대한 조언을 담은 『The Big Trip』 같은 책을 펴내며 활발한 사업을 펼치고 있다. 미투위Me to We

와 같은 다수의 소규모 전문 기관은 셀카에 집착하는 '나'에서 집단적인 '우리'로 나아가는 지속 가능한 여행 경험을 장려한다. 이들은 오늘날 세계의 청년 시민을 교육하고 있다.

'다보스맨'처럼 '세계 시민'이라는 단어도 옹졸한 공격을 받으면서 알려지게 되었다. 이번에는 영국의 전 총리인 테레사 메이Theresa May 가 주인공인데 2016년 말 메이는 보수당의 동료 의원들에게 "자신이 세계 시민이라고 생각한다면 그 어느 곳에도 소속되어 있지 않은 시민인 것이다."라고 말했다. 메이의 말에 담긴 모순은 다름 아닌 영국인들에 의해 드러났다. 영국에서 전 세계로 이동하는 엘리트들은 대부분 브렉시트를 지지하면서 재산을 해외로 옮긴 보수주의자들이다. 스페인, 독일, 프랑스에 거주하는 영국인들은 브렉시트 이후 500퍼센트 넘게 증가했다. "글로벌주의자globalist는 여권을 든 국수주의자다."라는 수케투 메타Suketu Mehta의 풍자적인 지적이 떠오른다.

개인, 사회 집단, 사회가 국기를 흔드는 것 이상으로 정체성을 형성할 수 있는 여러 합법적인 방법이 존재하며 그중 다수가 서로 중첩된다. 이제는 어떤 나라에 거주하고 있다고 해서 그 나라에만 소속되어 있다고 할 수 없다.

위대한 자유주의 철학자 이사야 벌린Isaiah Berlin은 개인의 삶이 가족, 민족, 기업, 종교, 기타 유대 관계의 복잡한 상호 작용에 의해 형성됨을 고려할 때 국수주의를 인간이 스스로의 정체성을 인식하는 주된 방식으로 삼는 것에 대해 경고했다. 충성심이 여전히 존재하기는 하지만 여러 대상에 분산되고 다양한 양상을 띤다. 정체성은 단수가 아닌 복수의 성격이며 상속받는 것이 아니라 스스로 규정하는 것이다. 정체성은 도그마가 아닌 마력과도 같다.

지금은 오명을 얻은 '그 어느 곳에도 속하지 않은 시민'이라는 비난에 대해 테레사 메이는 "당신은 시민권의 의미를 알지 못한다."라고 결론 지었다. 누가 알겠는가? 한때는 국민이 노동, 세금 납부, 군 복무를 통해 국가의 안위에 기여하는 대신 법적·정치적·사회적 권리를 얻는 국가와 사회 간 계약을 했다.

오늘날의 청년들은 의무에 대해 다른 접근을 취하면서 지속 가능한 환경, 디지털 액세스, 보편적 의료 서비스, 교육, 국제 규범을 따르는 정부에 대한 권리를 주장한다.

독립적인 시민 미디어인 도하 토론Doha Debates은 전 세계 청년들에게 '시민권'이라는 단어를 들었을 때 무엇이 떠오르는지 물었다. 응답자들은 '보호'와 '특권'이라고 답했으며 '시민권'을 민족적 정체성이나 법적 의무와 연결 지은 사람은 아무도 없었다. 청년들은 개인이 시민권의 의미를 규정할 권리를 주장하며 이를 위해 싸울 의지를 가지고 있다.

세대 갈등

현대의 사회 계약은 청년들이 연금과 노년층에 사회 서비스를 제공하는 인력 채용을 위해 세금을 납부함으로써 노년층을 돌볼 것을 지시한다. 세대가 지나면서 되풀이되는 과정이다. 현재 청년들이 당연시하고 있는 인프라가 베이비 붐 세대의 성실한 저축 때문에 건설되었음을 감사해야 한다. 하지만 노년층은 어떤 청년도 세금으로 돌아오기를 원하지 않는 78조 달러 규모의 연금 부채 폭탄을 만든 주인공이기도 하다. 청년들이 납세의 의무를 회피하여 다른 곳으로 간다면 남은 이들이 그 비용을 지불해야만 한다.

이러한 세대 충돌은 서양 세계 전반에서 재정 논쟁을 일으키고 있다. 베이비 붐 세대는 관대한 은퇴 조건의 혜택을 누리고 있는 반면 청년들은 노년층이 모은 저축을 저렴한 주택, 브로드밴드 인터넷, 기술 훈련에 사용할 것을 요구한다. 현재 부유한 노인들은 값비싸고 규모가 큰 저택에서 살면서 팔기를 거부하고 있으나 애초에 긱 이코노미에 참여하고 있는 청년층은 임대료조차 낼 수 없는 상태다. 이러한 청년들은 노년층이 사망하면 개발업자들이 축소된 수요에 맞춰 주택을 재건축하리라 생각한다. 로스앤젤레스의 Z세대 인턴이 "베이비 붐 세대가 죽어서 우리에게 저렴하게 살 공간이 생기기를 기다릴 수 없다."라고 한탄한 것은 놀라운 일이 아니다. 하지만 베이비 붐 세대의 사망률은 2030년이 되서야 상승할 전망이다.

베이비 붐 세대가 원기 왕성하게 활동하는 가운데 정부는 은퇴 연령을 65세에서 70세 이상으로 높이고 혜택은 줄이고 있다. 많은 고령층이 여전히 노동 시장에 머물면서 우버 택시 요금과 IT 일자리를 놓고 청년들과 경쟁을 벌이고 있다. 미국에서는 미국은퇴자협회AARP 회원들의 3분의 2가 직장에서 차별을 경험했다고 보고했으며 2020년 의회는 노인 차별에 반대하는 법안을 통과시켰다. 이는 미국의 고령층이 청년 못지않게, 혹은 그 이상으로 힘든 삶을 살아가고 있으나 문제를 해결할 시간은 더 적다는 현실을 보여 준다.

이와 같은 세대 간 갈등이 펼쳐지는 상황에서 자신의 희생을 보상받을 수 있는 나이가 되기도 전에 무너지고 말 제도를 위해 평생 많은 세금을 납부할 것에 동의할 청년이 얼마나 될까? 이미 유럽인들은 사회적 형평성을 위해 많은 세금을 납부하고 있으며 더 많은 부담은 견딜 수 없는 상황이다. 미국에서는 밀레니얼 세대의 60퍼센트가 세금을 만회하기에 충분한 저축액을 가지고 있지 않은 실정이다.

사회보장제도가 (은퇴하기 한참 전인) 2034년에 파산할 것이라는 전망은 미래에 대한 걱정을 키우는 또 다른 원인이다. 오늘날 미국 청년 대다수에게 상속은 일시적인 구제 수단에 지나지 않을 것이다. 주택을 물려받는다면 가장 먼저 할 일은 (특히 형제자매가 동등한 지분을 나눠 가진 경우) 집을 헐값에 팔아 거기서 얻은 돈으로 신용카드와 학자금 대출을 갚는 것이다.

한편 베이비 붐 세대에서 그들의 후손으로 이전된 약 30조 달러에 달하는 전 세계 부의 대다수가 부유한 미국인, 유럽인, 아시아인의 손에 남아 있을 것이다. 미국의 슈퍼리치는 우발적 소득을 기술 주식, 별장, 암호 화폐, 역외 자산과 해외 시민권 매수에 투자할 것이다.

유럽인의 부는 자동차, 식료품 매장 같은 전통 산업에 깊은 뿌리를 두고 있다. 그런 상황에서 전 세계 연금 지출액의 절반이 유럽에 몰려 있어 다음 세대는 가족 기업을 매각하고 스위스로 향할 가능성이 있다. 이미 사모펀드에서는 유럽 기업에 구조 조정과 비용 절감 조치를 취하도록 압박하여 기존의 근로자 친화적 문화와 충돌을 빚고 있다. 프랑스에서 벌어진 부유세 논란으로 이미 약 5만 명의 억만장자가 프랑스를 떠난 것으로 추정된다. 영국에서는 이러한 일이 자국에서 벌어지지 않기를 바라지만 상속세 인상이 절실하게 필요한 세수를 채우는 역할을 할 전망이다. 영국 경제의 회복 기미가 보이지 않는 상황에서 청년들은 상속받은 재산의 가치가 절하되는 것을 지켜보느니 재산을 파는 방안을 선택할 것이다. 프랑스에서는 해외 투자자에게 5년 면세 혜택을 제공하는 등 신설 경제매력부에서 실시하는 제도를 통해 투자자 유치가 일어나기를 바란다. 세금은 정치적으로 뜨거운 논란을 일으키는 문제이면서도 현실적으로 해결하기가 무척 힘들다.

아시아에서는 부유층에 대한 세금 인상 요구가 상속으로 인한 재산 증가에 미리 대처하도록 만들고 있다. 2019년 중국과 인도에서는 대다수의 부호들이 사라졌으며 이 과정에서 오스트레일리아와 미국이 가장 큰 수혜자가 되었다. 젊고 부유한 중국인들은 시진핑 정권의 기관원이 급습하기 전에 탈출구를 마련하기 위해 펀드

매니저를 통해 상속 재산을 전 세계에 분배하고 있다. 상속세가 50 퍼센트에 육박하는 한국에서는 과세를 피하기 위해 영아에게 부모와 조부모 기업의 주식을 증여하고 있다. 고령화가 진행되는 나라에서 한국 청년들은 이 돈으로 무엇을 할 것인가? 할 만한 일이 별로 없을 것이기에 이들은 싱가포르나 오스트레일리아로 향하고 있다. 따라서 이러한 결론을 내릴 수 있다. 고령화가 진행되는 국가의 연기금은 청년들이 향하는 곳이 어디든 그곳에 자산을 투자하지 않는 한 파산에 처할 것이다.

세계의 청년들이여, 연합하라!

2005년 여름에 나는 낡은 폭스바겐을 타고 짜릿한 장거리 자동차 여행을 하고 있었다. 발트해를 출발해 동유럽, 발칸 지역, 튀르키예, 캅카스를 지나 중앙아시아까지 가는 여행이었다. 튀르키예는 낙천적인 느낌을 발산하는 나라였다. 에르도안 총리의 임기가 시작된 지 얼마 안 된 시기였고 튀르키예 경제는 활성화되고 있었으며 일인당 소득이 7,500달러에 도달했다. 튀르키예 동부의 광활한 지역에 위치하여 '아나톨리아의 호랑이'로 불리던 공장 도시에서는 직물과 자동차 부품이 대량으로 생산되고 있었다. 14년 뒤 나는 다시 아나톨리아를 가로지를 기회가 있었는데 이전에 봤던 활기찬 도시는 황량한 시골 지역과 버려진 공터로 변해 있었다. 그 많던 청년은 어디로 갔을까? 그들은 에르도안 총리에게 항의하기 위해 이스탄불의 거리로 몰려갔다. 2013년 게지 공원의 시위 이후 이스탄불에서는 정부와 청년 사이에 긴장이 끊이지 않았는데 이에는 반부패, 민주주의 지지, 농촌 개발, 교육 개선, 여권, 젠트리피케이션 반대와 같은 다양한 의제가 얽혀 있었다.

러시아 역시 쇠퇴하고 있는 내륙 지역을 부흥시킬 기회가 있었다. 하지만 십 년 이상 공동화가 진행된 시베리아의 마을에서는 세상 종말의 분위기가 느껴진다. 도로는 갈라져 울퉁불퉁하며 목조 주택의 유리창은 깨져 있고 금속 표면마다 녹이 덮여 있다. 에르도안처럼 푸틴 러시아 대통령도 광활한 동부의 수백만 주민의 고통에 눈을 감았으며 이들이 지지하는 주지사들을 파면시켜 정치적 자존감에도 상처를 입혔다. 2020년에는 하바롭스크 주민 수만 명이 모스크바의 칙령에 반대하는 시위를 벌이면서 크렘린에 대한 불만을 표현했다.

전 세계적으로 중산층이 부패에 맞서는 동안 서민층은 경제적 고통에 맞서 싸우고 있다. 이들은 대학을 졸업했음에도 하찮은 일을 하고 있어 과잉 교육을 받은 실직 남성 및 여성 무리를 형성하고 있다. 과로를 하지만 적은 급여를 받는 블루칼라 근로자는 허용된 근무 시간 동안 최대한 일을 하더라도 생계를 맞추기 어렵다. 분명 불평등 문제가 이들을 괴롭히긴 하지만 빈곤과 기회 박탈이야말로 분노를 직접적으로 자극하는 원인이다. 과학자 피터 터친Peter Turchin은 현대 사회는 과잉 교육을 받은 실패자를 지나치게 많이 양산했으며 이는 오늘날 국가 내부에서 세력 다툼의 주원인이 된다고 말한다.

칠레가 이 문제를 잘 보여 주는 사례다. 2019년 산티아고에서 지하철 요금이 인상되자 1990년 칠레가 민주화된 이후 처음으로 비상사태에 이르렀고 피노체트 정권 이후 처음으로 군대가 국내 문제에 동원되었다. 칠레 경제에서는 광산업과 은행업이 중요한 역할을 하기 때문에 소득 불평등이 매우 심각한 수준이다. 광산업과 은행업으로 억만장자가 되는 사람도 있지만 이들을 제외하면 칠레는 남아메리카에서 (일 인당 소득을 기준으로) 가장 부유한 나라가 아닌 페루와 같이 빈곤한 국가로 전락한다. 시위가 발발했을 당시 칠레의 불평등은 완화되는 상황이었으나 일반 시민은 이를 체감할 수 없었다. 교통, 교육, 의료, 주택이 대다수 국민에게 지나치게 비싼 수준이었기 때문이다. 불안이 지속된 끝에 결실을 맺었다. 2020년 칠레 국민은 헌법 개정을 압도적인 비율로 찬성했다.

청년들은 부패한 통치를 제대로 간파하며 대중교통 요금이 인상되면 항거한다. 가스와 전기 보조금이 삭감되면 대규모 시위가 뒤따른다. 현명한 정부에서는 과거의 실수를 반복하지 않는다. 칠레에서 대중교통 요금을 인상한 해에 에스토니아는 모든 버스 요금을 무료화했다. 이란은 인터넷 액세스를 주기적으로 차단하는 반면 크로아티아는 빠르고 무료로 제공되는 유비쿼터스ubiquitous 환경을 자랑한다. 하지만 주택, 교육, 고용에 적극적으로 역량을 집중하는 정부는 손에 꼽을 정도로 적다. 이 때문에 전 세계 하층민 계급의 봉기가 계속되는 것이다.

예의를 갖추는 아시아 사회에서조차 청년들은 권위에 맞서 미묘하지만 중요한 정치 운동을 일으키고 있다. 인도네시아의 신생 정당인 인도네시아연대당Indonesian Solidarity Party은 45세 이상의 당원은 받지 않으며 청년과 여성 문제에 주력한다. 인도네시아 청년들은 주택 마련을 위해 고젝Go-Jek 슈퍼앱에서 일자리를 찾는 데 큰 관심을 가지고 있다. 타이Thailand에서는 청년 당원들이 이끄는 새미래당이 국가의 재정을 낭비하는 왕실에 공개적으로 반대 의사를 나타내며 『헝거 게임』에 등장하는 세 손가락 인사를 연대를 향한 요청으로 사용하고 있다.

아이러니하게도 가장 많은 청년이 저항하는 곳은 세계에서 가장 자유롭고 생활 수준이 높은 유럽이다. 지난 10년 동안 스페인의 인디그나도스(indignados, '분노한 사람들'), 프랑스의 뉘 드부(nuit debout, '밤의 봉기')와 노란 조끼jilets jaunes 운동은 부패, 일자리 부족, 세금 인상, 기타 불만에 맞서 X세대와 밀레니얼 세대를 결집시켰다. 2011년 여름 런던과 십여 개 도시에서는 경찰의 폭력적인 진압 행위가 폭동으로 이어졌고 결국 다섯 명이 사망하고 3,000명 이상이 체포되는 사건으로 번졌다. 선동가들과 약탈자들은 경찰을 비롯한 사회 모든 요소에 분노했다. 14세기 흑사병 이후 잉글랜드의 농민 반란에서는 하층민 계급의 요구에 따라 귀족적 농노제가 종식되고 세금이 인하되었다. 일부 왕족의 부도덕한 행동뿐 아니라 진정으로 공공의 이익을 위해 사용할 수 있는 왕실의 막대한 토지 때문이라도 유럽의 호화로운 왕정을 해체하자는 요구가 점점 커지는 것도 어찌 보면 당연한 일이다. 유럽에는 급습할 만한 바스티유 감옥이 아직 많이 남아 있다.

　재산을 박탈당한 사람은 자신을 배제하는 제도에 분개한다. 수백 년 동안 개인의 주택 소유는 경제권인 동시에 정치 독재를 막는 억제책으로 간주되었다. 하지만 청년의 주택 소유율은 급락했다. 대도시에서는 침실 2칸짜리 아파트를 임대하는 것조차 기본 급여로는 어림없는 상황이다. 나이 든 주택 소유자는 자산 가치의 (추가적인) 하락을 원하지 않지만 밀레니얼 세대와 Z세대는 혼인율이 낮고 직업 전망이 불투명하며 이전 세대보다 체포될 가능성이 높다. 예비 부모가 되면 법을 준수하게 될 가능성이 높지만 자녀에 대한 전망이 없는 경우에는 보니와 클라이드(영화 〈우리에게 내일은 없다〉에 등장하는 남녀 2인조 갱의 이름)가 더 많아질 것이다.

　청년 남성의 높은 실업률과 심각한 불평등만큼 내전을 분명하게 예측할 수 있는 요소는 없으며, 이 두 요소가 결합하고 여기에 많은 총기가 더해진다면 불씨가 생긴다. 아랍의 청년 지하디스트, 유럽의 신나치 민병대, 러시아의 용병, 브라질의 빈민가 길거리 패거리, 멕시코의 마약 거래상, 아프리카의 반란 세력은 모두 미래 전망이 밝지 않은 밀레니얼 세대와 Z세대의 남성 및 소년들로 구성되어 있다. 이라크 반란 이후 미 국방부는 메가시티의 슬럼가에서 유사한 불안 상황이 벌어지리라 예상하고 오랜만에 도시 게릴라전에 대한 원칙을 세우기 시작했으나 오히려 2020년 자국의 거리에서 폭동이 일어났을 뿐이었다.

　20세기 유럽의 안티파(Antifa, 안티 파시스트 액션(Anti-Fascist Action)

의 줄임말로 파시즘, 백인 우월주의, 신나치주의 등 극우 세력에 대항하는 급좌파 집단) 운동은 자취를 감췄다가 2010년대에 유럽에서 긴축 정책에 반대하는 시위가 일어나고 도널드 트럼프가 미국 대통령에 당선되면서 대서양 양편의 대륙에서 다시 등장했다. 공산주의자, 사회주의자, 무정부주의자로 구성된 이들은 독재 정부와 백인 우월주의 운동에 저항하면서도 자주적인 조직으로 기능한다. 안티파는 정부를 두려워하는 대신 그들이 반대하는 바로 그 폭력성을 조장하기 시작했다. 포틀랜드는 미국에서 가장 활발한 안티파 중심지가 되었으며, 2020년 블랙 라이브스 매터(Black Lives Matter, '흑인의 목숨도 소중하다'는 뜻으로 2012년 미국에서 흑인 소년을 죽인 백인 경찰이 무죄 평결을 받으면서 시작된 흑인 민권 운동) 시위가 일어났을 때 미 전역에서 안티파 조직이 산발적으로 생겨났다. 이들은 트위터, 인스타그램, 왓츠앱을 통해 전 세계 동료들로부터 용기를 얻고 자극과 격려를 받는다. 투명성이라는 미명 아래 해킹을 저지르고 사생활을 보호하기 위해 암호화하며 블록체인을 활용해 신원과 거래를 보호하는 평행 세계를 만든다. 서로 연결되어 있고 이동성을 갖춘 세대는 전 세계적으로 계속 골칫거리를 만들 것이다.

아니면, 밀레니얼 세대와 Z세대가 미국의 우드스탁Woodstock과 유럽의 68세대(기존의 가치와 질서에 저항한 젊은 세대)의 경우와 같이 보수적인 어른으로 자라날 가능성도 있을까? 그러려면 이들이 매달릴 만한 안정성을 확보해야만 한다. 오늘날 청년들의 대다수는 여전히 방관하는 태도를 유지하고 있으며 침묵하는 다수는 학업을 마치거나 일자리를 찾는 등 평범한 관심사에 몰두하고 있다. 변화를 위한 기다림이 길어질수록 사람들이 시위에 매달리기보다는 정체성을 발견하고 우선순위를 매기는 아이디어를 공유하는 공동체를 찾아 떠날 가능성이 높아진다.

밀레니얼 생태 권위주의

2019년 말 그레타 툰베리Greta Thunberg는 1년간의 글로벌 행동주의를 펼쳤음에도 기후 변화에 대한 진지한 조치가 취해지지 않은 것에 실망감을 나타냈다. 국제 외교 수준에서는 앞으로도 그러한 조치를 기대할 수 없을 것이다. 그러한 점에서 행동주의 활동이 전일제 일자리가 된 것이 놀라운 일은 아니다.

민주주의가 기후 변화와 불평등 문제 앞에서 망설이는 모습을 보고 자란 30세 미만 미국인의 85퍼센트는 '정상으로의 회귀'를 넘어 미 정부가 '근본적인 변화'를 단행하기를 원한다고 답했다 (65살 이상의 응답자 가운데 70퍼센트가 '정상으로의 회귀'에 찬성했다). Z세대에게 '정상'이란 재앙과도 같아서 절반은 민주주의에 살고 있다는 생각조차 하지 않고 있다. 오케이부머okboomer는 밀레니얼 세대가 노년층을 무시하는 비난으로, '당신들의 시간은 끝났으니

비켜 달라.' 하는 표현이다. 밀레니얼 세대는 너무 늦기 전에 자기 순서를 차지하기를 바라고 있다.

서양의 청년들이 자유주의에 힘입어 권익을 주장하고 있지만 가상적인 생태 권위주의에는 반대하지 않는다. 청년들이 UN의 보편성과 기후 변화에 대한 행동을 촉구하는 '선한 영향력'을 결합하여 EU와 같은 초국가적 '글로벌 연대'의 필요성을 강조하는 것을 자주 접하게 된다. 하지만 이마저도 실현 가능성이 낮기 때문에 이제 밀레니얼 세대는 에코 테러리즘의 선봉에 서 있다.

전 세계 크라우드 소싱과 억만장자에게 자금을 지원받는 멸종 저항Extinction Rebellion은 드론 떼를 동원하여 비행을 방해하고 석유 회사 본부를 공격하며 정부 청사에 가짜 피를 뿌린다. 파이프라인(석유나 가스 따위를 장거리 수송하기 위해 지하에 매설하는 관로)에 반대하는 시위 때문에 캐나다의 주요 철로가 마비되자 CEO들은 정부가 '테러리스트'에 강경한 대응을 하라고 요구하고 나섰다.

언젠가 청년 음모단이 상업 활동을 막기 위해 청정 거주지를 점거하거나 기후 변화 저지를 위한 행동을 촉발시키기 위해 집단 자살을 시도하는 상황을 상상해 보라. 그레타 툰베리는 이에 대해 어떻게 생각할까?

작은 용광로

지난 40년 동안 나는 운 좋게도 가장 세계적인 도시라는 두바이, 뉴욕, 베를린, 제네바, 런던, 싱가포르에서 살았다. 모두 해외에서 유입된 거주자 비율이 높으며, 이러한 거주자들이 살기에 편한 도시다. 마치 지구촌의 축소판과도 같은 도시가 자기 조직화된 것으로 보일지 모르나 실제로는 그렇지 않다. 모든 사람이 타인에 대한 두려움 없이 번영을 누리는 조화로운 다민족 환경을 조성하기 위해서는 끊임없는 조정 작업이 필요하다.

런던의 글로벌한 인구 구조는 영국의 보다 단조로운 변두리 지역과 극명한 대조를 이룬다. 브렉시트에 대한 입장이 수도 런던과 내륙 지역이 크게 엇갈리는 이유를 여기에서 찾을 수 있다. 런던은 국제앰네스티Amnesty Internationa와 같은 세계 문제에 관여하는 기구의 본부가 위치해 있을 뿐만 아니라 이언 매큐언Ian McEwan과 가즈오 이시구로Kazuo Ishiguro같이 문명과 여러 문화의 동화라는 주제를 탐색하는 다수의 세계적 작가들이 거주하는 도시이기도 하다. 튀르키예의 소설가 엘리프 샤팍Elif Shafak은 자신을 이스탄불 시민이자 런던 시민으로 표현하는데, 무엇보다 자신이 열린사회의 지지자라는 점을 강조한다. 열린사회는 거주자가 시민으로서의 자부심을 지닐 수 있는 공간이다. 런던의 다양성은 영국이 자국의 이해관계에 대해 집단적인 의사 결정을 내리는 상황에서도 유지되었다. 아이러니하게도 보리스 존슨 총리가 브렉시트를 지지했지만 그가 런던 시장을 지내던 시기에는 런던이 인재가 모이는 허브로서의 위상을 유지하기 위해 '런던 비자'의 발급을 지지했었다. 존슨에 이어 런던 시장에 오른 사디크 칸Sadiq Khan은 런던에 필요한 숙련된 근로자를 유치할 수 있는 '패스트 트랙' 방안을 추진하고 있다. 영국의 나머지 지역에서는 칸의 시도가 성공하기를 바라야 할 것이다.

역사를 통틀어 위대한 도시는 도시의 생존이 달려 있는 무역과 인재 유치에 열린 태도를 취해 왔다. 싱가포르는 중국인들이 남쪽으로 이주하고 인도인들이 대영제국을 순환하는 과정에서 수백 년에 걸쳐 다민족 환경으로 발전했다. 하지만 1965년에 독립한 이후 건국의 아버지 리콴유가 빈민가의 형성을 방지하기 위해 여러 민족이 혼합된 공공 주택의 건설을 강조하면서 도시 자체가 용광로와 같은 형태로 설계되었다. 모든 인종이 동일한 침상에서 기초 훈련을 같이 받는 의무 복무 기간을 갖는 것은 여러 민족 간에 평생 이어지는 전우애를 형성한다. 싱가포르에서는 다른 민족과 하는 결혼 비율이 3분의 1 정도로 세계 최고 수준을 자랑하며 특히 인도인과 중국인 부부에게 태어난 '친디안Chindian' 자녀들이 다수를 이룬다. 혼혈 가정이 사회 규범으로 자리 잡으면서 특정 민족에 대한 호소에 기반한 정치는 시들해지는 반면 다양한 정체성을 갖는 일은 유전적 규범이 되었다.

싱가포르 정부에서 관리해야 할 갈등은 모든 민족에게 공용어, 국경일, 다양한 관습을 행할 권리 등의 자격을 부여하면서도 여러 민족을 아우르고 교파를 뛰어넘는 국가 정체성을 함양하는 일이다.

중국인이 다수를 이루고 있지만 시민으로서의 정체성을 형성하기 위해 식민지 이후의 국가 건설과 같은 공통된 경험에 호소하며 미래의 공동 번영을 지향한다. 하지만 안정적인 공동체의 건설은 완수하기 어려운 임무다. 중국 본토(와 더불어 그보다는 약한 강도로 인도)에서 새로운 이주 물결이 일고 있으나, 적극적으로 다양성을 수용하거나 영어를 배운다는 싱가포르 시민의 기본적인 정체성까지는 미처 받아들이지 못한 상태다. 정부는 이문화 집단의 거주지가 뿌리내리지 못하도록 뒤늦게 동화 프로그램을 운영하며 개입하는 모양새다.

성공 사례 못지않게 실패 사례에서도 배울 점이 많다. 한때 홍콩은 자본주의자들의 메카로서 전 세계 인재들을 끌어들이는 장소였지만 수십 년 동안 저렴한 주택을 충분히 공급하고 막대한 소득 불평등을 해소하는 문제에 실패를 맛봤다. 한편 지난 20년 동안 중국 본토에서 100만 명 이상의 인구가 유입되면서 홍콩에서는 정체성 위기가 생겼다. 이처럼 사회 기저에 형성된 불안감은 중국 정부가 2019년 논란의 범죄인 송환법을 통과시킨 데 이어 2020년에는 더욱 불길한 국가보안법을 도입하자 폭발하고 말았다. 값비싼 생활비와 정치 불안 때문에 홍콩으로 향하는 외국인 전문 인력의 수가 줄었을 뿐 아니라 다수의 홍콩 시민이 북쪽의 선전으로 이주하는 아이러니한 상황도 벌어지고 있다. 오히려 이제는 선전이 홍콩보다 부유한 상황이며 보조금이 지급되는 거대한 신규 아파트 구역을 갖춰 보다 질서 있는 모델로 보이기까지 한다. 이러한 상황 속에서도 중국 본토에서 실력자, 관료, 수출입업자, 군사 경찰에 이르기까지 많은 사람이 홍콩으로 이주하는 행렬이 이어지고 있다. 중국은 기존에 홍콩에 거주하던 '말 안 듣는 물고기' 대신 가치가 하락한 홍콩의 부동산과 금융 시장에 투자하고 보다 본토의 이해에 부합하는 행동을 할 '말 잘 듣는 물고기'로 어항을 빠르게 갈아 치우고 있다. 사람들의 이동은 장소의 충성심을 좌우한다.

아랍에미리트UAE의 인구 구조는 불과 40년 만에 급격하게 변화했다. 진주 채취와 페르시아만의 다른 민족과 하는 교역으로 생활하던 아랍 베두인 사회에서 수백만 아시아 이주 노동자가 건설한 화려한 마천루를 자랑하는 세계 최고의 부국으로 탈바꿈했다. UAE의 인구는 1971년 건국 당시 25만 명에 불과했으나 이후 40배나 증가했다. 현재 UAE는 세계에서 가장 초국가적인 나라다. 모든 사람이 소수 집단에 해당하며 심지어 아랍 원주민도 예외는 아니어서 인구 1,000만 명 가운데 100만 명에 불과하다.

UAE는 새로운 정착민들의 영구적 혹은 임시적 출입으로 규정되어 온 나라다. 국외에 거주하는 중산층과 유대 관계가 형성된 이주 노동자가 동시에 이동하는 나라이기도 하다. 국외 거주자의 입국을 통해 이주 노동자의 일을 더 많이 만들어 내는 구조다. 반대로 금융 위기나 팬데믹 봉쇄로 다수의 국외 거주자가 급히 떠나면 가사 노동자, 보안 요원 등에 대한 수요도 줄어든다.

대다수가 시민이 될 수 없는 상황에서 UAE에서는 어떻게 보다 오래 거주할 사람을 유치할 수 있을까? 전 인구의 3분의 1을 차지하고 있는 인도의 전문 인력은 수십 년 동안 거주권에 대한 보장을 받지 못한 상태에서도 온순한 임시 노동자 취급을 받았다. 하지만 최근 UAE는 점점 많은 외국인에게 장기 거주권을 부여하고 있으며 심지어 현지 파트너 없이 자체적으로 법인을 설립할 수 있도록 허용하고 있다. 과거에는 노년층에게 비자 발급을 거부하기도 했으나 2019년 '국외 거주자법'은 소득 수준이 높은 인도인의 경우 가족과 동반 입국할 수 있도록 허용했다. 노년층을 재정 부담으로 간주하는 대신 냉방이 되는 은퇴자 거주지를 제공하며, 유럽인과 미국인을 유치하기 위해 의료 관광업에도 투자하고 있다. 인도의 생태와 정치 환경이 더욱 악화된다면 부유하고 출세 지향적인 인도인들이 더욱더 UAE로 향할 것이다.

이와 마찬가지로, (나처럼) UAE에서 자랐으나 아직 인도 여권을 가지고 있는 국외 거주자의 자녀들은 더 나은 일자리와 시민권을 얻기 위해 궁극적으로는 미국이나 캐나다로 이주할 것이다. 이들은 학자 디팍 운니크리슈난Deepak Unnikrishnan이 '임시민temporary people'이라 칭한 대로 스스로를 인식한다. 하지만 이러한 인재 이탈을 막기 위해 UAE에서는 아랍 이외의 거주자에게도 종교에 상관없이 시민권을 제공하기 시작했다. UAE로 이주한 인도인들은 케랄라 또는 타밀의 무슬림(과 기독교인, 힌두교인)이거나 펀자브 지방의 힌두교인이기 때문에 UAE가 기독교 교회와 힌두교 사원에 관용을 베푼 셈이다. 아부다비의 사디야트 섬에는 종파를 초월하여 대규모 구역에 모스크, 교회, 회당이 밀접하여 위치할 전망이다.

폭넓게 보면 UAE는 미혼 커플의 동거를 허용하기 위해 여러 시민법을 개정하고 외국법으로 이혼을 처리하며 대중의 주류 소비를 허용했다.

UAE의 상업 중심지인 두바이는 끊임없는 이동과 정체성 중복이 발생하는 전형과 같은 도시다. 법적으로 안정성을 지키는 한편 경찰은 '라시드Rashid'라는 AI 기반의 도시 안내 서비스를 활용하여 조화로운 도시 운영을 추구한다. 라시드는 두바이의 삶을 즐기고 긍정적인 직장 문화를 육성하는 기업에 '행복 증서'를 수여하며, 사람들이 교통 벌금을 내는 대신 지역 사회에서 봉사 활동을 하도록 장려하는 '해피 투 페이Happy to Pay' 앱을 운영한다.

많은 도시가 동화를 촉진하는 과정 없이 이주를 허용하는 위험에 처해 있다. 더 많은 이주민이 유입되고 최소 저항선의 길을 가면서 빈민가의 환경이 더욱 열악해진다. 하지만 '시민권'에 대한 시대착오적인 이해를 극복하여 비시민 무리를 충성스러운 이해관계자로 만들기에 아직 늦지 않았다. 한 세대 전에는 시민이 아닌 사람에게 투표권을 부여하는 일은 상상하기 어려웠다. 하지만 뉴질랜드에서는 모든 영주권 취득자가 어떤 선거에서라도 투표할 수 있으며, 토론토는 시민권을 가지고 있는지 여부에 상관없이 모든 합법적 거주자가 지방 자치 단체 선거에 참여할 수 있도록 문을 열었다. 뉴욕과 로스앤젤레스는 불법 이민자에게 ID를 발급하여 그들을 추방 위험에서 보호하는 '피난처'가 되었다. 도시가 모든 주민에게 기여와 의무를 통해 의미 있는 참여를 하도록 유도하는 시도를 더 많이 할수록 국가가 아닌 도시에 충성하는 사람이 증가할 것이다.

전 세계와 연결되어 있는 도시 국가는 초국가적인 새로운 글로벌 인큐베이터라 할 수 있다. 배타적인 정책이 아닌 포용적인 정책을 통해서만 성공할 수 있기 때문이다. 이러한 도시 국가에서는 포용적인 시민 다원주의와 자긍심을 고취하는 노력을 통해 단합한다. 캐나다의 학자 대니얼 벨Daniel Bell은 도시에 대한 자긍심을 갖는 새로운 현상을 '시민주의'라고 이름 붙였다. 고대 아테네에 뿌리를 둔 21세기판 시민주의는 모든 주민에게 열린 정치를 표방하며 민족주의와 경쟁 관계에 있다.

사람, 상품, 데이터가 전 세계 도시를 드나들면서 정체성을 분명하게 규정하는 일이 그 어느 때보다 어려워졌다. 마치 중첩 상태의 원자처럼 사람들은 여러 사고방식을 동시에 지니며 현지와 해외의 세계에 동시에 소속되어 있다. 내가 누구인지 못지않게 어디에 있는지가 중요하며, 더 많은 사람이 이동의 기회를 통해 자신의 운명을 결정할수록 정체성을 규정하는 데 있어 장소의 중요성이 더 커질 것이다.

용광로 도시는 정체성 정치의 무모함에 맞서는 가장 훌륭한 방어물이다. 다국적 기업, 초국가적 인력, '제3 문화' 아이들(부모의 문화나 자신의 국적이 아닌 나라에서 오래 생활하여 해당 장소의 문화적 영향을 받은 아동)로 구성되는 글로벌 도시는 청년 범세계주의자의 서식지와도 같다. 부모의 국적이 서로 다른 가정에서 자라난 아이들이 해마다 열리는 '국가 연합의 날' 축제에 부모 국적의 전통 의상을 번갈아 가면서 입는 것에서 정체성 위기를 야기하는 학교에 항의하는 단계로 발전했다. 전 세계 청년들에게 정체성이란 다른 무엇인가로 대체되는 것이 아니라 누적되는 개념이다. 청년들이 용광로 도시에서 서로 어울릴수록 범세계주의적 정체성이 우리의 미래로 자리 잡을 것이다. 이 청년들에게 '자아를 발견'하는 일은 '고향'으로 돌아가는 것이 아니라 어디에 있든 고향처럼 느끼는 것이다. 피코 아이어Pico Iyer는 이를 "고향은 과거의 산물이지만 미래에 만들어질 수도 있다."라고 세련되게 표현했다.

포스트모던 순례: 종교적인 교제

청년들 사이에 만연한 고독감은 오늘날과 같은 연결 사회에서 가장 모순적인 현상 중 하나다. 한편으로 청년들은 방랑하며 교감을 나눌 수 있는 장소에 이끌리고 있다. 제트족의 경우에는 소호 하우스(Soho House, 뉴욕의 패션, 예술, 미디어 분야의 회원제 클럽)나 스몰 월드A Small World 멤버십이 그런 기회다. 엔터테인먼트 분야에서는 버닝맨Burning Man, 코첼라Coachella, 울트라Ultra 같은 페스티벌을 예로 들 수 있다. 또한 아이슬란드의 외딴 빙하에서 열리는 배타적인 모임인 시크릿 솔스티스Secret Solstice나 나파밸리에서 요리와 음악을 주제로 열리는 보틀록 페스티벌Bottlerock Festival과 같이 이

색적인 휴양지에서 특별한 주제로 개최되는 행사도 증가하고 있다. 이와 같은 행사는 발전적인 교류와 종말론적 쾌락주의의 선을 넘나드는 경우가 많으며 기후 변화에 대한 대처를 앞세운 우드스톡Woodstock 록 페스티벌이 그런 예다.

1억 명이 넘는 유럽 청년은 임차한 주택에 살면서 자전거를 타고 출퇴근하고 저가 항공이나 기차를 타고 충동적으로 여행을 떠나며 6개월 너머의 미래에 대한 계획은 생각하지 않는 단순한 삶에 만족하는 듯 보인다. 제이넌 가네시Janan Ganesh는 〈파이낸셜 타임즈〉에서 쾌락이 소유 욕구보다 크다고 주장했다. 풍요를 누리는 밀레니얼 세대와 Z세대는 원영월드One Young World, 서밋 시리즈Summit Series와 같이 인맥을 쌓으면서 모험도 즐기는 컨퍼런스와 TED 같은 지식 향연의 장을 즐긴다. 아울러 요가 수련장이나 헬스장에서는 종교 체험에 준하는 경험을 할 수 있다.

디지털 디톡스(디지털 기기의 사용을 중단하고 휴식하는 처방 요법)가 청년들에게 직접 얼굴을 맞댄 교제를 장려한다면, 몰입형 기술이나 집착적인 기기 사용은 새로운 영성 활동의 스펙트럼에서 정반대에 위치한 활동이다. 라스베이거스에서 열리는 연례 소비자 가전 전시회Consumer Electronics Sho, CES는 기술 몽상가에게는 꿈의 행사로, 해마다 20만 명 가까이가 참석한다. 애플과 화웨이 등의 제품 발표 행사에는 어마어마한 관중이 몰려든다. 우리가 여행했던 케이프타운, 두바이, 서울 같은 도시에서 많은 밀레니얼 세대가 애플 매장에 방문하는 일을 꿈처럼 여기기도 했는데, 아이러니한 것은 교회, 모스크, 사찰이 지방마다 고유한 양식을 가지고 있는 것과 달리 애플 매장은 어느 곳에 있든 모습이 거의 동일하다.

지구 어디에서나 거의 보편적으로 형성되어 있는 광신도 공동체로 축구 팬을 꼽을 수 있다. 축구는 수많은 교파, 종파, 신봉자를 거느린 새로운 유형의 종교라 할 수 있다. 깊은 신앙심을 지닌 추종자들이 시간과 돈을 들여 성지 순례하는 장소로는 웸블리Wembley, 올드트래퍼드Old Trafford, 캄프 누Camp Nou가 있으며 리오넬 메시Lionel Messi와 크리스티아누 호날두Christiano Ronaldo를 신처럼 떠받든다. 일부 오순절 교단이 대규모 집회를 여는 것처럼 전 세계 수십 개의 도시에서는 매주 엄청난 규모로 축구 경기가 열린다. 축구는 (영국의 식민지 이후 세대에게는 세계적인 스포츠 종교인) 크리켓보다 훨씬 규모가 크며 진정한 의미의 글로벌 지지자 공동체가 형성되어 있다. 이들은 성경, 쿠란, 기타 경전을 읽는 데 들이는 시간보다 훨씬 많은 시간을 축구 경기, 관전, 재관전, 분석, 비디오 게임 경기에 쓴다.

또한 축구는 일부 집단에 국한되지 않는 종교이며 이주자의 활약이 눈부신 종목이다. 해외 인재의 유치는 매도당하기는커녕 칭송되며 마치 고군분투하는 선수단에 구원의 메시아가 강림한 듯한 분위기를 형성한다. 독일의 국가 대표 축구팀은 절반이 이주자 출신이며, 영국 프리미어리그 선수들의 3분의 2는 외국인이다. 유럽 국가 대표와 프로 팀에서는 '인종 차별을 위한 공간은 없다 No room for Racism', '인종 차별에는 레드카드를Show Racism the Red Card', '발로 차버려Kick it Out'와 같은 캠페인을 통해 선수가 인종 차별의 대상이 될 경우 경기를 중단하도록 리그를 압박한다. 겉으로는 평등주의를 내세우면서도 이면에는 뿌리 깊은 계급 체계과 불평등이 존재하던 고대 종교와 달리 축구라는 종교는 인종이나 종교와 무관하게 능력을 중시하고 포용적이다.

경제적 인간에서 도구를 만드는 인간으로

어떤 사람이 미래에 무엇을 할지에 대한 답변은 그 사람이 어디로 이동하는지에 따라 크게 달라진다. 이는 인류가 당면한 주요 과제가 인간과 로봇의 대결이 아닌 기술과 지리 가운데 선택하는 것임을 보여 준다. 자동화가 확산되면서 소매, 물류, 금융, 법 같은 분야에서 수백 만 개의 일자리가 사라지더라도 인프라와 사회 서비스를 개선하는 인력에 대한 수요는 여전히 막대하다. 맥킨지의 마이클 추이Michael Chui는 거대한 실업 사태에 대한 해결책으로 거대한 이동을 제시한다.

이동 문명에서는 기술을 갖춘 사람이 필요하며, 그 사람이 대졸자인지는 중요하지 않다. 인력난을 겪고 있는 가장 중요한 분야 중에서 (모듈러 주택 건축과 설치, 노인에게 물리 치료를 제공하는) 건설업, 의료 서비스업에서는 심지어 고등학교 졸업장도 요구하지 않는다. 어떤 분야에서든 고등 교육을 받은 사람은 대형 위기를 맞을 것이다. 2008년 금융 위기와 코로나19 사태로 수십 개의 대학이 평판으로도 감당할 수 없는 비용 문제에 부딪치거나 디지털 전환에 실패하여 (혹은 둘 다의 문제로) 문을 닫았다. 2026년 이후에는 수백 개의 대학교가 추가로 사라질 것이다. 출생률이 급락한 2008년에서 18년이 지난 해이기 때문에 미국 고등학교 졸업생 수가 급격히 줄어들 것이기 때문이다. 2026년 경에 대학에 진학할 계획이 있는 청년들은 짐을 싸서 영원히 떠나고 이들은 한곳에 정착할 이유가 없는 다른 대졸 근로자들에 합류할 것이다. 한때 번성했던 도시는 먼지가 날리는 장소로 변해 버릴 것이다. 미국 고등학생의 45퍼센트가량이 거주하는 미국 남부는 대다수의 대학이 문을 닫으면서 가장 큰 타격을 입을 것이다(텍사스에서는 고등학생의 56퍼센트만 대학에 진학한다). 남부는 내국인이든 외국인이든 가리지 않고 무너져 가는 공동체를 세울 의지가 있는 인구를 유치해야만 경제를 유지할 수 있다.

이동성을 갖춘 전문가들은 이동식 교육을 통해 훈련받을 수 있다. 많은 청년이 9학년부터 학습 포트폴리오를 구축하는데 학교 내부 활동뿐 아니라 추가적인 커리큘럼 활동, EdX, 코세라Coursera에서 학습 및 직업 교육을 통해 학점을 모은다. 일부 학생은 MBA를 받을 수 있는 시기가 되기 훨씬 전에 온라인 MBA 콘텐츠를 수강하기도 한다. 대다수의 미국인은 장기적인 안목에서 봤을 때 구글에서 인턴으로 일하는 게 하버드의 학위를 갖는 것보다 낫다고 생각한다. 구글이 새로 제공하는 6개월짜리 '직무 교육'은 4년제 대학의 학위에 맞먹으며 대기업에서 인정받고 있다. 데이터 과학, 풀 스택full stack 웹 개발, UX 디자인 등의 분야에 대한 9개월 프로그램을 제공하는 람다 아카데미Lamda Academy 졸업생들은 IT 분야의 일자리에 취직하여 연봉의 일부를 수업료로 지불할 수 있다. 이와 같은 완전 원격 방식의 기업 커리큘럼에서는 지리를 중시하는 겉치레를 찾아볼 수 없다. 시간제 구독자는 거주, 근무, 학습을 동시에 해낼 수 있는 장소를 선택할 것이다. 오늘날 미국 청년 가운데 홈스쿨을 한 비율은 4퍼센트이지만 수십 년 뒤에는 이러한 이점을 누리기 위해 훨씬 많은 비율이 홈스쿨을 선택할 수도 있다.

청년들은 이주할 때마다 다시 교육받고 새로운 기술을 익혀야 한다는 사실을 잘 알고 있다. 2020년 백악관광고위원회는 '새로운 일을 합시다' 캠페인을 통해 미국인들에게 항공 우주 산업이나 풍력 발전기, 컴퓨터 하드웨어 관리 종사자, 등록 간호사와 같이 고소득을 올릴 수 있는 직업에서 인턴으로 일하도록 독려했다. 왕립감정평가사협회Royal Institute of Chartered Surveyors, RICS는 인턴 프로그램을 통해 토지 개발, 부동산 관리, 부동산 활용 데이터 분석, 혼합된 사용 공간에서의 경험 조정과 같은 일자리를 구직자들이 준비할 수 있는 기회를 제공하고 있다. 산업용 3D 인쇄 기사는 일반 연구자보다 높은 연봉을 받는다.

앞으로 여러 세대에 걸쳐 추진할 사업으로는 미국 정부, 월가, 실리콘밸리, 아이비리그의 대학이 기업가와 중소기업을 위한 신용 및 기술 플랫폼으로 구성된 생태계를 조성하는 일을 꼽을 수 있다. Z세대는 열정이 많은 세대다. 지출에 민감한 X세대는 어린 시절 모노폴리 게임을 즐겼으며 성인이 되어서는 주말마다 주식 투자 성과를 확인한다.

오늘날 10대들은 로빈후드에서 진짜 돈으로 거래를 한다(미국 밀레니얼 세대와 Z세대가 로빈후드 앱을 통해 주식을 거래한다고 해서 이들을 '로빈후드 투자자'로 부른다). 〈샤크 탱크Shark Tank〉와 같은 프로그램이 큰 인기를 얻으면서 '벤처venture'라는 단어가 동사에서 하나의 직종을 표현하는 단어로 변화했다. 팬데믹을 계기로 새로운 비즈니스 앱이 전년보다

77퍼센트 증가했는데 이는 미국인들의 기업 활동 욕구가 얼마나 큰지를 잘 보여 준다.

하지만 성장도 혁신도 그 자체로는 목적이 될 수 없다. 현상을 유지하는 태도를 버리고 5G 기지국에서 도시 농장에 이르기까지 미래를 설계하는 일에 최우선 순위를 둬야 한다. 지속 가능하고 포용적인 환경을 만드는 임무에 (낡은 인프라에 신물이 나고 효율성 떨어지는 것을 소비하느니 유용한 것을 만들기를 원하는) 청년들이 몰려들 것이다. 경제적 인간homo economicus의 시대가 저물고 존 실리 브라운John Seely Brown이 '도구의 인간homo faber'이라고 부른 인류가 나타날 것이다. 해커톤(해킹과 마라톤의 합성어로, 한정된 기간 내에 기획자, 개발자, 디자이너 등이 팀을 이뤄 아이디어를 내고 시제품 단계의 결과물을 완성하는 대회)의 현실 버전인 것이다.

인적 자원

인간 대신 기계가 활용되면서 칼 마르크스Karl Marx가 자본의 '유기적 구성organic composition'이라고 부른 현상도 변화한다. 생산 절차에서 인간은 더는 핵심 요소가 아니며 그 자리를 기술이 꿰찼다. 이전에는 기계를 작동시키는 데 사람이 필요했지만 지금은 인간의 기여가 거의 없거나 아예 없는 상태에서 기계 스스로 작동한다. 그렇다고 해서 인적 자본이 중요하지 않다는 의미는 아니다. 노벨상 수상자인 게리 베커Gary Becker는 '인적 자본'이라는 개념을 발전시킬 때 전후 수십 년 동안 미국 중등 교육의 가치가 얼마나 변화했는지를 수량화하고자 했다. 이후 경제학자들은 인적자원을 노동 생산성 같은 통계치로 요약하려 했다.

이동 전화와 클라우드 데이터 저장 장치 같은 기술 덕분에 생활이 편리해졌지만 생산성 통계에서는 이와 같은 편리함이 과소평가된다. 기술이 사실상 무료로 제공되기 때문이다. 생산성을 높이는 기술이 개발될수록 우리는 인적 자원을 자격증과 생산성 통계에 국한하지 않고 그 자체로 가치를 지니는 것으로 생각해야한다.

실제로 인적 자원은 한 사람이 지니고 있는 모든 생활 기술에 해당하는 개념으로 인식되어 왔다. 따라서 인적 자원을 평가하는 훌륭한 출발점으로 경제학 기초가 아닌 아리스토텔레스를 활용해야 한다. 고대 그리스의 이 철학자는 인간의 번영, 웰빙, 행복을 뜻하는 에우다이모니아 eudaimonia가 성공한 사회의 중요한 요소라고 주장했다. 이러한 사회 복지에는 민족성 또는 기운, 사회적 통합과 평등, 교육과 재능, 질서와 안전 등 다양한 요인이 기여한다. 이러한 맥락에서 인적 자원은 '한 인간으로서 얼마나 만족감을 느끼는가? 사회에 얼마나 의미 있는 기여를 하는가?'와 같은 질적인 질문으로 요약할 수 있다. 사랑이나 다른 무형의 가치와 마찬가지로 인적 자원에 대해서도 "보면 안다."라고 말할 수 있을 것이다.

4장

차세대
아메리칸드림

사면초가

2007년 서브프라임 모기지 위기가 시작된 지 십 년이 흐른 시점에서 800만이 넘는 미국의 가구가 압류된 집에서 쫓겨났다. 큰 타격을 받은 이들 가운데 상당수가 아직 회복하지 못한 상태이며 이른바 '실업자 수용 판자촌Hooverville'에서 근근이 생계를 이어 가는 실정이다. 압류로 인한 퇴거와 노숙은 팬데믹으로 미국인의 임대료나 모기지 상환 능력이 악화되기 전에도 증가세를 보였다. 주택 소유는 금융 위기 이전에 70퍼센트로 정점을 찍은 이후 꾸준히 하락해 왔다. 미국에는 빈집이 1,400만 채에 이르며 특히 대도시에 이러한 집이 몰려 있다. 이는 미국의 모든 무주택자에게 무료 주택을 공급하고 모든 재소자를 수감 시설에서 풀어 주며 이주자가 연간 100만 명으로 회복된다 해도 여전히 빈 집이 남아돌 정도로 많은 수준이다.

전 세계 수많은 사람과 마찬가지로 미국인 역시 이동할 수밖에 없는 상황에 내몰렸다. 기업이 파산하고 금융 위기가 발발하고 경제 불황이 닥치면서 새로운 일자리를 찾고 주택 규모를 줄이거나 다른 도시, 주, 카운티로 이주해야 하는 상황이다.• 십 년이 넘는 기간 동안 수백만 미국인이 러스트 벨트와 북동부에서 좀 더 저렴한 남부와 서부로 이주했으며 물가가 비싼 뉴욕, 샌프란시스코, 로스앤

• 해외 이주는 (새로운 일자리를 찾거나 직장 이전 등) 고용과 관련된 경우가 많은 반면 국내 이주는 (더 낮거나 보다 저렴한) 주택을 찾으려는 수요와 관련되어 있다.

젤레스를 떠나 덴버, 오스틴, 롤리에 정착해 소매업, 물류업 등에서 일자리를 얻었다.

하지만 더 나은 생활을 찾아 떠나는 미국인의 숫자는 아직도 지나치게 적은 편이다. 1940년대에서 1960년대 사이에 인구가 증가하고 서쪽으로 개발을 확대하면서 해마다 미국인의 5분의 1가량이 터전을 옮겼다.

하지만 최근에는 국내 이주가 정체되어 있는 상황이다. 아이러니하게도 이는 실업으로 인해 많은 청년이 '오도 가도 못 하는' 신세가 되었기 때문이다. 주택, 의료, 교육 비용이 더 저렴한 곳으로 옮겨야 하지만 그럴 만한 여유 자금이 없는 것이다. 오늘날의 수많은 청년 실업자가 직장을 다시 찾으려면 일자리가 있는 곳으로 이동해야 할 것이다.

아메리칸드림은 다시 정의되어야 한다. 새로운 이상은 주택 소유가 아닌 이동에 관련되어야 한다. 모든 미국인이 자신의 기술을 필요로 하고 더 많은 소득을 올릴 수 있는 곳이라면 어디라도 이동할 수 있어야 한다. 하버드대학 라즈 체티Raj Chetty 교수의 연구에 따르면 세대를 지나면서 가족이 경제적 기회가 더 많은 곳으로 이주하면 사회 경제적 성과가 향상된다. 물리적 이동성이야말로 경제 이동성을 향상하는 지름길인 것이다.

이동하는 부동산

2018년 가을에 잡지 〈기어 정키Gear Junkie〉의 에디터 카일 노스만Kyle Nossman은 아내와 함께 미니애폴리스에 위치한 고가의 아파트 문을 잠그고는 일 년 동안 미국을 탐험하는 여행을 떠났다. 이들은 48개 주와 거의 모든 국립공원을 방문했으며 산악 자전거와 오토바이를 타고 캠핑과 하이킹을 즐겼고 오랜 친구를 만나거나 새로운 친구를 사귀었다. 그러면서도 파트 타임으로 계속 일하며 심지어 저축까지 했다. 이들은 여행 과정에서 비행기를 한 번도 타지 않았다. 개조한 스쿨버스로 이동하면서 거기에서 지냈기 때문이다.

코로나19로 인한 봉쇄는 미국 소매업의 명운을 가르는 재앙과도 같았다. 하지만 이동식 주택을 판매하는 업체만은 예외였다. 캠핑용 밴을 판매하는 토르 인더스트리즈의 매출은 팬데믹 봉쇄가 끝나자 급격히 증가했으며 메르세데스 벤츠는 유럽에서 여러 해 동안 인기를 끌었던 상징적인 캠퍼 모델을 미국에 선보였다(4인이 숙박 가능). 레저용 차량RV 산업 협회는 2019년에 같은 기간 대비 매출액이 200퍼센트 가까이 증가했다고 보고했다. 이동식 주택은 트렌드로 자리 잡았으며 기존의 주택 소유와 비교해 경제적이고 지속 가능한 대안으로 떠올랐다. 인스타그램의 스쿨리버스(스쿨버스를 이동식 주택으로 개조한 차량)를 이용한 이동과 핀터레스트의 '소형 주택'은 이동식과 미니멀한 생활 방식이 점점 인기를 끌고 있음을 보여 준다.

이동식 주택은 미국의 새로운 이동성을 상징적으로 보여 주는 사례다. 이동식 주택의 25퍼센트는 밀레니얼 세대의 소유이며 이들과 Z세대가 점점 더 주택 구매 연령에 이를수록 이동식 주택의 판매도 상승할 것이다. 다시 말해 청년들은 (어찌 됐든 살 만한 여유가 없는) 주택을 구매하지 않는 대신 이동식 주택을 구입하는 결정을 의식적으로 내리고 있는 것이다. 금융 위기로 인해 부모 소유의 주택 가치가 급락한 것을 목격한 이들이 부동산보다 이동성에 더 신뢰를 보이는 것을 비난하기는 어렵다. 우리는 퀀텀 시대(quantum age, 혹은 '양자 시대')에 아메리칸드림이 재편되는 현상을 목격하고 있는 것일까?

이동식 주택은 미국의 전통에서 일부를 차지하고 있으며 미국의 현재와 미래에서 예기치 않은 역할을 하고 있다. 과거의 RV 거주자들은 현금과 음식을 제공하는 시간제 일자리를 찾느라 곳곳을 떠돌면서 이주 노동자와 같은 착취를 당하는 경우가 많았다. 이는 제시카 브루더Jessica Bruder의 『노마드랜드』에 잘 담겨 있다. 하지만 청년들은 이동식 주택 공동체 특유의 정체성과 보호에 이끌리고 있다. 글로리아 스타이넘Gloria Steinem은 회고록 『길 위의 인생』에서 여성으로만 가득 찬 애리조나의 트레일러 캠프에서 느꼈던 자긍심을 애정을 담아 회상했다. 애리조나에는 거트루드 스타인Gertrude Stein과 엘리너 루스벨트Eleanor Roosevelt의 이름을 딴 거리도 있다. 여성이나 LGBTQ(성소수자 중 레즈비언(Lesbian), 게이(Gay), 양성애자(Bisexual), 트랜스젠더(Transgender)를 합하여 부르는 단어) 공동체의 트레일러 캠프는 문이 달려 있으나 가격표는 없는 집단 거주지와 같은 느낌을 주었다. 미국에서 학교에 다니는 연령의 아동 수가 갈수록 줄어들다 보니 많은 스쿨버스가 매물로 나와 있는 실정이다.

'이동식 부동산'은 그 자체로 자산군으로 자리 잡고 있으며 세계적으로 홍수가 주택을 덮치고 우박이 지붕으로 떨어지거나 싱크홀이 주택의 진입로에 생기는 상황에서 현명한 투자처다. 시랜더가 선보인 이동식 주택은 선박으로 변신할 수 있는 선내 모터가 장착되어 있어 침수된 지역에서 이동하기에 적합하다.

다음에 어떤 일을 하게 될지 모른다면 이동식 주택은 서둘러 이동할 수 있는 방식이다. 이동은 아메리칸드림이 재탄생하는 궁극적인 모습이며 가장 효과적인 방식일 것이다.

미국의 청년들은 필요하지도 감당할 수도 없으며 자신이 있어야 할 곳이 아닌 위치에 있는 주택에 스스로를 얽어매서는 안 된다. 대신 영구적인 이동의 시대에 적합한 주택을 설계하고 만들어야 한다. 부동산업은 맥맨션(작은 부지에 크고 화려하게 지은 저택으로 맥도널드 체인처럼 주변에서 흔히 찾아볼 수 있는 주택)에 계속 콘크리트를 부을 것이며 전국에 주택 공급이 250만 호 부족하다는 주장까지 할 것이다. 하지만 부동산 업자들의 수정 구슬이 사람들이 5년 뒤에 어떤 집에서 살고 싶어 하는지 알려 주는가? 어디에 일자리가 있는지 알고 있는가? 기후 변화에 대한 복원력을 갖춘 지역에 건물을 짓고 있다고 확신하는가?

인구의 급격한 감소는 곧 부동산 가격의 폭락이 불가피함을 뜻한다. 또한 조립식 건물과의 경쟁은 가격 하락세를 부채질할 것이다. 프레디맥(주택 시장에 유동성을 공급하는 기관)은 생애 최초 주택 구입자가 훨씬 저렴한 조립식 주택에 투자하도록 장려하는 여러 프로그램을 운영하고 있다. 물론 이로 인해 지방 자치 단체와 은행은 수조 달러 규모의 발이 묶인 주택에 올라앉게 된다. 포트폴리오에 부동산 관련 자산을 거의 편입시키지 않는 워런 버핏Warren Buffett 같은 투자자가 은밀히 클레이턴 홈즈Clayton Homes 같은 '조립식' 주택 제조업체의 최대 주주에 오른 것도 놀라운 일이 아니다. 물가가 저렴한 주에서도 조립식 주택은 침실 2칸짜리 아파트의 건설 비용과 비교해 돈이 절반도 안 들며 조립식 주택을 임대하는 비용은 아파트의 3분의 1에 불과하다.

조립식 주택의 좋은 점은 무엇일까? 트럭으로 배달할 수 있으며 이동도 가능하다는 점이 아닐까. 3D로 인쇄한 소형 주택이 탄생하는 시대가 머지않았다. 아마존은 2만 달러에 불과한 주택 제작 DIY 키트를 판매하며 이 주택은 태양열로 가동하거나 지역의 전력망에 연결할 수도 있다. 마이티 빌딩스Mighty Buildings의 3D 인쇄 '카시타(casita, 미국 남서부에서 멕시코 사람이 사는)'나 '노인용 별채'는 뒷마당에 보관했다가 고령의 저소득 임차인에게 빌려주거나 예산이 빠듯한 청년에게 임대할 수 있다.

박서블Boxabl과 텐폴드Tenfold 같은 기업은 몇 분 만에 컨테이너 세 배 크기로 펼칠 수 있는 주택을 만들고 있다. 사용되지 않고 있는 수백만 개의 선박 컨테이너는 (이동식) 주택으로 손쉽게 개조할 수 있다. 에스토니아의 한 스타트업은 주택, 사무실, 매장, 보관소, 카페, 지역 사회 시설이나 다용도로 쓰일 수 있는 조립식 이동 시설을 만든다. 이용자에게 필요한 것은 평평한 땅뿐이다.

어떤 나라가 3D 주택 야영지를 위한 토지를 제공하고 보조금을 지급하며 공공 서비스 전달을 가능케 할까? 네덜란드와 프랑스는 이러한 진보적 사회 정책에 앞장서고 있으며, 스웨덴의 가구 제조사인 이케아IKEA와 건설 기업인 스칸스카Skanska는 협업하여 보클록 (BoKlok, '스마트한 삶')을 선보였다. 이 회사는 이미 스칸디나비아반도에 만 호 이상의 주택을 지었다. 영국의 시범 프로그램에서는 새로운 거주자들이 감당할 수 있는 선에서 모든 것에 비용을 지출하고 있다. 집을 이케아의 물건으로 채우는 대신 집을 통째로 이케아에서 살 수 있는 것이다.

이동식 주택은 3D 프린팅, 재활용 자재, 로봇 효율성을 결합한 완전히 새로운 제작 과정을 통해 조립 라인에서 생산되고 있다. 소프트뱅크의 자금을 지원받은 카테라Katerra는 지리적으로 불안정하고 인구가 과밀한 나라에서 단기간에 마을 전체의 턴키(turnkey, 건설업체가 설계부터 시공까지 모두 책임지고 다 마친 뒤 발주자에게 열쇠를 넘겨주는 방식) 주택을 설계하고 건설한다. 아이콘Icon은 이미 멕시코에서 마을 전체에 3D 프린팅 주택을 공급했으며 오스틴에서는 텐트 거주자들을 위해 견고한 주택을 만들었다.

이러한 주택이 재난에 강한 이유가 있다. 다시 이동이 가능하기 때문이다. 자급자족이 가능하고 태양열로 가동되는 컨테이너 주택은 해수면 상승 시 바퀴를 굴려 이동이 가능하다. 배설물을 악취 없는 비료로 만들기 위해 물 대신 미생물을 사용하는 화장실도 갖추고 있다(이 기술은 에베레스트산에서도 활용되고 있다). 기후 변화와 자연 재해 때문에 계절성 이주가 발생하는 세상에서는 매우 합리적인 선택이다. 이동 가능한 주택을 삶의 방식으로 선택하는 사람들을 위해 건축가들은 장작 난로, 태양열 발전, 지붕의 강수 수집 시스템, 퇴비 화장실, 별도의 주방, 침실, 거실, 큰 창문을 갖춘 멋진 소형 주택을 설계하고 있다. 집주인들은 인스타그램에 날마다 새로운 배경으로 사진을 남길 수 있다.

위대한 나라를 만드는 거대한 이동성

이동성이 일상에서 얼마나 중요한지 잊고 살 때가 많다. 출퇴근 길이나 학교에 가는 길을 생각해 보라. 하지만 한 공간 안에서도 이동성은 웰빙에 지대한 영향을 미친다. 대부분의 부유한 도시는 열차와 버스, 개인 간 차량 공유 플랫폼 등 촘촘한 대중 교통망을 갖추고 있으며 모든 요소가 도시의 이동 시스템으로 동시에 기능한다. 반면 이동성은 도로가 정체되거나 개인과 국가 (경제) 상태를 좀먹는 취약한 대중교통을 갖춘 도시에서는 골칫거리다.

도시의 중심지에서 출퇴근하는 일은 수백만 명의 일상과 국가 경제 전반에 혈액과도 같은 역할을 한다. 뉴욕과 로스앤젤레스는 미국에서 가장 중요한 인구 및 경제 허브로서, 수백만 명의 근로자가 집과 사무실, 교외 안팎을 날마다 이동한다. 레바논, 조지아, UAE와 같은 소국가에서는 하루에 수도나 최대 상업 도시를 드나드는 인구가 전체 인구의 절반에 달하며 낮에는 도시에서 돈을 벌어 밤에는 좀 더 빈곤한 지역에 위치한 집으로 퇴근한다. 팬데믹은 이러한 사람들에게 재정적으로 큰 타격을 입혔다.

거대한 이동성이 나라를 더 크게 만든다. 미국의 고속 도로 체계는 수백만 명의 미국인이 추가로 서부에 정착하고 국가가 대륙 규모의 광활한 영토를 소유한 것에 자긍심을 느끼게 만들었다. 독일의 아우토반은 단순히 무분별한 속도를 즐기는 고속 도로망이 아니다. 국가가 전쟁 뒤에 일군 놀라운 경제 부흥의 기적 Wirtschaftswunder과 유럽 경제에서 현재 차지하고 있는 역할을 가능케 하는 동맥과도 같다. 현재 중국은 유럽보다 촘촘한 고속 철도망을 갖춘 덕분에 중국인들이 광활한 영토를 이동할 수 있다.

거대한 기후 변화 회피를 위한 휴양

팬데믹으로 원격 근무 정책이 실시되면서 맨해튼의 제트족들은 지체 없이 세금이 면제되는 플로리다 해안의 부동산을 매입했다. 뉴욕의 마천루에서 보내는 시간을 최대한 줄이기 위해서다. 플로리다의 '태양을 따르자' 캠페인은 대성공을 거뒀다. 그런데 발 빠르게 이동한 엘리트들이 해변의 별장을 버려야만 하는 때가 얼마나 빨리 올까?

자연 재해는 더 많은 미국인이 이동하게 만드는 원인이다. 해수면 상승으로 대서양과 태평양 해안 지방에 피해가 발생하면서 해안에서 보내는 시간은 통과 의례에서 무모한 사치로 변하고 있다. 미국에서 인구가 가장 많은 캘리포니아·텍사스·플로리다·뉴욕 주는 모두 기후 변화의 심판에 직면해 있다. 뉴욕과 마이애미는 전 세계 해안 도시 가운데 자산 가치의 리스크가 가장 큰 두 도시에 해당한다. 뉴욕은 샌디급의 슈퍼 허리케인에 대비되어 있지 않기 때문에 해안뿐 아니라 지하철과 도로에서 내수 홍수가 발생할 수 있다. 게다가 2019년 열파로 인한 대규모 정전(과 주요 트라이애슬론 대회 취소)을 일으킨 전력망을 아직 업그레이드하지 않은 상태다. 마이애미의 사우스 비치, 시내, 항구와 이어지는 새로운 터널은 침수되었다. 플로리다 키스 제도는 도로의 고도를 높이는 데 드는 비용에 비해 가구 수가 적기 때문에 가라앉고 말 것이다.

자연 재해가 심리와 경제에 미치는 영향은 더 클 것이다. 플로리다의 기후 재앙에 관한 이야기가 나올 때마다 그곳에 부동산을 사거나 방문하려는 사람이 줄어들 것이다.

하지만 플로리다는 2010년 아이티에서 대규모 지진이 발생했을 당시 피난민이 몰렸던 것처럼 카리브해 기후 난민이 찾는 장소가 될 수도 있다. 2017년 허리케인 마리아 때문에 대규모 피해가 발생한 지 1년 만에 20만 명이 넘는 푸에르토리코인들이 미국 본토로 (대다수가 영구적인 이주는 아닐지라도) 피난했다. 바하마는 관광과 역외 금융으로 소득이 높은 수준이지만 2019년 허리케인 도리안이 덮친 이후 그랜드바하마 섬이 '사망' 선고를 받은 상태다. 40만 명의 인구 가운데 수천 명이 플로리다를 비롯한 미국의 여러 주에 정착했으며 궁극적으로는 전체 인구가 이주 행렬에 동참할 것이다.

백 년 전 수백만 명의 흑인 소작농이 북쪽의 중서부를 향해 이주하면서 대이동Great Migration이 일어났다. 2005년에는 허리케인 카트리나 때문에 루이지애나의 흑인 빈곤층 10만 명가량이 주를 떠날 수밖에 없었다. 루이지애나주는 코로나바이러스 사태에도 미흡한 대처를 보였기 때문에 더 많은 인구가 도시를 떠날 가능성이 있다. 이미 애틀랜타, 댈러스, 샬럿, 오스틴 같은 도시는 남부에서 기후 변화로 인한 이주가 이어지면서 인구가 증가하고 있다. 차세대 대이주가 빠른 속도로 진행되고 있는 것이다.

미국의 가계가 모든 것을 잃는 사건이 발생할 때마다 그만큼 이동할 가능성도 높아진다. 미국 부동산의 상당 부분은 더는 가격에 어울리는 가치를 지니지 못하고 있으며 앞으로 십 년 뒤에도 마찬가지일 것이다. 해수면이 상승하면서 코네티컷에서 루이지애나에 이르는 '새로운 해안' 도시들은 제방 건설에 드는 비용 마련을 위해 세금을 인상해야 할 것이다. 재난 보험이 고갈되고 있기 때문에 자체적으로 비용을 마련해야만 한다. 현재 EPA(미국 환경 보호청)는 앨라배마, 미시시피, 플로리다, 조지아, 노스캐롤라이나, 사우스캐롤라이나를 미국의 대서양과 걸프 해안에서 내륙 방향으로 허리케인이 전진할 경우 기후 재앙에 가장 준비가 미흡한 주로 꼽고 있다.

미주리강과 미시시피강으로 인한 내수 홍수 역시 도로와 교량을 무너뜨리고 수많은 주택을 파괴하며 원자로까지 위협하고 있어 20여 개 주를 고통에 몰아넣고 있다. 블랙록(BlackRock, 세계 최대의 글로벌 자산운용사)에 따르면 미시시피 서부의 부동산 대다수가 물 부족 지역에 해당한다. 노스다코타, 사우스다코타, 네브라스카, 오클라호마와 같은 그레이트플레인스Great Plains는 미국의 곡창 지대로서 옥수수, 대두, 면화, 알팔파뿐 아니라 소, 돼지, 양, 닭과 같은 가축을 기르는 주요 지대다. 이러한 지역은 바다에서 떨어져 있기는 하지만 작물을 심는 시기를 변화시키는 홍수와 여름의 숨 막히는 열파로 인해 어려움을 겪고 있다.

종합적으로 이러한 기후 위험은 재산 보험의 가격을 감당할 수 없거나 이용할 수 없도록 만든다. 재산 소유자와 근로자가 직접 셈을 해 보면 차라리 이주하는 편이 비용이 적게 드는 현명한 선택이다.

금융업이 기후 위험을 계량화할수록 이주 결정에 동기를 부여할 것이다. 이미 베이비 붐 세대는 자신을 위해서나 가치가 하락하고 있는 (혹은 존재하지 않는) 자산을 자녀에게 물려주는 상황을 피하기 위해 은퇴할 장소를 다시 고려하고 있다. 윗세대의 미국인들은 살던 장소에 그대로 머무르는 방안을 택했지만 이는 오늘날 생각만큼 쉬운 일이 아니다. 과거에는 은퇴자들이 해안으로 향했지만 이제는 점차 내륙이나 산을 향하고 있다.

미국과 캐나다의 인구 밀도를 표시한 지도를 보면 경작에 적합한 살 만한 땅을 찾기 위해 얼마나 넓게 흩어져야 하는지를 새삼 깨닫게 된다. 대다수의 선진 공업국과 마찬가지로 미국 인구의 3분의 2는 도시에 거주하며 이들이 사는 땅덩어리는 전체 면적의 3퍼센트에 불과하다. 미국 인구의 절반이 9개 주에 거주하고 있는데 2030년, 2040년, 2050년에는 그 양상이 지금과 다를 것이다. 기후 변화에 대한 복원력, 일자리 창출, 미국 청년들이 원하는 진보 정치가 잘 어우러지는 주는 어디일까?

캘리포니아는 자유 민주적인 통치와 (아이러니하게도) 탄소 배출 규제에 앞장서 왔지만 기후 변화에 대한 준비가 미흡하다. 미국의 서부는 20년째 극심한 가뭄을 겪고 있으며 뜨거운 공기가 지면의 수분을 더 많이 흡수하는 반면 강수량은 줄어들고 있다. 이에 따라 캘리포니아, 네바다, 애리조나가 부싯깃 통으로 변화하고 있다. 해가 갈수록 기온이 상승하고 화재 규모가 커지면서 캘리포니아는 수자원, 에너지, 주택 위기를 한꺼번에 겪고 있다. 베이 에어리어에서 로스앤젤레스까지 부유층과 빈곤층을 가리지 않고 수천 호의 주택이 불에 탔으며 보험 회사에서는 수십억 달러의 보험 배당금이 부족해 수십 년 치를 밀린 상황이다. 캘리포니아의 전기·가스 회사인

PG&E는 불이 송전선을 통해 확산되는 것을 막기 위해 전력 공급을 미리 차단했다. 하지만 주택 소유자에게 요금을 계속 징수하기 위해 태양열로 전환할 방법을 가로막으면서 미국에서 가장 부유한 사람조차 며칠 동안 전기 없이 지내는 촌극이 벌어졌다. 한편 로스앤젤레스 카운티에서는 화재에 취약한 지역에 신규 주택 건설을 계속 허가하고 있다. 할리우드 스튜디오와 영화 세트가 기후 변화나 코로나바이러스로 타격을 입는 일이 증가할수록 엔터테인먼트 업계의 지도층은 세금 우대 조치와 건강한 생활 양식을 누릴 수 있는 유럽 국가로 떠날 것이다.

캘리포니아는 대서양과 걸프 해안의 다른 주와 마찬가지로 생존 사회로 변하여 지역을 재건하는 사업을 중심으로 경제가 돌아가고 있다. 시에라네바다산맥에서 녹은 눈과 강우량이 줄면서 농업을 위해 지하 대수층에서 점점 많은 지하수를 끌어 올리고 있다. 하지만 미드호와 파월호를 보충하고 담수화를 진행하여 물 부족 위기를 해결하지 않는다면 캘리포니아에 거주하는 유익보다 비용이 더 커질 것이다. 캘리포니아를 떠나 생활비가 저렴한 지역에서 새 출발을 하는 것이 많은 사람에게 더 경제적이다. 오랫동안 이 지역은 미국에서 약속의 땅이었지만 더는 아니다.

많은 캘리포니아 시민이 이미 서부 내륙으로 이동했다. 하지만 몬태나의 글레이셔 국립 공원부터 캘리포니아의 요세미티에 이르기까지 이들이 다가간 주요 공원은 화재로 인해 수개월 동안 폐쇄되었다. 이 지역의 당국은 해안에서 이주하는 새로운 주민을 흡수하고 캘리포니아에서처럼 새집이 불에 타지 않도록 방지하기 위해 더 많은 자금이 필요하다. 듀크대학교 연구원들은 인간, 현지 동물, 토양, 식물, 면적 대비 수목 비율, 탄소 배출량, 기타 생태계 요소의 상호 작용을 예측하기 위해 미국인 거주 지역의 복잡성을 모델링했다. 그 결과 '정상'이라고 여기는 취약한 균형이 기온 상승, 인구 증가, 기타 요소 때문에 얼마나 쉽게 무너질 수 있는지를 입증했다. 이주를 통해 위험도 같이 이동하는 것이다.

기후 젠트리피케이션climate gentrification이 일어나는 가내 공업에서 로키 산맥 지역은 유리한 위치에 있는 것으로 보인다. 콜로라도는 고도가 높고 수자원 공급, 진보 정치 측면에서 그 어느 때보다도 많은 밀레니얼 세대가 유입되는 주다. 덴버는 공항을 확장하고 시내에 경철도망을 건설했으며 세계무역센터의 경영 캠퍼스도 열었다. 스키 시즌은 점점 짧아지고 있지만 콜로라도에서는 매력 넘치는 하이킹과 문화 축제를 연중 내내 즐길 수 있다. 볼더는 고층 건물을 금지하면서 '미국에서 가장 행복한 도시'라는 이미지를 얻었다. 하지만 기온이 상승하면서 콜로라도는 겨울에 비가 내리고 눈이 빠르게 녹고 있으며 여름은 건조해지고 미국 남서부의 4,000만 인구가 의존하는 콜로라도강이 점차 마르고 있다. 콜로라도 수자원의 가장 중요한 원천인 눈이 유지되는 것은 어디까지나 그 눈이 존재할 때나 가능한 이야기다.

중서부의 네브라스카, 캔자스, 오클라호마 같은 곡창 지대의 주 역시 지하수가 빠르게 고갈되는 문제에 직면했다. 특히 미국 남부와 멕시코는 전 세계에서 물 부족이 가장 심각한 지역에 해당한다. 여기에도 예외는 있다. 미국에서 가장 부산한 항구 도시이자 석유 수도인 휴스턴은 연간 10만 명이 이주하고 있으나 배수 시설은 강우량이 미미하던 시절에 마련된 것이다. 여전히 많은 지역이 2017년 강타한 허리케인 하비와 약 152센티미터의 범람을 일으킨 2019년 열대 폭풍우 이멜다의 피해를 복구 중이다.

기후 변화의 복잡성은 그 어느 지역도 극단적인 기후 현상에서 안전을 보장할 수 없음을 의미한다. 예를 들어 2012년 국제자연보호협회The Nature Conservancy는 오랫동안 버려져 있던 애팔래치아 지역이 기후 변화로부터 우리를 보호하는 '천연 요새'라고 표현했다. 당시에는 하이킹 시즌이 길어지고 스키 시즌이 짧아지더라도 그 중간에는 큰 악영향이 없으리라 가정했다. 하지만 최근 연구에 따르면 중부 애팔래치아에서는 심각한 기온 상승, 생물 다양성 감소, 산불 증가 문제가 발생하리라 예상된다.

미니애폴리스에서 서쪽으로 캔자스시티까지, 동쪽으로 피츠버그까지, 북동쪽으로 비스듬히 포킵시까지 오대호를 둘러싼 정사각형 혹은 마름모 모양에 북쪽으로 캐나다의 활기찬 퀘벡과 온타리오를 더한 지역은 담수가 풍부하고 온화한 겨울을 맞을 준비가 된 지역이다. 이 거대한 러스트 벨트 지역은 금융 위기 이후 인구가 줄었으나 기후 변화에 따른 이주로 인구가 다시 증가할 것이다. 현재 일리노이주는 재정적으로 무력한 상황이며 시카고는 미국에서 재정이 가장 취약한 대도시다. 하지만 미국인들이 보다 안정적인 기후 환경을 찾아 몰려들면 문제가 사라질 것이다. 미네소타의 덜루스는 '기후 피난처'라는 이름을 얻었으며 10만 명 미만에 불과한 인구를 늘리기 위해 별칭에 맞게 브랜드화를 진행하고 있다. 오하이오 털리도의 주민들은 지리적으로 유리한 상황에 있음을 잘 알고 있기에 오염 유발자에게 소송을 걸 수 있는 '이리호 권리 장전'의 도입을 요구하고 있다. 먼저 환경 보호 노력을 강화하지 않고 인구가 증가한다면 범죄까지는 아니더라도 중대한 실수가 될 것이다.

기후 변화에 복원력을 갖춘 다른 지역들은 미래의 새로운 공업 허브로 발돋움하기 위해 변신하고 있다. 미니애폴리스와 캔자스시티는 스타트업을 유치하고 있으며 데이턴은 수십 년 동안 폐쇄되어 있던 아케이드라는 유서 깊은 시내 구역을 재정비하고 있다. 버팔로와 같은 버려진 기업 도시는 아랍계 망명 신청자, 푸에르토리코의 기후 난민, 미국에 갓 이주한 인도 가족을 끌어들이고 있다. 로체스터(뉴욕주의 세 번째 도시), 피츠버그(카네기멜론대학 등 30개가 넘는 고등 교육 기관 소재지)와 같은 대학 도시는 향후 인구 증가에 대비해 혁신 구역 마련에 주력하고 송수관과 하수 처리를 정비하고 있다. 미시간주의 앤아버의 경우 인구 12만 가운데 3분의 1 이상이 대학과 관련되어 있는데 대학 도시가 남부로부터 학업 및 기후 난민을 흡수하기에 적합하다는 점에서 이 모든 노력을 함께 기울여야 한다. 미시간주의 그랜드래피즈는 인구가 2000년 75만 명에서 100만 명 수준으로 증가했으며 자동차와 생체 의학 분야의 다목적 기술 전문 인력으로 구성된 생태계를 조성하고 있다.

북부 웨스트체스터에서 올버니에 이르는 허드슨 강변에 위치한 주택을 파는 데 은퇴자들이 어려움을 겪고 있다는 사실은 아이러니하다. 젊은 가구에게는 뉴욕시에 통근할 수 있는 범위를 벗어난 곳에 있는 대저택에 투자할 만한 자금력이 없다는 점은 이해할 만하다. 하지만 적당한 고도, 담수, 면적 대비 수목 비율, 안전성, 기타 장점을 종합적으로 고려할 때 지리적으로 이만한 이점을 가진 곳은 드물다. 기후 변화와 코로나19 때문에 재택근무를 하게 된 사람들이 녹음이 우거지고 공간 여유가 있는 교외 지역을 선호하면서 기후 환경상 거주에 적합한 지역이 부활하고 있다. 코로나19가 유행하기 이전에도 버몬트와 같은 눈치 빠른 주에서는 원격 근무자를 유치하기 위해 세제 혜택을 제공했다. 오클라호마주의 털사는 새로운 정착민에게 일 인당 만 달러를 지급한다. 알래스카, 테네시, 아이다호, 와이오밍, 노스다코타 등의 기타 주에서도 쉽사리 따라 할 수 있다.

사람들은 기후 위기가 발생했을 때 갈팡질팡하는 곳보다는 제대로 조치를 취하는 장소로 옮겨갈 것이다. 보스턴은 2030년에 연간 30일의 만조 범람이 발생할 것으로 예상되며 로건 공항은 미국에서 가장 먼저 바다에 잠기는 공항이 될 것이다. 보스턴 당국은 현지 경찰의 반대에도 불구하고 새로운 공항을 건설하기 위한 부지를 매입하고 구획을 변경할 계획이다.

사람들이 빠져나가고 지방 자치 단체가 파산에 직면한 주는 피해가는 것이 현명하다. 이러한 지자체는 연방 정부와 벌이는 치킨 게임에서 결국 패배할 것이며 노후한 공공시설은 상태가 더 나빠질 것이다. 노스캐롤라이나에서 텍사스에서 이르는 지역에서는 주에서 소도시를 방치하고 대도시는 자체 도로와 위생 시설을 위한 자금만을 조달하면서 일부 지역에서 쓰레기가 수거되지 않는 일이 벌어지고 있다.

심각한 자금난을 겪는 미국의 인프라 재건 사업이 반전을 맞을 수 있을까? 미국에는 버려진 교량, 댐, 송전선 수만 개가 방치되어 있다. 풍력, 태양열과 같은 재생 에너지가 차지하는 비중은 10퍼센트에 불과하며 세 곳의 개별 전력망(동부, 서부, 텍사스)이 운영되고 있고 그린 뉴딜Green New Deal은 요원하다. 하지만 인구 증가 가능성이 높은 사우스다코타에서 미주리, 펜실베이니아에 이르는 지역에 있는 도로와 주거 지역의 새로운 인프라 계획에 기후 평가가 포함되고 재생 에너지 사용을 우선시할 수 있다. 이 같은 우선적인 정비가 미국의 미래 지형을 보다 인구 변화에 적합하게 만들 것이다.

새로운 사회적 거리 두기

미국 주요 도시의 경제가 취약한 상황에서 청년들의 무기력함과 팬데믹 편집증이 겹치면 어떤 일이 벌어질까? 기술 기업가인 발라지 스리니바산Balaji Srinivasan은 코로나19가 유행하기 훨씬 전에도 주택 가격의 상승, 형편없는 이주 정책, 글로벌 디지털 노동력 같은 이유로 실리콘밸리 '엑시트'를 예언했다. 이와 같은 '기술 엑소더스tech-sodus'는 기업이 실리콘밸리에서 자금을 조달해 전 세계의 인력을 활용하면서 수년에 걸쳐 진행된 추세다. 다수의 기술 기업이 밴쿠버로 이전하면서 브리티시컬럼비아를 '새로운 캘리포니아'라고 부르기도 했다. 코로나19 사태가 터지면서 거대 기술 기업이 (영구적인) 원격 근무로 전환하자 실리콘밸리의 주택 매물이 급격히 증가했다. 실리콘밸리에 인재를 계속해서 유지하고 기업에 대한 충성심을 높이기 위해 주요 IT 기업은 소득 공유를 제안하고 직원들이 학자금 대출과 주택 구입 비용을 절약할 수 있도록 대출을 제공하기도 했다. 구글, 메타, 애플 등은 베이 에어리어의 주택 건설에 40억 달러 투자를 약속했으나 그보다 200배 많은 자금이 필요한 실정이다. 또한 청년들은 기업의 노예가 되고 심리적으로 번아웃되는 환경을 꺼린다. 도회 생활과 공동체의 가치는 인정하지만 이를 누리기 위해 타인을 위한 주변부의 삶을 계속해서 살기를 원하지는 않는다.

뉴욕시와 로스앤젤레스는 유사한 환경에 처해 있지만 규모 면에서 큰 차이가 있다. 최근 해안의 거대 도시 뉴욕과 로스앤젤레스에서 인구 유출이 발생했으나 야심 차고 모험심이 가득하며 부유한 청년들이 빈자리를 채웠다. 하지만 대기업은 본사의 규모를 줄이는 대신 소규모 위성 사무실을 중심으로 원격 근무 체제를 가동하고자 한다. 디지털화가 집합체의 이점을 누른 것이다. 팬데믹 이전에는 미국 근로자의 4퍼센트만 재택근무를 했다. 하지만 몇 년 안에 이 수치는 네 배 증가할 수도 있다. 많은 기업이 값비싼 상업용 부동산에 비용을 지출하는 것보다 자택에서 양호한 연결성을 유지하는 원격 근로자에게 임금이나 컨설팅 계약을 맺는 방안을 선호할 것이다.

그렇다면 청년들은 잠을 자고 친구를 사귀고 여가 시간을 즐기는 허브로 어떤 장소를 선호할까? 미국에는 20여 개의 주요 도시가 있는데 각 지역은 위상을 유지하고 새로운 거주자를 유치하기 위해 기존의 장점을 지키거나 틈새를 발전시키려는 전략을 경쟁적으로 펼치고 있다. 밀레니얼 세대와 Z세대는 일자리를 구할 장소를 결정하기 전에 세후 생활비를 발 빠르게 계산한다. 뉴햄프셔, 미주리, 아이다호에서 주택을 구입한 청년들은 솔트레이크시티, 애틀랜타, 인디애나폴리스, 피닉스의 기술 분야에 빠르게 진출하고 있다. 시내에 활기찬 저녁 문화가 형성되어 있는 '18시간 도시' 역시 청년들이 선호하는 도시다. 덴버, 샬럿, 내슈빌, 포틀랜드, 샌안토니오, 애틀랜타, 샌디에이고 등이 여기에 해당한다. 라스베이거스 역시 에어리어 15AREA 15 같은 모든 서비스를 제공하는 생활 양식의 허브를 갖추고 팝업 소매점과 미래 지향적인 엔터테인먼트 산업으로 스릴을 즐기는 청년들을 유혹한다. 미니애폴리스는 주택 불평등을 완화하기 위한 2040 계획을 발표했다. 1인 가구 위주로 보다 저렴한 주택을 지을 수 있도록 건축 규제를 완화할 계획이다. 이러한 도시는 미래의 인구 구조에 적합한 모델로 자리 잡을 수 있다.

미국인들이 국내에서 이동하면서 기업과 투자도 크게 움직인다. 뉴욕과 캘리포니아는 미국 중소기업의 절반 가까이가 위치해 있으나 최근에는 텍사스, 플로리다, 노스캐롤라이나, 콜로라도, 조지아와 같은 세율이 낮은 '선벨트sun belt' 시장에 중소기업들이 이끌리고 있다. 벤처 캐피탈 투자와 IT 일자리가 모두 몰려 있다시피 한 서부 해안과 보스턴 대신 오스틴, 피츠버그, 내슈빌, 샬럿이 아마존 같은 블루칩 기업을 위한 역동적인 실험실로서 입지를 넓히고 있다. 이러한 도시는 플러그 앤 플레이Plug & Play나 500 스타트업500 Start Ups 같은 기술 인큐베이터 또한 유치할 것이다. AOL의 설립자인 스티브 케이스Steve Case의 레볼루션 펀드Revolution Fund는 미국 전역에 방치되었던 도시의 기술 생태계에 활기를 불어넣는 일에 주력하고 있다.

현재 미국의 각 주는 낮은 세율과 규제가 적은 텍사스 같은 지역과 세율이 높고 규제가 많은 캘리포니아와 같은 지역으로 나뉜다. 미래에는 세율이 낮고 규제가 많은 워싱턴 같은 주가 승리를 거둘지 모른다. 시애틀은 미국의 50대 도시 중 인구가 가장 빠르게 증가하는 도시이지만 철도, 버스, 자전거 도로에 막대한 투자를 이어 가면서 교통량을 줄였다. 시애틀에 근거지를 두고 있는 보잉, 마이크로소프트, 아마존, 스타벅스 등의 대기업과 이 생태계에 있는 수천 개의 중소기업은 그 자체로 세계를 이루고 있으며 시애틀을 미국 대도시에서 영향력이 큰 도시가 되어 가고 있다.

도시 생활비의 증가, 코로나19 봉쇄, 재택근무의 급격한 증가는 교외의 대대적인 부흥으로 이어질 가능성이 있다. 대도시의 거주자가 줄면서 교외는 소득 수준이 높은 재택근무 임원들이 시간 전체를 보내는 장소로 부활할 수 있다. 코로나19로 도심지에서 약 50만 명의 부유층이 햄프턴과 뉴욕 외곽의 캣스킬스, 샌프란시스코 북부의 나파밸리, 유럽의 대서양이나 지중해 연안으로 탈출했다. 여름 동안 뉴욕의 주요 자치구 주민 수천 명은 뉴욕주 북부, 롱아일랜드, 뉴저지에 주택을 구입했으며 이들은 영구적으로 뉴욕을 떠날 계획을 가지고 있다. 한때 휴가를 보내던 전원주택이 이제는 (광대역 통신망을 갖추고) 도시 봉쇄와 시위에서 자유로운 주된 주거지로 탈바꿈하고 있다. 대도시 거주자는 자신이 시골의 친척에 비해 높은 생활수준을 누린다고 우쭐해했지만 이제 그런 상황이 역전될 수 있다.

물론 그렇지 않을 수도 있다. 2020년 샌프란시스코를 떠나 나파밸리에 정착한 이들은 화마를 피해 다시 샌프란시스코로 대피해야 했을 것이다. 또 다른 슈퍼 태풍이 북동부를 강타한다면 더햄프턴스 역시 피해를 모면하지 못할 것이다.

이 가운데 도시 거주자의 10퍼센트만 교외로 이동하더라도 27조 달러에 달하는 미국 부동산 시장에 막대한 (반대) 영향을 미칠 것이다. 교외가 공간적 여유를 자랑하고 그곳에 더 많은 활동을 제공하는 거주 지역이 형성된다면 새로운 교외 거주자들은 도시를 PPU(pay-per-use, 사용량에 따른 과금제)처럼 이용하고 세금을 카운티 내의 지역 공동체와 학교 육성에 사용할 것이다. 청년들은 지도력을 갖춘 공동체를 찾고 있으며 대도시 생활에서 멀어지면서 소도시에서 이상을 추구하는 삶에 매력을 느낄 것이다.

금융 위기 이후 많은 밀레니얼 세대가 향한 주된 도착지는 어린 시절을 보낸 부모님 집의 자기 방이다. 거기에 Z세대 형제자매들도 합류하고 있다. 2020년 9월 현재 미국 청소년의 52퍼센트가 부모와 살고 있다. 나가서 살 재정적 여유가 없는 이들에게 원격 근무는 집에 머물러 살면서 임대료를 절약하고 부모님의 모기지 상환을 돕는 것이 충분한 인센티브로 작용할 수 있다. 미국의 가족 규모는 줄어든 반면 주택 규모는 커졌다. 교외의 주택은 여러 세대가 경제적으로 거주할 수 있는 방안이 되면서 집으로 회귀하는 경우도 증가할 것이다. 많은 청년이 교외 서비스 근로자, 요리, 청소, 아이 돌봄, 피트니스 훈련, 새로운 정착민을 위한 기타 업무를 수행하는 역할을 할 것이다. 틴더Tinder와 같은 앱은 미국 전역에서 청년들을 일자리와 매칭시킬 것이다. 청년들에게 돈을 좇는 것 외에는 선택지가 거의 없다.

다음 세대 미국의 미국인들

미국은 그 규모, 부, 자유 등 여러 면에서 경외심이 들게 만든다. 하지만 문화 충격이 두려움을 불러일으켜서는 안 된다.

미국은 세계 최대의 이주 가능자가 모인 장소이며 어디에서 왔든 미국의 어딘가(혹은 여러 장소)에서 같은 공동체를 형성했다.

이주를 줄이면 미국이 인종 관계를 개선하고 실업률 하락에 집중할 수 있으리라 생각할 수도 있다.

1882년 제정된 배척법으로 중국인의 이민이 여러 세대 동안 금지되었으나 현재 미국에서 중국인은 아시아인 가운데 최대 규모의 인구를 자랑한다. 아시아인은 새로운 이민자층에서 가장 빠르게 증가하고 있다. 아시아계 미국인은 19세기에 콜레라가 발병할 때부터 2020년 코로나바이러스 대유행 시기에 이르기까지 인종 공격의 대상이었지만 그 숫자는 계속 증가해 2,000만 명에 이르렀다.

백인 민족주의가 미국 정치를 움직이는 강력한 힘이기는 하지만 청년 미국인 가운데 백인 기독교인의 비중이 29퍼센트에 불과하다는 사실은 변하지 않는다. 2045년에는 흑인과 히스패닉을 합친 인구가 전체 미국 인구의 절반에 이를 전망이다. 베이비 붐 세대에서는 백인 이외의 인종이 차지하는 비중이 18퍼센트이나 Z세대에서는 해당 비중이 48퍼센트에 달한다(특히 흑인, 라티노, 아시아인이 많다). 백인 민족주의자와 주 정부 청사에서 무기를 휘두르며 코로나바이러스 봉쇄에 시위한 것으로 유명한 프라우드 보이즈Proud Boys 등의 자유 민병대는 자신들을 미국의 낙오자라고 표현하며 InfoWars, American Renaissance, StormFront 같은 웹사이트에서 불만을 품은 세력에 대한 충성을 약속한다. 하지만 이들은 (스스로의 책임으로) 사라져 가는 세력에 불과하다. 신생 네오나치 집단인 더베이스The Base는 아이퍼니iFunny 같은 Z세대 소셜 미디어 플랫폼을 통해 관심을 가진 회원을 모집하려 한다. 이주자를 백인으로 제한하든 연방 정부 대신 아리아인 국가를 세우든 백인 민족주의의 목표는 ISIS가 새로운 글로벌 칼리프국을 세우는 것만큼 비현실적이다.

국가적 정체성에 대한 견고한 합의를 이룬 사회는 더 많은 이주자를 흡수하는 데 공동의 신뢰를 지니고 있다. 반면 국가 정체성에 대해 (더는) 합의를 이루지 못하는 나라는 이주에 대한 논의가 급격히 변하게 마련이다. 청년들은 사회 범죄나 세계적인 일자리 감소를 이주자의 탓으로 돌리지 않는다. 2020년 갤럽이 미국에서 실시한 여론 조사에 따르면 역대 최고 수준인 응답자의 77퍼센트가 이주 확대에 찬성했다. 수십 년 동안의 이주 증가로 청년들이 이전 세대가 기억하는 것보다 민족적 다양성이 훨씬 강한 사회에서 자라났다는 점을 고려하면 당연한 결과이기도 하다. 청년들은 민족성을 단순히 인종 관점에서 바라보지 않는다. 2020년에는 역대 최대 수준인 300명의 흑인, 라틴계, 아시아인, 아랍인, 라틴아메리카인이 의원직에 출마했다.

분열을 초래하는 정체성 정치가 역풍을 맞고 있다는 증거는 역사적으로 '공화당 지지' 주로 분류되었던 콜로라도, 애리조나, 조지아, 플로리다, 심지어 텍사스의 도시에 교육 수준이 높고 다양한 청년들이 증가하면서 이들 주가 '민주당 지지' 성향으로 기울었다는 데서 찾을 수 있다. 텍사스에서 문제는 백인 원주민과 이주자가 어떻게 잘 어울릴지가 아니라 멕시코인과 인도인이 어떻게 어울릴지이며 샌안토니오의 답은 '문제없다'는 것이다. 백인 민족주의야말로 더 큰 문제다. 텍사스는 모든 주를 통틀어 총기 사건이 가장 많이 발생하는 곳이다. 오리건과 워싱턴의 평온한 분위기에 이끌렸던 이주자는 우파 민병대와 안티파 집단(과 더불어 총기를 휴대한 목장주 및 경찰) 간 폭력 대치를 목격하게 되었다. 코로나바이러스에 대한 미국 정부의 미흡한 대처와 조지 플로이드George Floyd 시위로 격화된 사회 갈등은 많은 이주자에게 미국을 선택한 결정을 뒤늦게 후회하게 만들었다.

하지만 전반적으로 라틴계와 아시아 이주자들은 미국인으로 다시 태어나는 것에 열정을 가지고 있다. CATO 연구소CATO Institute의 설문 조사 결과 귀화한 이주자의 4분의 3이 미국인이 된 것을 '매우 자랑스럽게' 여긴다고 응답했다. 미국에서 태어난 인구보다 높은 비율이다. 인도의 이주자들은 애국심이 강한 미국인이 되어 인도의 극우 RSS 힌두 운동에서 인도 이주자들을 변절자라고 간주할 정도다. 또한 결혼 생활을 유지하고 맞벌이 가정이며 대학에 진학할 가능성이 높기 때문에 '미국의 가치'를 강화하는 역할도 한다. '미국인의 정체성'에서 인종 차별을 배척하는 관점에서는 이주가 미국의 본질을 새롭게 하고 있다는 주장을 전적으로 지지해야 한다.

이주가 감소하는 현 추세가 이어진다면 미국의 부유층(도시의 백인과 아시아인)이 나머지 계층과 계속 멀어질 가능성이 높다. 첨단 제조업의 르네상스는 (대부분의 산업 생산을 자동화했으나) 많은 저소득 아프리카계 미국인, 라티노, 백인이 일하던 기초 소매업, 물류업 일자리를 빼앗았다. 대도시에서 아프리카계 미국인의 주변화가 심해지면서 게토(소수자 집단이 밀집해서 거주하는 지구) 바깥에서 성공할 수 없는 흑인 청년들을 (또 다른) 잃어버린 세대로 만들었다. 또한 흑인, 라티노, 아시아 인구가 증가하는 지역에서는 (학업에서 불이익을 경계하여) 백인 가구가 탈출하는 추세도 이어졌다. 이런 이유에서 미국에서는 민족의 다변화와 게토화가 동시에 진행되고 있다.

정치뿐 아닌 삶의 모든 면에서 새로운 중세 시대와 같이 특권층과 권리를 박탈당한 집단이 대치하는 모양새다. 이러한 미국은 규모만 커질 뿐 더 부강해지지는 않는다.

상황이 개선되기 전에 더욱 악화되는 추세가 이어질 수도 있다. 하지만 '개선'된다는 것은 어떠한 모습인가? 전체가 부분의 합보다 크다면 인프라, 기술, 이동성에 대규모로 투자하여 부를 모두를 위한 기회로 탈바꿈시킬 것이다. 여기에는 인구 구조의 변화도 반영될 것이다.

200년이 넘는 기간 동안 이주자는 미국의 각 세대를 더욱 다변화시키고 미국의 정체성을 보다 역동적으로 만들었다. 오늘날 미국에서는 누가 '미국인'이고 누가 아닌지를 쉽게 구분할 수 없다. 외국인이 미국인이 되기에 충분하지 않다고 미리 결정을 내리지 않고 사람들이 미국에 와서 미국인이 될 수 있도록 허용하는 것이 좋다는 사실을 깨달았을 때에는 이미 너무 늦었을지도 모른다. 학자 베네딕트 앤더슨Benedict Anderson의 말을 빌리면 국가는 '상상된 공동체'이며 각 세대는 그 나름의 새로운 공동체를 상상할 권리가 있다.

청년들이여, 북부로!

미국이 이주 정책을 놓고 홍역을 치르는 사이 북부의 광대한 이웃 나라는 거침없는 행보를 이어 갔다. 캐나다는 3,000만 인구에 연간 35만 명에 가까운 이주자를 받아들이며 이주 빅리그에 발을 들여놨다. 비율로 따지면 미국보다 높은 수준이다. 캐나다의 '백 년 계획Century Initiative'은 인구를 1억 명으로 늘리겠다는 목표를 공공연하게 드러낸다. 그렇게 되면 러시아의 인구를 추월할 가능성이 높다. 캐나다는 21세기 이주자를 끌어들이는 자석 역할을 할 수 있을까?

1970년대 캐나다에서는 프랑스어를 구사하는 반半 자치 퀘벡주를 놓고 내부적으로 문화 갈등을 겪었다. 피에르 트뤼도Pierre Trudeau 정부는 캐나다의 정체성이 앵글로―프랑스 이원론이 아닌 토착 이누이트와 숫자가 증가하는 남아시아인 등 모든 소수 민족을 아울러야 한다고 강조했다. 이후 캐나다의 여러 세대는 공식적으로 다문화를 표방하는 나라에서 자라났다. 다문화주의가 곧 캐나다의 정체성이다. 새로 캐나다 국적을 얻은 시민을 위한 의식이 하키 경기장(캐나다에서는 대성당과 유사하다)에서 종종 열린다. 팬들은 새로운 동포를 환영하며 연호한다. 캐나다인들은 현재의 이주자 유입이 대규모로 수행되는 사회 공학이라는 점을 잘 알고 있다. 실험이 성공하려면 국가의 정치와 사회의 지지를 통해 미국과 유럽 정치를 좌우하는 포퓰리즘을 돌파해야만 한다.

캐나다는 이주 정책이 곧 경제 정책이라는 현실을 잘 구현하고 있다. 인구 고령화 시대에 간병인이 필요하며 동부와 해안 지역에 IT부터 수력 발전에 이르는 새로운 산업으로 활기를 불어넣어야 한다. 해빙이 일어나는 변경 지역에서는 보조금을 통해 원기 왕성한 근로자가 일하도록 만들어야 하며, 원유 생산 지역과 농가를 글로벌 시장과 연결하기 위해서는 새로운 송유관과 광대한 화물 철도망 건설이 필요하다. 캐나다인만으로 해내기에는 역부족인 사업이다. 캐나다 현 인구의 5분의 1을 차지하는 이주자는 인구 성장의 대부분(조만간 전체)에 해당하며 특히 남아시아인과 중국인이 대다수를 이룬다. 캐나다가 높은 이주 비율을 이어 간다면 2036년 기준으로 이 나라의 인구에서 절반은 해외에서 태어났거나 최소한 부모 중 한 사람 이상이 이민자인 가정에서 태어날 것이다. 캐나다의 미래는 '백색만큼의 갈색'이 섞인 모습이다.

토론토의 브램턴에서는 이미 갈인종의 숫자가 백인종을 넘어섰다. 하지만 브램턴의 펀자브인들은 자치 구역을 정하는 대신 선거 후보자로 출마하여 공직에서 더 많은 대의권을 요구하고 있다. 하원 의석의 15퍼센트가 이주자 가정 출신이라는 사실은 캐나다가 잡종화된 사회로 나아가는 방향에서 되돌아올 수 없는 지점에 이르렀음을 보여 준다.

캐나다는 인구의 대다수가 백인 이외의 인종인 나라로 변화하는 과정에 미국보다 훨씬 잘 적응하고 있다. 앞으로 이주자가 주도하는 혁신의 물결에서 캐나다가 앞서 나갈 수도 있다. 캐나다는 경제 다변화를 추구하면서 인재 유치에도 힘을 쓰고 있는데 인도인들이 손쉽게 겨냥할 수 있는 타깃인 셈이다. 2016~2019년 사이에는 캐나다로 이주하는 인도인의 숫자가 매년 두 배 이상 증가하여 9만 명에 육박했는데 이는 미국으로 이주한 숫자보다 많은 수치다. 트럼프 미국 대통령이 H1-B 비자 프로그램을 중단시킨 2020년 행정 명령을 비판하는 사람들은 백악관의 조치가 '캐나다의 일자리 창출법'이나 다름없다고 표현했다. 향후 실리콘밸리에서만 인도 출신의 주민 50만 명이 캐나다로 이주할 가능성이 있다. 미국의 국수주의자들은 미국 국경 내에서 이뤄지는 혁신을 다양한 국적의 인재가 이뤄 냈음을 간과해서는 안 된다. 이러한 인재들이 없다면 국경 내에서 일어날 수 있는 성과는 훨씬 적어질 것이다.

점점 많은 미국인이 캐나다 모델에 이끌리고 있다. 아메리칸 드림보다는 '캐네디언 드림'을 이룰 가능성이 훨씬 높기 때문이다. 캐나다는 체계적인 대규모 이주와 동화에 대한 사례 연구 대상일 뿐만 아니라 불평등을 완화하는 정치 실험의 장이기도 하다. 캐나다는 사회적 이동성을 평가할 때 미국보다 훨씬 높은 순위를 차지한다. 미국인의 약 20퍼센트가 빈곤선 아래에 있는 가정에서 태어나는 반면 캐나다에서는 이 비율이 8퍼센트 미만이다. 노숙인에게 주택이 제공되며 배고픈 사람에게 일자리가 주어진다. 반면 미국은 10년 사이에 노숙인이 두 번이나 퇴거 위기를 맞아 빈곤이 더 심각한 상황으로 변하고 있다.

지난 두 세기 동안 미국인과 캐나다인은 대양을 잇는 국경을 마주하고 비교적 원만한 관계를 유지했다. 백 년 전 농장이 대규모로 확대되면서 75만 명의 미국인이 캐나다의 앨버타, 매니토바, 서스캐처원의 대초원 지대로 이주했다. 현재 200만 명의 미국인이 국경 이북에 거주하며 그 숫자는 계속 증가하는 추세다. 2016년 이후에는 트럼프 대통령이 선출되면서 북부로 이주하는 움직임이 더욱 거세졌다. 2020년 코로나바이러스 유행이 정점에 이르렀을 때 미국인들은 캐나다의 부동산 웹사이트로 몰려가 보지도 않고 부동산을 매입했다. 캐나다에서 미국인들이 유입되지 못하도록 국경에 장벽을 세워야 할 것이라는 농담이 나올 정도였다. 게다가 2020년 캐나다는 지혜롭게도 무기를 금지하여 미국의 가장 끔찍한 현상을 차단했다.

미국인과 더불어 유럽인의 숫자도 증가할 수 있다. 미국처럼 캐나다에도 동유럽의 디아스포라가 대규모로 거주하고 있다. 실업률이 높은 동유럽에서 인구 이탈이 계속되고 있어 많은 실업자가 대서양을 건너 미리 이주한 친척과 합류할 수 있다. 정부를 이루는 의회 구성과 복지 체계 측면에서 캐나다는 미국이나 영국보다는 유럽 대륙에 가깝다. 금융 위기 이후 캐나다가 미국과 영국의 맹렬한 포퓰리즘 국수주의가 아닌 네덜란드, 프랑스, 독일과 같은 중도의 길을 걸어온 이유를 알 수 있는 대목이다.

청년들이 캐나다를 선호하는 또 다른 이유가 있다. 새로 창출되는 일자리의 대부분이 임시직이 아닌 정규직이라는 점이다. 실제로 캐나다 이주가 급증한 시기는 유가가 폭락한 시기와 맞물리는데, 캐나다가 제조업과 서비스업에 집중된 경제를 다변화하려는 시도를 하고 있음을 보여 준다. 인구 증가에 대처하고 이주에 반대하는 반발을 막기 위해 캐나다는 더 많은 주거 단지, 학교, 병원을 건축해야 한다. 대다수의 캐나다 이주자들은 토론토, 몬트리올, 밴쿠버와 같은 미 국경 인근의 대도시에 거주한다. 지금은 밴쿠버가 세계에서 가장 '핫'한 부동산 시장에 속하지만 해수면 상승과 삼림 화재가 온화한 기후와 부동산 가격을 위협하고 있다.

따라서 캐나다의 오랜 토박이와 신규 이주자가 북쪽을 향해 흩어질 가능성이 높다. 캐나다 내륙의 온타리오와 매니토바주의 처칠 같은 도시는 기후 온난화가 진행되고 허드슨 베이가 북극의 입구 역할을 하면서 점점 각광받을 것이다. 대다수의 캐나다인은 유콘, 노스웨스트 준주, 누나부트 같은 북부 지방에 대해 잘 알지 못하며 이곳을 광활한 공터쯤으로 여긴다. 하지만 이 지역에는 에너지와 광물이 풍부하게 매장되어 있으며 광대한 보레알 삼림(러시아의 타이가)에 침엽수와 가문비 나무가 빽빽하다. 앞으로 캐나다인들은 이 지역에 대해 훨씬 많은 정보를 접하게 될 것이다. 캐나다의 기후가 따뜻해지면서 농산물 생산도 크게 증가할 것이다. 유기농 재배와 수백 만 헥타르의 토지에 윤작을 시행하면서 밀, 콩, 수수, 아마, 귀리 생산이 최대치에 달할 전망이다. 단백질이 풍부한 대두의 생산이 이미 캐나다 전역에서 크게 증가했다. 플래시 포레스트Flash Forest에서 제작하는 드론 한 대로 매달 10만 그루의 나무를 심을 수 있어 2030년까지 나무 수십억 그루를 심을 것으로 추정된다. 캐나다의 에너지, 농업, 기술 분야는 인구와 더불어 상승세를 타고 있다.

하지만 캐나다도 기후 위험에서 자유롭지 못하다. 대서양 연안의 뉴펀들랜드주에서는 해수면이 상승하고 있고 산불이 빈번하게 일어나고 있으며 미국이 (2008년 협약을 어기고) 오대호의 물을 전용할 경우 캐나다는 북부와 로키 산맥 빙하에서 담수를 끌어와야 한다. 현재 농업 분야에서 붐이 일고 있고 전망이 밝지만 넘어야 할 장애물도 있다. 기온이 전 세계 평균보다 두 배 빠른 수준으로 상승하고 있기 때문이다. 오늘날의 농지가 내일은 흙먼지로 사라질 수 있으며 새로운 농업 벨트가 안정적으로 운영되는 기간이 단기에 그칠 수도 있다.

이런 이유에서 일각에서는 캐나다가 '제로 성장'의 길을 선택해야 한다고 주장한다. 인구를 적은 수준으로 유지하고 배출량을 안정적으로 관리하며 국내의 사회 문제에 집중하라는 것이다. 그러면 성장률이 한동안 감소하겠지만 궁극적으로는 안정화될 것이고 기존 인구의 생활 수준은 인구의 이주가 아닌 기술 발전으로 향상될 것이다.

물론 캐나다가 오일 샌드에서 원유를 추출하는 유해한 방식에 녹색 기술을 도입하여 탄소 발자국을 줄여 나갈 수도 있다. 과거처럼 이주가 적은 따분한 사회로 회귀하지 않고도 이뤄 내거나, 아니면 세계에 필요한 활발한 이주 사회의 길을 포기함으로써 이룰 것이다.

대이동의 시대

인류, 새로운 생존의 지도를 쓰다

5장

유럽 연방

유럽의 방식

때로는 새로운 국기에 익숙해지기까지 시간이 걸린다. 12개의 별이 수놓아진 유럽기가 채택된 것은 1980년대였으나 유럽 연합에서 건물 앞에 내건 것은 1992년 마스트리히트 조약이 체결된 이후다.

오늘날 EU의 인구는 미국의 두 배 정도이며 십 대와 청년의 숫자도 두 배가량(1억 8,000만 명)많다. 미국은 유럽의 지정학적 취약성을 무시하고 유럽에서는 미국의 무신경한 불평등을 조롱하는 등 미국과 유럽은 근본적으로 서로 다른 모양새다. 하지만 상대방을 면밀하게 관찰하고 있기에 아이디어가 다른 지역으로 전파되곤 한다. 알렉산드라 오카시오코르테스Alexandra Ocasio-Cortez가 '민주사회주의democratic socialism'를 주장하는 것은 이미 유럽인이 지난 수십 년 동안 누려 온 사회 민주 복지 국가를 포장한 것에 지나지 않는다. 마찬가지로, '월가를 점령하라Occupy Wall Street'와 '흑인의 목숨도 중요하다Black Lives Matter'는 시위에서부터 구글에 이르기까지 유럽인들은 미국의 무한한 사회 에너지와 기업가 정신에 영감을 얻는다.

하지만 유럽은 청년들이 선호하는 사항을 반영하는 측면에 있어서는 미국보다 유리한 상황이다. 가장 단적인 예로, 미국에서 하원의원이 될 수 있는 최소 연령이 25세, 상원이 30세, 대통령이 35세인 반면 유럽에는 그러한 제한이 없다. 미국에서 생각할 수 있는 것보다 훨씬 나이가 어린 청년들이 시장, 의원, 심지어 총리에 오른다. 또한 유럽은 다당제 정치 체제를 갖추고 있어 미국의 경직된 양당제와 대조를 이룬다. 양당제라는 복점 형태에서는 교착 상태를 피하기 위해 연합체 내부의 타협이 중요하다. 이는 곧 미국에서는 청년 정치인이 당의 원칙을 따를 수밖에 없다는 점을 의미한다. 유럽에서는 북유럽과 동유럽에서 성공을 거둔 해적당과 같은 신생 정당이 탄생할 수 있다. 이 모든 요인은 최근 프랑스와 유럽 전역에서 녹색당이 대두한 이유를 설명해 준다. 독일의 여러 주와 오스트리아에서는 보수와 친환경주의자의 연합인 '블랙—그린'이 형성되어 극단주의로 보이는 집단이 은퇴 연령 상향, 보다 유연한 근로자 보험 지지, 청정에너지 장려와 같은 사안에 협력한다.

정치적 차이는 서로 다른 철학 기반에서 비롯되며 일반 대중에게 미치는 영향도 다르다. 미국의 권리 장전과 헌법은 정부와 주의 권한에서 개인을 어떻게 보호하는지 열거한다. 유럽의 헌법은 국민이 의견을 말하고 복지를 누릴 권리를 설명하고 권력의 남용으로부터 보호받음을 기술한다. 유럽 국가는 GDP 대비 평균 30퍼센트 정도를 사회 복지에 지출하는데 미국의 15퍼센트보다 훨씬 높은 수치다. 덕분에 유럽인은 무상 교육과 의료 서비스를 누리며 은행에서 고객을 속이거나 IT 기업이 데이터를 탈취하거나 에너지 기업이 토양과 수자원을 오염시킬 수 없다. 코로나19 이동 제한 기간 동안 유럽 정부는 실직자들이 미국에서처럼 우편으로 얼마 안 되는 수표를 받도록 기다리는 일 없이 임금의 상당 부분을 받을 수 있도록 보장했다. 많은 기업이 독일인들이 '쿠어츠아르바이트(Kurzarbeit, 조업 단축)'라고 부르는 상태로 전환했다. 누군가의 해고를 방지하기 위해 모든 근로자가 근무 시간을 줄이는 방식이다. 유럽인들은 '경쟁력' 강화라는 미명을 얻기 위해 진보적인 규제를 포기하는 일은 하지 않을 것이다. 미국인에게 유럽에서 제공하는 보편적 의료 보험 제도, 기본 소득, 대학 등록금 보조, 저축 계좌와 같은 사회적 필수 불가결한 제도는 유토피아처럼 보인다. 또한 유럽은 교육 수준, 저렴한 주택, 대중교통 측면에서도 미국보다 훨씬 살기 좋은데 이는 모두 사회 이동성을 높이는 데 중요한 요소다.● 세계평화지수Global Peace Index에 따르면 세계에서 가장 안전한 25개국 가운데 거의 대부분이 유럽 국가다(그 밖에 일본, 뉴질랜드, 싱가포르, 부탄 등이 있다).

유럽인들은 긱 이코노미에서 일하는 것이 익숙하지 않다. 긱 이코노미 때문에 미국 근로자처럼 유럽 근로자도 저축이 없거나 3개월 치 생활비도 확보하지 못한 상태다. 하지만 미국에서와 달리 유럽인들은 빚더미에 올라앉게 만드는 신용카드를 가지고 있지 않다. 직불카드와 레볼루트Revolut 또는 클라르나Klarna 같은 모바일 뱅킹 서비스를 사용하여 소득을 쪼개 쓰고 지불을 연기하는 방식으로 검소하게 생활한다. 또한 많은 유럽인이 부모와 같은 집에서 계속 살기 때문에 기본적인 생활 안정성이 더 높다. 유럽의 밀레니얼 세대는 문명을 누리지만 권태감으로 가득한 삶을 사는 것이다.

● 1980년대 이후 미국인의 하위 50퍼센트에서 소득은 3퍼센트 증가하는 데 그쳤으나 유럽에서는 하위 50퍼센트의 소득이 40퍼센트 증가했다. 2019년 조지타운대학교에서 발표한 연구에 따르면 미국에서 성공하려면 머리가 좋은 것보다 부자로 태어나는 것이 훨씬 유리하다. 이와 관련해서는 다음을 참고. Abigail Hess, "Georgetown study: 'To succeed in America, it's better to be born rich than smart'," CNBC, May 29, 2019.

유럽인들은 무상 등록금, 안정적인 고용, 보편적인 혜택에 익숙하기 때문에 혜택을 줄이려는 시도가 있으면 노조와 학생들이 집단으로 시위를 벌인다. 하지만 유럽은 평생에 걸친 사회 안정성을 실험하는 진정한 장이기도 하다. 가령 핀란드에서는 절세가 되지 않는 평생 계좌 제도를, 네덜란드에서는 국가가 관리하지만 고용주가 자금을 제공하는 통산연금(portable pension, 직장 이전과 관계없이 받을 수 있는 연금)을 운영하고 있다. 유럽 국가들은 개별 근로자의 임금에 대해 충격 흡수 장치를 갖추고 있을 뿐만 아니라 대기업보다 중소기업에 많은 지원을 한다. 유럽인들은 소득의 평균 40~60퍼센트를 세금으로 납부하지만 와튼에서 조사한 기업하기 좋은 나라 순위를 살펴보면 유럽이 상위권을 독차지하고 있다.

유럽에는 혁신적인 IT 대기업이 없지만 공익을 위해 혁신적인 기술을 적용하고 있다. 예를 들어 성능이 뛰어난 오픈소스 운영 체제인 리눅스는 핀란드에서 개발되었다. 기업이나 국가가 데이터를 관리하는 미국이나 중국과 달리 유럽은 개인 정보 보호에서 가장 진보적이며, 이로 인해 시민에 친화적인 데이터 시장이 번성하게 되었다. 코워킹(coworking, 사무실이나 작업장을 공유하면서도 독립적으로 활동하는 방식)도 위워크WeWork보다 오래되었다. 벨기에의 코워킹 선도 기업인 IWG(이전의 리저스)는 1989년 설립되었으며 금융과 관련된 교묘한 전략이 없이도 위워크보다 훨씬 빠르게 확산되고 있다. 유럽의 코로나19 이후 회복 계획에는 미국과 중국으로부터 유럽의 자율성을 지키기 위해 청정에너지, IT, 기타 유럽 기업에 수십억 달러를 투자하는 방안이 포함되어 있다.

절대 미국의 반대편에 서지 말라는 말이 있지만 사람들의 인내심은 사라져 가고 있다. 지난 십 년 동안 유럽으로 이주한 미국인들은 분명히 그런 심정이었을 것이다. 이들은 과도하게 창의적인 파괴성과 분노의 정치가 들끓는 미국 대신 합리적인 제약으로 자본주의와 자유에 규제를 가하는 장소를 선택했다. 많은 미국인이 더는 미국이 유럽 스타일의 복지 제도를 도입하기를 기다리지 않는다. 그저 유럽으로 건너가 이미 갖춰진 복지 제도를 누리면 될 일이다. 점점 많은 미국 학생이 수십만 달러 규모의 부채에 허덕이느니 고등학교를 졸업한 이후 유럽으로 건너가 영어 프로그램으로 학부 학위를 받는 방안을 선택하고 있다. 유럽에서는 교사의 임금 수준이 미국보다 높기 때문에 갈수록 많은 영어 교사가 대서양을 건너는 방안에 이끌리고 있다.

유럽으로 이주하는 미국인의 숫자는 해마다 증가하여 현재 100만 명을 넘어섰다. 영국은 대다수의 미국인이 향하는 나라이지만 독일과 프랑스의 인기도 높아지고 있다.● 많은 웹사이트와 블로그에서는 비행기 편도 티켓을 구입하여 아일랜드, 네덜란드, 이탈리아, 그 밖의 대여섯 나라로 이주한 미국인들의 자축하는 스토리가 넘

● 유럽에 약 80만 명의 미국인이 살고 있는데 영국에 21만 6,000명, 독일에 12만 7,000명, 프랑스, 이탈리아, 스페인에 각각 5만 명가량, 동유럽에 5만 명이 거주하고 있다. United Nations, "International Migrant Stock by Origin and Destination," Department of Economic and Social Affairs, Population Division, 2019.

쳐난다. 이들은 유럽의 공공 안전, 저렴한 의료 서비스, 소비자 친화적인 규제, 가족에 우호적인 고용 정책을 극찬하며 어떻게 자신들처럼 유럽으로 이주할 수 있는지 단계별로 안내하기까지 한다. 19세기에는 유럽의 이주자들이 미국의 산업과 사회에 대규모 인적 자원을 공급했다. 21세기에는 미국이 유럽에 그런 역할을 할 수 있을까?

아시아계 유럽인의 증가

지난 30년 동안 서유럽 국가들은 옛 소련(특히 러시아)을 탈출하는 최고의 인재를 유치하기 위해 경쟁을 벌였고 독일, 영국(과 더불어 미국과 이스라엘)이 분명한 승자였다. 하지만 아시아인의 경우에는 미국이 한국, 일본, 중국, 인도의 인재가 가장 많이 향하는 나라다. 아시아계 미국인의 숫자는 '아시아계 유럽인'의 두 배 이상이다. 격차가 크다 보니 사실 아시아계 유럽인이라는 표현은 실재하지 않으나, 앞으로는 아시아계 유럽인의 인구가 급증하면서 그 자체로 하나의 범주를 이룰 뿐만 아니라 숫자 면에서도 아시아계 미국인을 압도할 것이다.

　동유럽 사람들이 집단으로 서유럽으로 이주하면서 이들의 고국은 서쪽으로 이주를 꿈꾸는 더 동쪽에 위치한 나라의 또 다른 이주자들로 채워지고 있다. 동유럽은 인구 밀도가 낮아 코로나19 감염 가능성과 사망률이 서유럽보다 낮다. 이와 함께 가뭄 때문에 폴란드인과 루마니아인은 곡물 수출을 포기할 수밖에 없었다. 이 지역에서 폴란드, 루마니아를 비롯한 다른 나라는 동부와 서부의 곡창 지대 역할을 계속 수행하기 위해 훨씬 많은 수력 공학 프로젝트에 새로 투자해야 할 것이다. 하지만 서쪽에서 유입되는 투자가 주춤하는 가운데 더 많은 투자가 동부에서 유입될 전망이며 농민과 이주자의 숫자 역시 마찬가지로 늘어날 것이다.

이와 관련해서 루마니아는 테스트 케이스가 되고 있다. 루마니아는 임금 수준이 인도의 IT 산업 수준으로 낮으면서 비용이 저렴한 기술 허브를 자처하고 있다. 실제로 클루지는 루마니아판 벵갈루루로 거듭나기 위한 방법을 전수받기 위해 인도의 소프트웨어 기업 인원과 엔지니어를 초청했다. 여전히 숙련된 노동자와 비숙련 노동자가 100만 명가량 부족하기 때문에 인도, 파키스탄, 스리랑카, 베트남에서 건설, 의료, 기술, 농업 분야에서 종사할 많은 인력을 유치할 계획이다. 그중에 아시아로 다시 돌아가는 인구가 얼마나 될까?

체코 공화국은 이미 유럽에서 가장 주목받는 인구 재배치 목적지 중 하나로, 국가 전체 노동 인구 가운데 10퍼센트가 외국인이다. 새로 유입되는 인구의 대부분이 러시아, 우크라이나, 미국 출신이며 매력적인 해외 유학 허브로서 프라하의 위상을 굳건히 하고 있다. 이미 체코 전체 학생의 4분의 1이 외국인이다. 체코의 교육 체계는 주로 영어로 진행되며 전 세계에서 그 어느 때보다 많은 학생이 경치 좋은 곳에서 저렴하게 학위를 받기 위해 몰려들 전망이다.

게다가 다른 유럽 사회와 마찬가지로 체코의 출생률은 매우 낮은 수준이다. 정부가 시험관 시술을 세 번까지 지원하지만 체코의 출생률에 미치는 영향은 미미한 수준이다. 다만 비용에 민감하고 부모가 되기를 원하는 부부를 만족시키기 위한 IVF (시험관 시술) 산업이 번성하고 있다.

학생과 젊은 부부의 유입은 유럽의 배타적인 소국들이 개방성 속에서 안전을 누리게 하면서도 노동력 부족을 해소하는 데 보탬이 되고 있다. 아울러 외국인에게는 자국보다 훨씬 안정성이 높은 사회에 정착할 수 있는 발판을 제공한다.

유럽의 출생률이 낮다는 점을 고려할 때 유럽 국가들이 세계에서 (여권 신장과 아동 영양과 같은 다양한 측면에서) 아동을 양육하기 가장 좋은 환경을 자랑한다는 사실은 아이러니하다. 유휴 주택 공급이 풍부하고 인프라가 잘 갖춰져 있기 때문에 유럽에서 제공하는 혜택을 미래 세대가 즐기지 못한다면 아쉬운 일이다. 사실 유럽 국가는 관대한 복지 국가를 (스스로를 위해서라도) 유지하기 위해서 새로운 납세자를 유치하여 세금을 거두는 수밖에 없다.

이 가운데 폴란드만 인구를 안정화시키는 데 성공했는데 이웃 우크라이나에서 20만 명에 달하는 인구를 유치한 덕분이었다. 인재가 유출되는 상황을 반전하기 위해 폴란드에서는 청년 근로자에게 소득세를 부과하지 않기로 했다. 폴란드와 크로아티아는 이러닝 e-learning 분야에서 유망한 스타트업의 근거지가 되었다. 중국은 일대일로 구상으로 여러 동유럽 국가에 최대 투자자 역할을 하고 있으며 이들이 아시아 상업 인구에 문을 열도록 유도하고 있다.

동유럽에서는 해외 인재를 물리치는 것이 아니라 유치하기 위한 경쟁이 벌어지고 있다. 하지만 러시아 청년조차 유럽에서 더 자유로운 삶을 누리려는 방법을 찾으려는 상황에서 유럽의 인구를 재편할 만한 슬라브족 청년이 동쪽에든 서쪽에든 충분하지 않은 상황이다. 하지만 그보다 더 동쪽에는 아시아계 유럽인이 되기를 열망하는 고도로 숙련되거나 반숙련된 아시아인이 수억 명 대기하고 있다.

남유럽 팝니다

1968년 1월 이탈리아의 보물인 시칠리아 섬에 지진이 강타하면서 200명 이상이 사망하고 10만 명 이상이 집을 잃었다. 포지오레알레 같은 도시는 심각한 피해를 입어 이탈리아 정부에서 도시를 아예 새롭게 설계하기 위해 유명한 건축가들을 파견했다. 인근 살레미의 시장은 또 다른 아이디어를 내놨다. 도시에 와서 재건할 시민을 유치하기 위해 사실상 주택을 제공하는 방안을 내놓은 것이다. 40년 뒤인 2008년 후임 시장은 버려진 주택을 단 1유로에 판매하는 계획을 발표했다.

처음에는 일부 지역에서 시도된 아이디어가 어느덧 마을, 도시, 중간 규모의 도시를 가리지 않고 서로 새로운 주민을 유치하기 위해 각축전을 벌이는 유행으로 번졌다. 지도에서 사라지는 위험을 피하기 위한 노력이다. 일부 지역은 세금 혜택을 제안하며 기업을 설립하는 사람에게 2만 5,000유로를 지원하기도 했다. 처음에는 유사한 조치를 자국민을 대상으로 시행했으나 별다른 성과가 없었다. 남부 이탈리아는 비어 가는 주를 새로운 터전으로 삼을 외국인을 설득하지 않는 한 인구 거주 지역으로 남을 수 없을 것이다. 칼라브리아와 아브루치주에서는 여러 도시가 코로나19로 인한 피해를 입지 않았다. 그래서 그중 한 마을인 친퀘프론디에서는 '미의 작전Operation Beauty'과 같은 캠페인을 펼쳐 한적한 곳에서 안전을 누리려는 다양한 유럽인을 불러 모으는 기회로 삼았다. 개인과 부부만 이주하는 것이 아니라 나중에는 친척과 지인도 데려오기를 바랐다. 이탈리아의 버려진 마을에서 사회생활을 완전히 새롭게 시작할 수 있는 것이다.

스페인의 카탈루냐처럼 인구가 많고 부유한 지역조차 이러한 캠페인에서 아이디어를 얻어 이탈리아의 계획을 자체 버전의 캠페인으로 진행했다. 28만 유로면 14채의 가옥이 있는 80만 제곱미터의 마을 전체를 매입하여 마을 대표가 될 수 있다. 결과적으로는 그 장소의 소유자가 되는 것이다. 바르셀로나는 1994년 하계 올림픽을 개최한 이후 르네상스를 맞았다. 여기에 세계사를 장식하는 역사가 조합되면서 바르셀로나는 스페인 최대의 국제도시로 발돋움했다. 하지만 최근에는 부동산 시장의 과도한 규제 때문에 건축비가 지나치게 많이 드는 반면 임차권은 지나치게 관대하여 스페인 개발업자들이 달아나 버렸다. 그 결과 아름다운 항구가 위치한 바르셀로네타 구역 같은 주요 지역조차 고령의(혹은 사망한) 소유자들이 낡은 건물을 그대로 유지하면서 쇠퇴하고 있다. 청년 근로자와 실력 있는 기업가를 위한 저렴하고 지속 가능한 주택을 짓는 것이 낫지 않을까?

스페인에서 노동력 부족 문제를 해소하기 위해 성실한 이주자를 유치해야 하는 상황이 온 것이 처음은 아니다. 1990년대와 2000년대에 많은 파키스탄 청년이 임시 허가를 받아 스페인에 입국했다. 이들은 바르셀로나의 해안 기후에 이끌려 그곳에 정착해 가정을 꾸렸으며 스페인어와 카탈루냐어를 배웠다. 지금은 근면하게 전자 제품 매장과 약국을 운영하며 서민으로서 안정적인 삶을 살고 있다. 최근 이곳을 일주일 동안 방문했을 때 내가 만난 택시 기사 중에 파키스탄 출신이 아닌 사람은 한 사람에 불과했다. 바르셀로나의 라발 지역(유명한 람블라 거리 인근에 위치)은 고딕 양식을 한 라호르(파키스탄 북동부 편자브주의 주도)가 되었다.

스페인은 다음 세대를 끌어모으려는 계획을 산발적으로 이어 가고 있다. 스페인에는 250만 명의 라티노가 거주하고 있지만 더 많은 멕시코인이나 콜롬비아인을 유치할 수 있을 것이다. 독일과 이탈리아처럼 스페인에 배경이 있는 사람들이 시민권을 보다 손쉽게 받을 수 있도록 생득권 정책이 개정되었다. 스페인에 10년 동안 거주하면 시민권이 부여되며 2015년에는 15세기에 스페인에서 쫓겨났던 세파르디 유대인에게 문화와 역사적 연대감을 근거로 들어 시민권을 부여하는 법안이 통과되었다.

포르투갈은 장기적인 안정성을 추구하는 유럽과 기타 지역 사람들에게 인기 있는 목적지가 되기에 충분하다. 북부의 포르투와 남부의 알가르브에는 담수가 풍부해 이곳은 기후 변화의 영향을 상대적으로 덜 받을 전망이다. 사회주의에 경도된 포르투갈 정부는 위기 이후 경제 불황을 극복하여 철도와 지하철에 대한 공공 투자를 늘리고 임금을 인상했다. 또한 200만 명 이상의 재외 포르투갈인을 다시 돌아오게 하는 방안을 추진하고 있다. 2000년대에 포르투갈의 빈민들은 옛 식민지이자 번성하던 브라질로 일자리를 찾아 떠났는데 지금은 역전 현상이 벌어지고 있다. 팬데믹 봉쇄 기간 중 포르투갈은 이미 포르투갈에 입국해 있던 이주자와 망명 신청자에게 코로나 감염 테스트를 받을 수 있는 모든 권리를 부여했다. 다른 나라는 진보적인 사회주의를 표방하는 포르투갈에서 배울 수 있을 것이다.

유럽은 이주자를 동화시키거나 인구 절벽으로 떨어지는 갈림길에 서 있다. 미국처럼 유럽에도 인프라를 보수하고 쓰레기를 수거하며 노년층을 돌보고 다른 외국인들의 통합을 돕는 등 여러 기능을 수행할 비숙련 노동자가 필요하다. 유럽은 폴란드인 배관공, 루마니아인 농민, 아프리카인 환경미화원에 기대고 있다. 영국은 실업률이 상승하는 상황에서 작물을 재배할 인력 7만 명이 부족했는데 코로나19 이동 제한 기간 중 농사일을 도와달라는 정부의 요청에 응한 영국인은 100명에 불과했다.

노동력 부족을 메울 수 있는 다양한 이주자를 받아들이지 않는 사회는 빈곤에 처하게 된다.

그리스, 이탈리아, 스페인 같은 남부의 EU 회원국조차 농민, 식당

직원, 거리 청소원이 부족한 실정이다. 망명을 신청하는 시리아인들이 탄 선박에 기관총을 발사하는 대신 그 인력을 최대한 활용할 방법을 찾아야만 한다. 아프가니스탄과 나이지리아에서 오는 난민들이 아테네의 빈 건물을 무단 점거했는데 이들이 일자리를 찾아 나서자 그리스 정부가 이들을 터전에서 쫓아내 천막촌으로 모았다. 거기서 난민들은 가만히 앉아 아무 일도 하지 않고 있다. 정부는 이러한 이주자를 지역의 수요, 고용 수준, 주택 수용 여력을 고려하여 다른 지방과 도시로 보내야 한다. 이주의 이점을 확산시키면서도 빈민가가 무기력한 상태에 빠지는 경우를 막을 수 있는 방법이다.

스페인에서 이탈리아, 불가리아에 이르기까지 남유럽은 불법 거주자들의 천국이며 버려진 도시와 마을을 먼저 찾는 사람이 임자인 세상이다. 비옥하고 광활한 토지와 수리 가능한 주택은 수천만 이주자가 와서 차지하기를 기다리고 있다. 이주자들이 안정적인 새 삶을 살게 되면 휘청이는 경제를 부양하는 효과가 있을 것이다. 궁극적으로는 토지가 감상적인 묘지 대신 더 가치 있는 용도로 활용될 수 있다. 이집트의 억만장자 나기브 사위리스Naquib Sawiris는 이탈리아와 그리스에 인구가 없는 섬을 아랍 난민을 위한 용도로 만드는 방안을 제시하며 1억 달러를 제공했다. 사람이 없는 섬에 대한 통치권이 공익보다 중요한가?

동화 비상 사태

지난 10년 동안 시리아, 리비아 등을 탈출한 100만 명 이상의 아랍인과 콩고, 에리트레아, 소말리아, 수단 등의 아프리카인 100만 명이 튀르키예를 경유하거나 지중해를 건너 유럽으로 향했다. 유럽은 슬라브와 발칸 민족은 환대했지만 아랍인, 아프리카인, 무슬림을 흡수하는 데는 많은 어려움을 겪었다. 사실 유럽 내부 국경을 서로 개방하는 협정은 지중해 경로를 폐쇄해야 하는 것이 요지다.

그렇지 않아도 이미 유럽은 수백만 이주자와 씨름을 벌이고 있다. 아랍계 청년들은 도시 중심부를 어슬렁거리며, 아프리카인들은 분주하게 다니면서 어떤 도시가 점점 관대해지고 어떤 도시에서 압박이 심해지는지를 정보망을 통해 공유한다.

마약 밀매, 절도 같은 범죄가 급격히 증가했다. 바르셀로나는 도시 디자인과 데이터 센서를 교통 편의를 높이는 데 활용하여 '스마트 도시'라는 명성을 얻었으나 이미 많은 여행 웹사이트에서 '세계의 소매치기 수도'라고 경고하고 있기도 하다. 지금까지 스페인 당국은 뉴욕과 베이징처럼 도처에 감시 카메라를 설치하여 권리를 침해하는 '스마트함'을 적용하기를 거부해 왔다. 하지만 바르셀로나의 강렬한 매력에 수반되는 부정적인 측면 때문에 법질서를 유지하기 위해 정부가 강력하게 대응해야 할 필요성이 생길 수도 있다.

영국은 이미 감시 사회와 같이 되었음에도 범죄가 계속 증가해 왔다. 2018년에만 칼을 사용한 공격이 4만 건 발생했으며 대부분

흑인 청년이나 무슬림 남성이 가해자였다. 산acid 테러 역시 증가 추세이며 주요 가해자와 피해자는 백인, 아프리카계 카리브인, 파키스탄인이다.

많은 이주자가 불법이 자행되는 국가 출신이라는 사실이 그들에게 편협한 경향이 내재되어 있다거나, 정착한 뒤에 그러한 성향을 받아들인다는 것을 의미하지는 않는다.

영국에서는 파키스탄계와 아랍계의 이전 세대가 그들만의 계약 결혼으로 이뤄진 평행 사회를 구축하고 사실상 서구화된 자녀들에게 그러한 규칙을 강제했다. 교외의 영역 다툼을 비롯하여 소위 '그루밍 갱(grooming gang, 성매매 조직 폭력단)' 사이에서 벌어지는 미성년자 매춘에 이르기까지 영국에서 파키스탄계 무슬림 사회에는 자신들이 인권과 법치에 자긍심을 갖고 있는 나라에 살고 있다는 사실을 모르는 듯한 구성원들이 많다. 런던 동부의 자치구에는 십자군에 맞서는 무슬림Muslims Against the Crusades 소속의 파키스탄계 급진주의자들이 샤리아(Shariah, 이슬람의 법체계)에 의한 자치를 강제하면서 음주, 도박, 음악을 금지하고 간음을 돌로 쳐 죽여 처벌하며 절도범의 손을 절단하는 등 사실상 런던 동부 자치구를 자체적인 이슬람 통치 지역emirate으로 기능하려 한다. 이 모든 요인은 2005년 7월 7일 런던에서 52명의 목숨을 앗아간 폭탄 테러의 범죄자 네 명 중세 명이 영국에서 태어났으나 급진 성향의 모스크에 소속되어 있던 파키스탄계인 이유를 설명해 준다.

이주자가 어디에서 왔든 동화시키는 과제는 세대를 아우르며, 안타깝게도 이미 해결했어야 할 이전 세대의 문제를 뒤늦게 해결하려는 경우가 많다. 미국의 라티노와 마찬가지로 유럽의 아랍인과 아프리카인 이주자들은 예상보다 오랜 기간 머물렀으며 토착민보다 출생률이 높다. 무슬림 인구가 많은 브뤼셀, 버밍햄, 안트베르펜, 암스테르담, 마르세이유, 말뫼 같은 도시에는 이주자로만 구성된 지역이 있다. 이슬람 혐오 테러가 증가하여 이주에 반대하는 집단이 모스크, 시샤(물 담배) 바를 비롯해 무슬림이 모이는 장소를 방화한다.

한편 이주 집단 내부에서도 갈등이 있다. 2019년 인파가 붐비는 런던에서 촬영되어 널리 퍼진 동영상에는 이층버스에서 히잡을 쓴 한 소말리아 여성이 인도 남성에게 고함을 치며 냄새가 난다고 비난하고 집으로 돌아가라고 외치는 장면이 담겨 있다. 두 사람 모두 영국 시민일 가능성이 있다. 국적이 같다고 해서 서로 예의를 갖추는 것은 아니다.

유럽에 시리아, 튀르키예, 인도, 파키스탄, 중국, 베트남 이주자들이 정착하면서 과거에 경쟁하던 나라에 대한 감정까지 버리는 것은 아니다. 그 반대로 상대에 대한 적대감이 유럽 도시에서 내부 분쟁으로 번지고 있다. 1990년 쿠르드인과 튀르키예인이 서로의 상점과 주유소를 폭격하는 사건이 일어났다. 오늘날 쿠르드인은 튀르키예가 시리아를 급습한 것에 반대하는 가두시위를 벌인다. 유럽의 튀르키예인들은 튀르키예 에르도안 대통령에 대한 의견으로 불화를 겪고 있고, 튀르키예계 축구 선수는 유럽인들이 에르도안의 독재를 맹비난하는 상황에서 에르도안에 경의를 표시하여 공개적으로 비판을 받았다. 조용한 지역이었던 아크로폴리스의 그늘 지대에서 전통 의복을 입은 파키스탄 남성들이 확성기를 통해 알라를 찬양하고 카슈미르 지방에 대한 인도의 조치를 우르두어(파키스탄 공용어)로 맹비난하는 모습은 더는 낯선 장면이 아니다. 아테네에서 우르두어를 알아듣는 사람은 아무도 없다.

　유럽 도시의 거리에서 펼쳐지는 문명 충돌로 보이는 장면에 대해 누구를 탓해야 할까? 잘못은 이주한 사회에 적응하지 못한 부모들뿐 아니라 맹목적 애국주의로 이주를 배척하면서 이전 식민지, 솔직히 말하면 다른 모든 나라에서 온 사람들을 동등하게 받아들이지 않은 사람에게 있다. 어떤 경우든 수백만 이주민의 동화를 돕는 해결책은 법 집행 당국이 보호 대상인 문화의 미묘한 차이를 이해하는 민족 배경을 가진 남성과 여성을 더 많이 채용하는 것이다. 때늦었지만 효과가 분명한 또 다른 조치로는 대대적인 언어 훈련 프로그램을 지원하여 이주자들이 자급자족하고 고용될 수 있도록 준비시키는 것이 있다.

　유럽은 이주 문제가 아닌 동화의 문제를 겪고 있다. 이 문제는 현명한 사회 경제 정책으로 해결할 수 있다. 인구 감소와 동화 문제 가운데 후자를 선택해야만 한다. 이주는 계속될 것이며, 문화적 동화가 성공할 것인지가 관건일 뿐이다.

새로운 독일인

2015~2016년 독일은 100만 명이 넘는 아랍계 망명 신청자들을 받아들였다. 독일이 발휘한 놀라운 이민자 수용 방식Willkommenskultur에 전 세계가 찬사를 보냈다. 익히 알려진 수송 능력을 발휘하여 이주자들을 전국의 도시와 마을에 배분하고 받아들였다. 냉전 시대의 베를린 템펠호프 공항이 임시 보호 시설 역할을 했다. 하지만 스포트라이트가 사라진 곳에 수십만 명이라는 수많은 신규 주민을 처리하는 과제가 남았다. 이전에 인종을 기반으로 한 동일한 정체성을 유지해 온 나라에서 수백만 이주민을 동화시키는 데 어떤 노력이 필요할까?

독일의 튀르키예인들은 심리적으로 한순간도 마음 편한 날이 없었지만 그나마 가장 정착에 성공한 디아스포라에 해당한다. 전후 초청된 외국인 근로자Gastarbeiter 1세대는 열심히 일해서 독일 사회에서 인정받았으며 튀르키예어와 문화가 공식적으로 인정받는 데 큰 기여를 했다. 이들이 낳은 X세대는 두 문화 속에서 자라났으며 존경받는 배우, 운동선수, 정치인도 배출되었다. 하지만 전체적으로는 튀르키예와 유사한 공동체에 속해 있었다. 그보다 더 많은 밀레니얼 세대의 튀르키예계 독일인들은 독일계 튀르키예인으로 부를 수 있는지 분명하지 않다. 태어나면서 독일 시민권을 얻은 이들은 튀르키예 국적을 취득하기 위해 독일 국적을 포기할 마음이 없으며 독일어를 튀르키예어보다 유창하게 구사한다.

현재 독일 인구에서 튀르키예인이 차지하는 비중은 5퍼센트로 에르도안 튀르키예 대통령이 영향력을 행사하기를 바라는 중요한 디아스포라다. 그는 튀르키예 영사관과 협회를 통해 튀르키예계 청년들에게 튀르키예어와 쿠란 수업을 듣도록 적극 장려한다. 이러한 가운데 많은 독일의 공립학교는 튀르키예어 수업을 시작했지만 튀르키예 청년들의 '모국어' 실력을 향상시킬 만한 역량을 갖춘 튀르키예 교사들이 부족한 실정이다. 하지만 에르도안 대통령이 튀르키예의 자유를 억누르는 공격을 강행하고 있는 만큼 튀르키예를 떠나려는 교사들이 많다. 이는 곧 독일에 더 많은 튀르키예인이 거주하고 튀르키예인의 이중 정체성 보유가 이어진다는 것을 뜻한다.

독일 정계에서는 이주 논란의 핵심이 문화 못지않게 경제와 관련되어 있음을 잘 알고 있다. 유럽의 (런던이나 파리 등) 다른 수도는 국가의 경제 엔진 역할을 하는 반면 베를린에는 빈곤하고 자본주의에 반대하는 포퓰리즘이 들끓고 있다. 유행을 좇는 청년들은 수천 개의 새로운 일자리를 창출한 구글을 몰아냈다. 청년들은 '공동체'의 승리라고 주장했지만 이들이 거둔 업적은 부채에 시달리는 시 정부에 영구적으로 의존할 수 있게 된 것이다. 2019년 베를린 시민들은 임대료가 지나치게 비싸다는 이유로 도시 최대의 민간 부동산 기업인 도이체보넨Deutsche Wohnen을 국영화하는 계획을 추진했다. 2020년에는 임대료 인상분에 대한 지불 유예를 5년으로 인정하는 법안을 지역 입법 기관에서 통과시켰다. 명목적으로는 이러한 법안이 도시에 방치된 광대한 토지를 저렴한 주택으로 전환시킬 수 있는 시간을 주지만 개발업체가 그러한 주택을 만들기 위해서는 더 많은 거주자를 유치해야 한다. 정치적 의사 결정이 느리고 경제 불황이 문제인 상황에서 이주민 흡수에 투자하는 것이 해결책이다.

유럽 대륙의 다른 어떤 도시보다 베를린은 세계적 도시 환경을 갖추고 있음을 입증했다. 베를린 장벽이 무너지고 30년 동안 베를린에는 점진적으로 튀르키예인, 동유럽인, 서부 독일인, 서유럽 여피(yuppie, 도시 주변을 생활 기반으로 삼고 전문직에 종사하면서 신자유주의를 지향하는 젊은이)들이 유입되었다. 아시아계 학생에 이어 아랍 이주자와 난민도 합류했다. 독일의 전반적인 출생률은 낮은 편이지만 베를린은 유럽 모든 도시 중에서 가장 높은 출생률을 자랑한다. 동베를린에서 밀레니얼 세대가 몰려 있는 지역에 새로 문을 여는 키타(kita, 어린이집)가 계속 증가하고 있는 것이 이를 단적으로 보여 준다. 현재 도시의 인구는 백 년 전 수준을 회복했다. 일부 정치인은 여러 거리에서 독일어를 들을 수 없다는 데 분개하지만 많은 주민이 영어를 공통분모로 삼았다. 베를린 청년에게 독일어란 영어가 섞인 '딩글리쉬Denglish'다.

베를린의 상황은 주변의 다른 지역과 엇갈린다. 옛 동독에 해당하는 주변 도시에서는 낮은 출생률과 인구 탈출이 뒤섞여 수십 곳의 마을이 버려진 상태이며 자발적으로 (돌아)가려는 독일인도 거의 없다. 옛 동독 지역의 경제를 부활시키려고 수조 달러를 투입했지만 노동 인구가 줄면서 정부는 지출을 늘리는 일에 관심을 잃었다. 이 지역에 와서 성실하게 일한 많은 이주민은 극우 성향의 독일을 위한 대안Alternative fuer Deutschland, AfD 정당 때문에 쫓겨날 수 밖에 없었다.

AfD는 포퓰리스트 정당이 (실제로는 존재하지 않는) 일관성의 산물이라고 여겨서는 안 되는 이유를 보여 주는 중요한 연구 사례다. AfD의 대두가 문제를 일으켜 왔지만 대부분의 지지자는 브렉시트나 트럼프 지지자들처럼 인구가 적고 고령화가 진행되는 작센주 같은 지역에 거주하고 있다. 작센의 주요 도시로는 라이프치히와 드레스덴이 있다. 내가 1990년대 말에 친구를 만나러 드레스덴을 방문했을 당시에는 번성하는 대학 도시로 광장은 활기가 넘쳤고 야간 카바레 공연(새터데이 나이트 라이브(SNL) 공연과 유사)에는 사람이 가득했다. 하지만 드레스덴은 동독의 다른 지역과 마찬가지로 인구 붕괴 현상을 겪었다. 드레스덴 공무원들은 새로운 주민을 유치하려는 노력을 기울이지 않았고 여기에 더하여 극우 정당이 세력을 얻으면서 2019년 '나치비상사태Nazinotstand'를 선포해야만 했다. AfD가 조장한 반이주 감정은 이 정당이 앞세운 의제에 걸맞게 그 누구도 드레스덴으로 이주하지 않는 결과로 돌아왔다. 하지만 이와 동시에 다른 곳에서 기회를 찾을 수 있는 사람들도 떠났다. 드레스덴이 몰락의 길을 걸으면서 AfD는 유사 사회주의자 집단으로 변질되어 외국인 혐오에 빠진 유권자들에게 사용자가 거의 없더라도 수영장과 도서관을 계속 개방하겠다고 약속했다. 반유로, 반이주 정책으로 시작된 AfD는 이제 반풍력을 주장하고 있다.

인구와 정치 다원주의는 결국 AfD를 마땅한 운명으로 이끌 것이다. 버려진 도시는 외국인 혐오가 사라지고 얼마 지나지도 않아 백만 명이 넘는 이주자의 터전으로 변할 수도 있다. 이미 수만 명의 아프간, 시리아 망명 신청자가 마그데부르크 같은 도시의 빈 아파트 구역에 자리를 잡았다. 이들에게 망명을 허용하여 일자리를 줬다면 독일의 노후하는 인프라를 수리하는 역할을 하고 고국을 재건하는 데 도움이 될 정치적, 재정적 지원을 시작했을지도 모를 일이다. 또 다른 시나리오는 외국인 혐오에 빠진 중년과 신나치 극단주의 청년이 자신들을 순수한 사람으로 느끼게 해 주는 동독 지역에 모여드는 것이다. 이들은 나이가 들어 자신들을 돌봐 주는 이주자들에게 감사하게 될 것이다.

극우 정당은 베를린과 함부르크처럼 이주자를 대거 받아들인 독일의 인구 많은 도시나 남서부의 공업 도시로 슈투트가르트에 위치한 바덴뷔르템베르크에서 정치적인 진전을 이루는 경우는 거의 없다. 바덴뷔르템베르크에는 수만 명의 난민과 이주민이 자동차와 기관차를 제작하는 전문 훈련을 받아 주州의 가장 중요한 수출 품목에 직접적인 기여를 하고 있다. 이와 같은 도시와 이 도시에 몰려든 이주자 덕분에 2018년에 독일의 노동 인구는 30년 만에 처음으로 증가했다.

독일의 금융 수도인 프랑크푸르트 역시 이주자가 회복세를 주도하는 인상 깊은 역사를 써 내려가고 있다. 이 도시에는 화려하지만 문화적 역동성은 찾아볼 수 없는 오피스 빌딩 숲이 위치하고 있다. 현재 브렉시트 이후 탈출한 금융 기업, 핀테크 스타트업에 기타 아시아와 아랍 이주자가 어우러지면서 국제 학교, 식당, 야간 유흥 시설, 예술 행사에는 프리미엄이 붙었다. 유럽 최대의 소프트웨어 기업인 SAP의 본사에서는 실리콘 밸리의 시스코처럼 유리 건물에 공업화된 리틀 인디아 같은 분위기를 느낄 수 있다. 특히 지난 십 년 동안 지식 근로자에 해당하는 인도 청년이 독일의 중세 학문 중심지였던 하이델베르크에 순조롭게 자리를 잡았으며 이들의 자녀는 현지 학교에 다니고 있다. 독일이 아시아의 기술 인재에 무한정에 가까운 '블루카드'를 공급하고, 다른 EU 국가에 대한 접근을 제공하면서 아시아의 새로운 마이크로 세대는 런던 사우설의 상점에서 일하는 남아시아계 점원보다 훨씬 풍요롭게 유럽에 뿌리를 내렸다. 과거 독일에서는 이주를 반대하는 운동에서 내건 '인도인 말고 아기가 필요하다Kinder statt Inder'라는 슬로건이 있었는데 오늘날 독일은 아기를 낳을 수 있는 인도인을 채용하는 일에서 앞서 나가고 있다.

독일과 프랑스에서는 반이주 운동이 일어났지만 두 나라는 여러 세대에 걸쳐 이미 이주 사회가 된 것으로 규정된다. 그럼에도 이주에 반발이 있는 이유는 이주자를 막기에는 이미 너무 늦어 버렸기 때문이다. 프랑스에서 머리를 가리는 두건을 금지하고 독일에서 이주자를 위한 직업 연결 프로그램을 운영하며 네덜란드에서 언어 요건을 만든 것은 이주자를 쫓아 내기 위한 전략으로 보기 어렵다. 이는 동화 정책이며 이 같은 전략은 대체로 효과를 냈다.

독일인은 일반적으로 이주자의 기여를 감사하게 생각한다. 이주자는 장관, 정당의 당수에 올랐으며 2014년 월드컵 우승 팀의 절반을 차지했다. 프랑스 국가 대표 축구팀의 경우에도 1998년 프랑스

월드컵 우승 팀의 알제리 출신 지네딘 지단Zinadine Zidane부터 2018년 카메룬 출신의 킬리안 음바페Kylian Mbappe에 이르기까지 여러 인종으로 구성되어 있으며 덕분에 탁월한 기량을 자랑한다. 오늘날 독일의 음악 차트에서는 튀르키예, 중국, 에리트레아 출신 래퍼들이 상위권을 차지하고 있다. 이제는 국가 정체성을 규정할 때 더는 종족을 기준으로 삼을 수 없는 다문화주의가 대두되고 있다.

독일은 이미 수백만 튀르키예인과 페르시아인의 터전이 되었다. 이들은 독일인다움의 역사적인 전형을 따르지 않더라도 태어날 때부터 독일 여권을 부여받는다. 독일 인구의 20퍼센트는 EU 회원국, 발칸 반도, 러시아나 중동에서 온 이주자 출신이며 열 명 중 한 명은 외국 시민이다(절반은 다른 EU 회원국에서, 나머지 절반은 EU를 제외한 지역에서 왔다). 2020년 기준으로 독일에 거주하는 아프리카계 후손이 100만 명에 달해 공식적으로 흑인 인구를 집계할 것을 요구하기에 이르렀다.

이제는 인도인, 베트남인도 '새로운 독일인die neuen Deutschen'이 되는 여정에 동참하고 있다. 모든 사회는 명사형에서 형용사형으로 나아가는 역사적인 길을 거쳐 간다. 이를테면 미국에서 미국인을, 독일에서 독일인을, 캐나다에서 캐나다인을 향해 가는 것이다. 독일에서는 모두가 이미 구식이 된 민족적 이상을 따르는 대신 '독일인다움'이 무엇을 의미하는지에 대한 진지한 대화가 이루어지고 있다. 독일인으로 간주되기 위해서, 혹은 최소한 독일인이 되기 위한 기준은 무엇인가? '독일인'이 게르만 민족 출신의 백인 기독교인이어야 하는

가? 아니면 축구, 자동차, 소시지를 즐기는 것만으로도 충분한가? 아니면 그 사이 어딘가에 위치해야 하는가? 지나치게 많은 이주가 국가의 가치를 훼손할 수 있다는 말을 종종 듣지만 과연 그 가치가 실제로 무엇인지에 대한 명쾌한 설명을 듣는 일은 훨씬 드물다.

이주가 증가할수록 문화 충돌이 빈번하게 일어난다는 사실에는 의심의 여지가 없다. 예를 들어 독일에 거주하는 무슬림이 바람을 피우는 여인을 살해하는 사건이 수십 건 발생했다. 하지만 시간이 흐를수록 유럽에 도착하는 무슬림이 이슬람 종교를 버린다고 조사 결과 나타난다. 여전히 유럽에서 살라피스트(이슬람 근본주의 집단)가 자금을 지원하는 모스크가 활발한 활동을 펼치고 있지만 네덜란드와 독일 정부는 이들을 적극적으로 관찰하고 보다 온건한 집단을 지원하고 있다. 베를린에서 튀르키예계 독일인이자 페미니스트인 세이란 아테스Seyran Ateş는 여성 최초로 중세 이슬람 철학자인 이븐 루슈드Ibn Rushd와 독일 시인 요한 볼프강 폰 괴테Johann Wolfgang von Goethe의 이름을 모두 딴 모스크의 이맘(Imam, 이슬람교 교단 조직의 지도자)이 되었다. 이 모스크에서는 동성애자를 환영하며 성별에 관계없이 어울려 기도를 한다. 독일에서는 독일어를 하는 완전히 새로운 유형의 이맘을 원하고 있다.

이주자가 정착한 사회의 국어를 말하지 못한다면 그 사회에 기여하거나 자립할 수 없으며, 이러한 이유로 이주자에 대한 적개심이 커진다. 앙겔라 메르켈은 이주를 옹호했지만 한편으로는 독일어를 빠르게 익히지 않는 외국인 때문에 독일의 다문화주의를 바탕으로한 사회 통합이 실패하고 있다고 토로했다. 2016년 베를린에 피난한 중국인 예술가 아이웨이웨이✕**는 2019년에 택시 기사의 불친절 등 불편했던 경험을 들어 독일 사회가 편협하다는 사실을 알게 되었다고 밝혔다. 하지만 그가 보스니아, 튀르키예, 페르시아, 아랍 택시 기사들과 독일에서 공통적으로 사용하는 토착어로 대화를 나눴다면 훨씬 기분 좋은 소통을 했으리라는 점은 분명하다. 프랑크푸르트 공항에서 환승하기를 바라는 사람은 없지만 최근 나는 이 공항을 거쳐 갈 때마다 나이지리아인부터 이란인에 이르기까지 공항에서 일하는 새로운 독일인이 독일어로 서로의 삶에 대해 나누는 이야기를 들을 때마다 미소를 지을 수밖에 없었다.

알파인 오아시스

기후 모델은 유럽 지역이 강우량이 줄거나 단기간에 폭우가 내리는 압축적인 우기를 경험하게 되리라 예상한다. 우기가 끝나면 이전보다 길고 더운 건기가 찾아온다. 유럽 대륙이 여름에 열파를 겪는 반면 알프스 산맥은 위도와 경도가 가장 이상적으로 어우러진 날씨에 고도 측면에서도 이점을 누릴 것이다.

알프스 산맥이 걸쳐 있는 스위스, 오스트리아, 독일, 프랑스, 이탈리아는 세계에서 가장 깨끗한 수자원을 이용하는 혜택을 누리고 있다(세계 최고의 생수가 이 지역에서 생산되는 것도 놀라운 일이 아니다).

하지만 알프스의 빙하가 점점 빠른 속도로 녹으면서 산맥에 유입되는 물의 양이 증가하고 궁극적으로는 스키 산업이 타격을 입을 것이다. 심지어 일부 리조트에서 제공하던 비행기로 눈 위를 나는 왜곡된 체험도 한계를 맞을 것이다.

세계에서 빙하수가 모이는 안데스, 알프스, 히말라야 같은 산맥에서 유일하게 알프스 산맥이 걸쳐 있는 국가들만 빙하수를 저장하고(특히 물이 증발하지 않도록 지하수를 저장) 이를 수도관을 통해 인근 지역 인구에 공급하는 공학 기술을 갖추고 있으며 관련 국가와 서로 협력한 역사가 있다. 앞으로는 이러한 활동이 더욱 증가할 것이 분명하다. 유럽에서 송유관이 점점 불필요해지는 가운데 수도는 알프스와 피레네 산맥에서 남부 스페인과 이탈리아의 건조한 지역까지 물을 공급하는 데 필수 역할을 할 것이다.

스위스와 오스트리아는 요새 국가이기도 하다. 땅덩어리가 작고 경제가 다변화된 스위스는 이미 유럽에서도 해외에서 태어난 인구가 많은 나라에 속하지만 엄격한 이주 정책이 정치적으로 폭넓은 지지를 받았다. 재능이 뛰어나거나 부유한 사람만 이주를 신청할 수 있다. 스위스의 정치 구역인 주canton 20여 곳에서는 1년까지 머물 수 있는 권리를 최대 30만 프랑에 판매하며 여기에는 거주권이 포함되어 있지 않다. 스위스에서 근무하는 회사에 고용되지 않는 한 개인 투자 이주자로서 연간 이와 비슷한 규모의 금액을 투자해야만 스위스에 머물 수 있다.

어쩌면 스위스도 슬로베니아와 같이 접근성이 더 큰 투자 거주

프로그램을 운영하는 방안을 고려하게 될 수도 있다. 알프스 산맥의 동쪽 끝자락에 위치한 슬로베니아는 옛 유고슬라비아 공화국의 지역으로는 처음으로 EU에 가입했으며 세계에서 가장 평등하고 지속 가능한 국가의 반열에 올라섰다. 슬로베니아는 7,500유로면 투자 거주증을 제공하며 5년이 지나면 시민권을 신청할 수 있다. 초반에 혜택을 받은 집단에는 슬로베니아의 낮은 법인세를 이용한 이탈리아 기업이 포함되어 있다. 북부 이탈리아가 알파인의 용광로가 되어 가고 있는 것이다.

파다니아에 오신 것을 환영합니다

볼로냐에서 이른 아침 조깅을 하는 중에 아프리카 소년들이 자기가 맡은 구역에서 망을 보며 기다리는 장면이 눈에 들어왔다. 볼로냐는 세계에서 가장 유서 깊은 대학 중 한 곳이 위치하고 있고 청년들이 북적이는 지역이다. 하지만 노인들이 세상을 뜨면서 빈 아파트가 나오기를 호시탐탐 노리고 있는 나이지리아 마피아가 활동하는 곳이기도 하다. 어둠이 찾아오면 소년들은 보스와 야간 교대를 맡은 십 대 동료들에게 쓸 만한 정보를 보고한다. 그들이 라고스(나이지리아의 도시)에서 했던 일과 똑같이 말이다.

최근 아랍과 아프리카에서 이주자가 몰려오기 훨씬 전부터 이탈리아는 외국인을 동화시키는 데 큰 어려움을 겪었다. 수십 년 동안

20만 명의 집시가 격리된 판자촌에서 어떤 삶을 살았는지 생각해 보라. 심지어 이들 중 절반은 이탈리아 국적을 가지고 있었다(나머지는 발칸 반도 국가의 국민이었다). 이탈리아 정부는 이들에게 공공 지원 주택을 제공하는 대신 '유목민 계획Nomad Plan'을 시작하여 집시들을 주요 도시 인근의 임시 거주지에서 강제로 내쫓은 뒤 변두리의 천막에서 지내도록 했다.

이탈리아 국적법은 엄격하기로 악명이 높으며 이탈리아에서 태어난 사람이라도 마찬가지다. 혈통주의(jus sanguinis, 자녀의 출생지와 상관없이 부모의 국적과 같은 국적을 부여하는 제도)가 출생지주의(jus soli, 영토 내에서 태어난 사람에게 국적을 부여하는 제도)보다 훨씬 중요하게 간주된다. 2018년 기준으로 국적법은 시민권을 신청할 수 있는 이주자의 자녀 수를 줄이는 방향으로 더욱 엄격해졌다. 하지만 이주자 1세대가 현지에 뿌리를 내리고 거주권을 얻으면 자녀들은 조상이 살던 곳보다 새로운 고향에 적응하게 마련이다. 예를 들어 북부 이탈리아에는 인도 펀자브 지방에서 온 시크교도 공동체가 오랫동안 유지되었다. 포 계곡의 비옥한 평지로 몰려든 시크교도는 1980년대 이후 소젖을 짜고 치즈를 만들었으며 현재 이탈리아 파르메산 치즈 수출의 60퍼센트를 담당하고 있다. 그에 대한 대가로 노벨라 마을의 시크교도 공동체는 구루드와라 사원(시크교의 종교적 성소이자 종교 행위의 중심이 되는 사원)을 지을 수 있는 허가를 받았다. 시장조차 "인도에서 온 사람의 도움이 없었다면 이 산업은 생각할 수도 없을 것이다."라고 말했을 정도다.

이러한 이주자에게 이탈리아 시민권이 부여되었는지의 여부를 떠나 이들은 북부 '파다니아' 지역(북부 이탈리아의 주요 주에 걸쳐 있는 포 계곡 지방)이 이탈리아의 심장부로 다시 떠오르는 데 중요한 기여를 했다. 그럼에도 연방 정부의 이주 정책에 부합하지 않기 때문에 파다니아 지역은 자치 도시 국가처럼 기능한다. 결국 파다니아는 1996년 이탈리아에서 독립을 선언하는 상징적인 조치를 취했다.

파다니아에 수도 역할을 하는 중심지가 있다면 단연 밀라노를 꼽을 수 있다. 밀라노는 1990년대에 쇠퇴의 길을 걸었으며 2000년대에는 경제적으로 큰 타격을 입었으나 대중교통을 개선하고 자전거 도로, 새로운 행사장, 현대적이고 저렴한 주택을 확대하면서 되살아났다. 기후가 온화하고 알프스 산맥으로부터 담수를 얻을 수 있으며 주요 제조 기업이 자리하고 있고 발전된 도로, 철도가 프랑스와 스위스까지 이어져 있어 이탈리아의 미래에서 로마보다 더 중요한 역할을 한다. 밀라노가 이탈리아의 다른 어떤 도시보다 훨씬 많은 이주자(특히 18~35세)를 받아들인 것은 놀라운 일이 아니다.

밀라노와 다른 도시에서 토요일 오전에 열리는 벼룩시장에서는 북부 이탈리아에 새롭게 형성된 글로벌한 인구 구조가 전형적으로 드러난다. 이탈리아인, 아프리카인, 아랍인 부부가 팀을 이루어 서로 어깨를 나란히 하고 나일론 블라우스, 플라스틱 샌들, 가재도구를 비용에 민감한 노년층, 학생 등에게 판매한다. 근처에는 벵골인이 운영하는 잡화점이 있고 그 옆집에는 중국인의 세탁소가 있다. 낮에는 서로 이웃으로 지내지만 저녁이 되면 같은 민족이 모여 살고 있는 동네로 돌아간다. 밀라노의 차이나타운에는 약 3만 명이 거주하고 있으며 그보다 많은 수의 필리핀 사람이 이 도시에 살고 있다. 스리랑카에서 이주하는 사람의 숫자도 증가하는 추세다. 이탈리아인이 사망하거나 북부로 이주하여 빈자리가 생기면 남쪽과 동쪽에서 온 아프리카인과 아시아인이 그 자리를 메운다. 중세 유럽의 심장부였던 이 지역은 유연하게 이동하는 인구와 지중해를 남중국해와 연결하는 인파 덕분에 새로운 중세를 대표하는 지역이 되었다.

이미 이탈리아의 젊은 세대는 도시의 다문화 생활에 익숙한 상태다. 최근 제작된 예술 영화 〈내겐 너무 어려운 연애Bangla〉는 방글라데시계 이탈리아인 2세 소년이 매력적인 이탈리아 소녀와 사랑에 빠지는 이야기를 담았는데, 많은 이주자가 현지의 관습과 충돌하지만 궁극적으로 조화를 이루는 미국 사회의 인도인처럼 주류 이탈리아인이 되어 가는 모습을 잘 보여 준다. 특히 이탈리아, 아프리카, 베네수엘라, 남아시아 부모에게 태어난 밀라노 유아원의 아이와 같이 새로운 민족 지형에서 살아가는 어린 세대는 한때 이탈리아에 이탈리아인만 있었다는 사실을 알지 못한 채 살아갈 것이다. 이들은 다문화 환경이 되기 이전의 이탈리아에 대해 마치 디지털 세대가 인터넷 이전 시대를 바라보듯 자신과는 무관하다고 생각할 것이다.

현재 교육을 받고 있는 이탈리아 어린이들은 자라나 의사, 엔지니어, 교사, 언론인, 정치인, 관료, 군인, 운동선수, 건축가, 패션 디자이너가 될 것이다. 하지만 이들은 이미 환경 미화원, 미용사, 택시 기사, 잡역부로 일하는 이주자들에게 의존하는 삶을 살고 있다. 밀라노 외곽의 베르가모라는 도시에 있는 '통합 아카데미'는 나이지리 아와 파키스탄 등지에서 온 이주자를 받아 다림질부터 서빙, 쓰레 기 수거차 운전에 이르는 기본적인 기술과 이탈리아를 가르치는 훈 련을 시킨 다음 일자리에 배치한다. 이를 통해 거주를 신청하는 데 필요한 재정 독립을 얻을 수 있는 길을 열어 주는 것이다. 그러면 이 주자의 다음 세대인 자녀들이 그 나라의 의사와 운동선수가 된다.

영국은 다시 위대해질 수 있을까?

2016년 브렉시트 국민 투표가 열린 이후 영국 정치는 계속 소용돌 이에 빠져 있지만 궁극적으로 영국 인구 구성에 미치는 영향은 크 지 않을 수도 있다. 2018년 영국에는 30만 명에 가까운 이주자가 입국하여 연간 이주자 유입이 미국과 캐나다 다음으로 많았다. 현 재 추세를 기준으로 볼 때 영국 인구는 현재의 6,600만 명에서 2050년에는 8,000만 명에 도달할 전망이다. 브렉시트가 국경과 이 주를 통제하는 것에 대한 결정이었다면 영국은 브렉시트로 목표에 한발 다가섰을까?

옥스퍼드 출신의 철학자인 마이클 더멧Michael Dummett은 국가가 범 죄자의 입국만을 거부하거나 대규모 이주로 인해 인구 과잉 또는 문화의 침잠이 벌어질 때에만 이주를 제한해야 한다고 주장했다. 더멧은 그러한 경우가 거의 일어나지 않는다고 생각했지만 그의 주장은 브렉시트 지지자들이 반이주 편집증을 감추는 논리로 활용되었다. 하지만 산업 기반이 약화된 영국에서는 경제를 재편하여 서비스 산업에 더 집중해야 한다. 그러려면 더 많은 사람이 필요하다. 이미 영국은 의료부터 유틸리티에 이르기까지 많은 분야에서 노동력 부족을 심각하게 겪고 있는 상황이다. 이에 더해 브렉시트로 인해 해마다 자국민이 8만 명 이상 빠져나가고 있기 때문에 부와 재능을 갖춘 인재를 유치하지 않으면 버텨 낼 수 없다.

기후 변화 때문에 잉글랜드 중부가 맞고 있는 기회를 십분 활용하기 위해서도 영국은 이주를 더 적극적으로 받아들여야 한다. 런던과 잉글랜드 남부 지방은 장기간 건조한 기후와 담수 부족을 겪고 있으며, 템스강 어귀에 거주하는 런던 주민의 20퍼센트는 조수로 인한 침수 피해를 겪을 위험이 있다. 런던은 부를 보다 공평하게 나눠야 할 것이다. 브렉시트와 팬데믹 이전에는 영국의 '나머지' 지역이 수십 년간의 취약한 인프라와 인재 유출에서 가까스로 회복하는 초기 단계에 진입했었다. 젊고 교육 수준이 높은 영국인들이 맨체스터, 리버풀, 버밍엄으로 몰려들었고 공학과 기술 분야의 기업 역시 비용 절감을 위해 이러한 지역을 찾았던 것이다. 이제 영국은 외국인 투자가 줄어든 상황에서 경제를 꾸려 가야만 한다(예외적으로, 프랑스의 기후가 와인 농사에 부적합하게 변화하면서 프랑스인들이 잉글랜드의 농장을 포도밭으로 가꾸고 있는 경우도 있다).

더욱이 대도시 거주를 원하는 영국 청년이 20퍼센트 넘게 줄어든 것을 고려하면 앞으로 영국이 리즈에서 리버풀에 이르는 '북부

회랑'을 통합하는 장기적인 계획을 실천하는 편이 현명하다. 코로나 19 봉쇄로 교외 부동산에 대한 관심이 더욱 높아졌다. 영국은 뿌리를 향해 돌아가고 있는지도 모른다. 농업과 경공업에 더 많은 근로자가 유입될 경우 경제적으로 궁핍한 스코틀랜드 국경 인근의 카운티가 주로 혜택을 볼 것이다.

스코틀랜드는 풍부한 원유와 수자원을 바탕으로 기후 변화의 기회를 맞을 전망이다. 이 땅은 이미 3만 개에 달하는 담수호(괴물은 살지 않음)로 축복을 누리고 있는데 최근에는 강우량이 크게 증가했다. 이에 더해 해마다 2,000만 그루의 나무를 심고 있다. 에든버러는 자유로운 사고, 역사적 건축물, 국제적인 요리를 만날 수 있는 세계의 중심지로 떠오르면서 전 세계에서 우수한 학생과 학자들이 유입되고 있다. 스코틀랜드 정부는 항구를 캐나다와 스칸디나비아의 항구와 연결하는 북극 전략을 적극적으로 개발하고 있다. 영국이 스코틀랜드의 이해에 부합하지 않는다면 분리주의 운동이 또다시 불붙을 것이다. 한편 북아일랜드는 보다 실용적인 판단을 내릴 수도 있다.

영국은 EU를 탈퇴했지만 머지않아 사방에서 EU 회원국에 둘러싸일 수도 있다. 그러면 브렉시트는 현실에서의 영향은 미미한 그저 이름뿐인 결정에 그치게 될 것이다.

북유럽 태생

유럽 기준으로 봐도 북유럽인들은 편안한 생활을 하고 있다. 노르웨이, 덴마크, 아이슬란드, 핀란드, 스웨덴 같은 북유럽 국가들은 부와 연대를 바탕으로 매년 세계에서 가장 '행복한' 나라에 이름을 올린다. 북유럽인들에게는 자긍심을, 외국인들에게는 기쁨을 안겨주는 평등주의적 사회 정책에는 본받을 점이 많다. 스웨덴에서는 민간 분야의 근로자가 복직에 대한 걱정 없이 6개월 동안 기업가 활동을 시도할 수 있는 안식 기간을 가질 수 있다. 핀란드는 노숙자에게 영구적인 주택을 제공하고 일자리를 찾을 수 있도록 돕는다. 덴마크는 시민들에게 콘서트 기회를 제공하여 고독감과 우울증에 맞서도록 도와준다. 넉넉한 연금과 전 국민이 저렴하게 이용할 수 있는 의료 시스템은 (비용 증가로 재정 개혁이 필요한 상황이긴 하지만) 이 지역에서 특권이 아닌 당연하게 누릴 수 있는 권리로 자리 잡았다. 스칸디나비아인들은 세금 기반이 흔들릴 때 혜택을 줄이거나 납세자를 유치해야 한다는 기본적인 경제학을 이해하며, 현명하게도 후자를 선택하고 있다.

북유럽 국가는 상대적으로 땅덩어리가 크지만 인구는 매우 적다. 사회의 동질성이 높지만 문화적 충돌이 두드러지더라도 이주자 증가에 개방적인 태도를 취해 왔다. 그러나 연금 수급자의 연령이 높아지고 저성장, 높은 부채 비율, 민족 다양성의 증가가 이어지는 속에서 자유로운 사회 계약을 계속 유지할 수 있을까?

베를린과 밀라노 사람처럼 젊은 데인인(북유럽의 철기 시대와 바이킹 시대에 오늘날의 스칸디나비아반도 남쪽에 살았던 북게르만족의 일파)은 이주자가 사회의 일부를 차지하는 환경에서 자랐으며 외국 음식과 음악을 일상의 한 부분으로 즐긴다. 이들은 이주를 반대하기보다는 무슬림 여성의 머릿수건을 금지하는 것과 같이 동화를 위한 노력을 기울여야 한다고 주장한다. 열린 국경을 앞으로도 유지하기 위해서는 소중한 자유주의를 이주자에게도 요구해야 한다고 생각한다.

덴마크보다 면적이 훨씬 넓고 인구도 두 배 수준인 스웨덴 역시 출생률을 유럽 최고 수준으로 끌어올렸다. 스웨덴은 수십 년 동안 아랍 이주자를 받아들였으며 아랍계 후손들이 유명 배우, 음악인, 운동선수로서 주류로 올라섰다. 그럼에도 2015년 시리아, 이라크, 아프가니스탄에서 16만 명의 망명 신청자를 받아들여서(인구당 수용 숫자가 유럽에서 가장 많은 수준이다) 경보음을 울리기도 했다. 이주자 공동체에서 폭력이 증가했고 망명 센터에 대한 공격이 일어나는 등 증오 범죄도 발생했다. 2020년 8월에는 극우 집단이 쿠란을 불태운 뒤 말뫼에서 폭동을 일으켰다. 2018년 선거에서는 극우 정당이 약 4분의 1의 의석을 차지했다. 스웨덴도 망명 신청자들을 한때 안전하다고 여겼던 고국으로 돌려보내는 조치를 취하고 있다.

스웨덴과 노르웨이에는 수만 명의 인도인과 파키스탄인이 거주하고 있으며 해마다 각각 1,000명가량의 인도인이 시민권을 신청한다. 노르웨이에서는 파키스탄 이주 집단이 폴란드계와 스웨덴계에 이어 세 번째로 규모가 크며 인도인보다도 더 많다. 1960년대에 이주한 초기 펀자브인부터 이후 수십 년 동안 유입된 대가족에 이르기까지 여러 세대가 노르웨이인과 어울려 살았으며 이들 중에 고위 정치인이 배출되기도 했다. 오슬로나 스톡홀름에서 만나는 택시 기사 세 명 중 두 명은 남아시아 출신이다. 내 자녀들이 힌디어와 우르두어를 할 줄 아는 것이 인도, 파키스탄, 두바이, 싱가포르에서만 유용하리라 생각했는데 스칸디나비아에서 휴가를 보내면서 생각이 달라졌다.

핀란드는 땅덩어리가 스웨덴, 노르웨이와 비슷하지만 인구가 500만밖에 되지 않는다. 징집과 러시아 국경에서 철수한 역사로 인해 이웃 스웨덴과 달리 (산불과 같은) 자연재해를 통제할 수 있는 최상의 국가 인프라망을 구축했다. 또한 아시아로 수출을 빠르게 늘릴 수 있도록 노르웨이 북부의 키르케네스항까지 철도를 연결하는 계획을 가지고 있다. 하지만 고령화가 진행되고 있어 계획을 실행하기 위해서는 훨씬 많은 이주자가 필요하다. 아랍 난민 위기가 벌어지기 전에는 핀란드에서 4,000명의 소말리아 공동체가 비유럽 소수 민족 가운데 최대 규모였으며 보수적인 정부는 이주에 강경한 입장을 유지하고 있다. 한편 핀란드에서 가장 각광받는 글로벌 산업조차 외국인 근로자가 더 필요한 실정이다. 예를 들어 모바일 기술의 선구자인 노키아의 경우 CEO가 인도인일 뿐만 아니라 글로벌 5G 네트워크를 구축하기 위해 인도인 IT 근로자와 인력이 필요하다.

북유럽은 겨울에 지나치게 춥지도 여름에 너무 덥지도 않은 연중 온화한 날씨로 주목을 받으면서 관광 경제가 번성하고 있다. 과거에 스칸디나비아반도 사람들이 남쪽에서 시간을 보냈듯 이제는 지중해의 더위와 대륙의 열기를 피하려는 남유럽인들이 북부를 찾고 있다. 동계 스포츠를 즐기는 장소는 알프스 산맥에서 북부의 노르웨이, 스웨덴, 핀란드로 이동할 것이며 이 지역에서는 여름의 실외 활동도 증가할 것이다. 북극 크루즈 여행, 캠핑, 서바이벌 캠프에는 해마다 수천 명의 관광객이 새로 몰려든다. 핀란드—러시아 국경에 위치한 청정 지역인 카렐리아에는 6만 개의 호수가 있는데 겨울에는 개썰매 체험을, 여름에는 캠핑과 낚시를 즐길 수 있다. 운 좋게도 부유한 북유럽 국가에서는 관광객이 새로 유입되더라도 지속 가능한 터전을 유지할 수 있는 기반이 마련되어 있다.

노르웨이 북부의 키르케네스에서 덴마크의 수도 코펜하겐까지 여행하다 보면 전 세계에서 가장 동질적인 지역에서 얼마나 다국적 공동체가 번성하는지 확인할 수 있다. 스칸디나비아가 정치·경제적 피난처를 자처했듯 기후 피난을 환영한다면 이러한 추세는 더욱 빠르게 진행될 것이다. 그레타 툰베리 같은 스칸디나비아인들은 기후변화에 맞서기 위한 행동을 촉구하는 세계적 아이콘이 되었다.

스칸디나비아가 수백만 명의 이주자를 새로 받아들인다면 각국은 캐나다가 그랬던 방식으로 기존의 국가를 뛰어넘는 정체성을 형성해야 할 것이다. 영어가 널리 사용되고 있는 만큼 영어를 공통으로 사용하는 다언어 용광로가 될 수도 있다. 이러한 특징이 북방 이주의 가장 단적인 측면이 될 것이다. 실제로 북유럽 국가로 대규모 이주를 하는 것은 이 지역의 아름다운 수도를 직선으로 연결하는 것보다 훨씬 복잡한 일이다. 코펜하겐, 스톡홀름, 헬싱키는 탄소 중립 계획을 야심차게 추진하고 있지만 해수면 상승의 위험에 처해 있다. 이러한 도시가 식료품 공급의 현지화와 재생 에너지를 공급할 수 있다면 발트해에서 훨씬 북쪽에 위치한 내륙 지역에서 이를 더욱 유용하게 활용할 수 있다. 스웨덴 최북단의 노르보텐 카운티는 이미 전체 에너지를 수소와 풍력 발전으로 대체했다. 스칸디나비아 국가에서는 외국인의 토지 수탈을 법으로 강력하게 금하고 있다. 스웨덴에서는 대규모 토지의 소유자라도 사람들이 자연을 즐기기 위해 사유지를 가로지르는 행위를 막을 수 없다.

살기 좋은 공간은 소중한 공공의 이익이 되고 있으며 그 공간을 자유롭게 이동하는 것 역시 마찬가지다.

6장

지역 연결

캅카스에서 냉기를 유지하기

튀르키예 동부의 외딴 산악 지대에는 천 년 동안 메소포타미아 문명의 동맥 역할을 한 호수가 위치하고 있다. 미국인들이 로키 산맥을 위해 캘리포니아를 등졌듯 튀르키예 기업인들도 오크나무와 소나무가 울창한 안개 자욱한 지역에 모여들어 에르주룸 같은 도시를 재건했다. 이 도시는 아나톨리아의 아스펜으로 탈바꿈하여 연간 스포츠 활동을 즐기는 사람들로 붐비는 산악 스키 허브가 되었다.

티그리스와 유프라테스 강의 상류수가 아나톨리아 동부의 비옥한 토양에 계속 영양분을 공급하고 있지만 하류의 토양은 더는 최초의 정착 농경이 발생했던 '비옥한 초생달'과 같은 구석을 찾아볼 수 없다. 4,000년 전 아카드 제국이 가뭄으로 무너졌듯 오늘날에도 이 지역의 시리아, 이라크, 이란, 파키스탄 등은 심각한 물 부족을 겪고 있다. 경제가 파탄에 빠지고 시민 소요가 일어나면서 튀르키예의 남부 변경 전체가 고통을 당하고 있으며 이라크와 이란의 일부 지역은 기온이 섭씨 70도를 넘어간다. 아랍과 페르시아 난민이 아나톨리아 오아시스의 고지대를 곁눈질하면서 이주하는 모습을 충분히 상상할 수 있지 않은가?

흑해를 따라 아나톨리아 반도의 동쪽에 위치한 캅카스 지방은 한때 오스만의 피보호국이었고 최근에는 이 지역에 소련의 일부로서 역사적으로 동질성을 공유했던 조지아, 아르메니아, 아제르바이잔이 있다. 조지아는 1990년대와 2000년대의 상당 기간을 기독교

유산을 앞세워 투르크 이웃보다 우월한 것으로 가장했으나 실제로는 힘없는 파탄 국가에 가까웠다. 하지만 지난 십 년 동안 조지아처럼 극적인 반전을 이룬 나라도 드물다. 여전히 정치적인 논쟁과 반정부 시위가 일어나고 있고 수도 트빌리시에서는 헌법과 관련된 혼란이 이어지며 러시아가 영토의 20퍼센트를 아직 점령하고 있는 상태다. 하지만 조지아는 도로망을 강화하여 튀르키예와 아제르바이잔을 잇는 주요 철도가 지나가는 통로 역할을 하며 생산성 높은 제조업 구역을 조성했다. 1년에 20가지의 유럽 스타일 문화 축제가 열리며 회원 가입 협상을 다시 시작하기 위해 EU의 문을 힘차게 두드리고 있다.

오늘날 트빌리시에는 고대의 매력과 현대적인 세련됨이 흘러넘친다. 솜씨 좋은 석공들은 독일의 개발업자를 고용하여 세기가 전환될 때 지어진 건물을 부티크 아파트와 호텔로 개조하고 있다. 경쾌한 분위기의 동베를린처럼 트빌리시는 서양 청년들에게 비용이 저렴하고 영어를 구사하는 허브로 부상했다. 유럽에서 가장 높은 산으로 러시아 국경에 위치한 엘브루스 산의 20개가 넘는 빙하로 형성된 하천망 덕분에 조지아는 기후 변화에 대응하기 좋은 장소다. 오늘날 조지아는 배낭 여행객들이 들러야 할 명소로 각광받고 있으며 미래에는 이들이 터전으로 삼을 장소가 될 것이다.

아제르바이잔은 경제와 환경 트렌드가 대규모 이주자를 세계사에서 잊혀진 지역으로 어떻게 인도하는지를 보여 주는 흥미로운 사례다. 아제르바이잔은 조지아보다 인구가 4배가량 많으며 원유로

벌어들이는 수익 때문에 아제르바이잔 사람들은 이웃 조지아인보다 4배 더 잘살게 되었다. 눈 덮인 캅카스 산맥에서 수도 바쿠 외곽의 사막을 아우르는 아제르바이잔은 지구에서 관찰되는 미기후(지표면으로부터 지상 1.5m 정도 높이까지에 있는 기층의 기후)가 총집결한 장소로서 울창한 숲과 습지도 찾아볼 수 있다. 사막의 확장을 방지하기 위해 적극적으로 나무를 심고 있으며 관개와 도시의 열기를 식히기 위해 캅카스에서 차가운 물을 끌어오고 있다.

바쿠는 대대적인 재건 사업을 거친 뒤 '카스피해의 두바이'라는 적절한 별명을 얻었다. 이름에 걸맞게 많은 아랍 에미리트인(과 사우디인, 카타르인)이 (아제르바이잔의 보다 자유로운 금주법을 이용하고) 페르시아만의 열기를 피하기 위해 화려한 부동산을 사들였다. 아제르바이잔인들이 민족과 언어 측면에서는 투르크족이지만 종교적으로는 이란과 밀접한 관련이 있는 시아파이기 때문에 아제르바이잔은 페르시아만 아랍인들에게 이란과 비즈니스를 하기 위한 중요하고도 우회적인 관문 역할을 한다.

이란인 역시 아제르바이잔을 자국의 왜곡된 정치와 타는 듯한 기후를 피할 피난처로 여길 수 있다. 참고로, 이란에는 아제르바이잔에 거주하는 것보다 더 많은 아제르바이잔인이 살고 있으며 이들은 주로 이란 북부 국경의 지방에 살고 있다. 시리아 내전이 발발하기 전에 다마스쿠스의 대사관에서 서양의 비자를 발급받았던 이란인들은 이제 카스피 지역의 외교 허브를 자청하는 바쿠로 몰려 가고 있다. 이런 일이 처음은 아니다. 1870년대 석유 붐이 일면서 많은 유럽인이 바쿠로 몰려가 카스피해에 인접한 도로에 화려한 빅토리아 양식의 파사드를 건축하였다. 이러한 건물은 현재 아랍인, 튀르키예인, 프랑스인, 독일인, 인도인, 중국인 상인과 도급업자의 구미에 맞춰 완벽하게 새 단장을 했다. 바쿠의 중세 도시에서 온갖 민족이 어울려 입씨름을 하는 소리를 듣고 있으면 캅카스가 다시 한번 동양과 서양, 북부와 남부 실크로드를 잇는 회랑 역할을 하고 있음을 실감할 수 있다. 물론 19세기에는 다양한 민족이 각자의 언어로 말하면서 훨씬 잘 어울렸다는 점이 지금과 다르다.

캅카스의 세 나라 중에서 가장 빈곤하며 산악 지형 내륙인 아르메니아는 건조 기후이며 앞으로도 그러한 기후가 유지될 것이다. 더 힘이 센 이웃 나라인 튀르키예와 아제르바이잔과 적대 관계를 유지하고 있다는 점을 고려하면(2020년에는 전략적인 영토를 아제르바이잔에 빼앗겼다) 아르메니아는 군사와 경제 측면에서 러시아에 계속 의존할 전망이다. 실제로 러시아에 거주하고 있는 아르메니아인은 고국에 살고 있는 아르메니아인의 수와 맞먹는다. 게다가 숲 면적을 두 배 늘릴 계획이기 때문에 아르메니아의 300만 인구에게 가장 기후 탄력적인 전략은 러시아로 이주하는 것이다. 또 다른 전략은 에스토니아의 전철을 따라 디지털화를 진행하는 것이다.

아르멘 사르키샨Armen Sarkissian 대통령은 이론 물리학자이자 컴퓨터 과학자로, 아르메니아의 흩어진 디아스포라가 클라우드에서 통합을 유지하기를 원한다. 국가가 나아갈 다음 단계로 그는 '퀀텀 국가'를 제시한다.

러시아의 다음 혁명

세계에서 가장 넓은 국가 역시 흑해의 취약 지역을 재건하기를 바란다. 2014년 러시아는 휴양지인 소치에서 동계 올림픽을 개최했으며 최근에는 동쪽에 위치한 중국과 맞댄 국경 지대와 모스크바 간 막대한 물동량을 소화하기 위해 볼가강 위로 구불구불한 불고그라드 우회 도로와 교량을 건설했다. 러시아는 인구가 줄고 경제가 불안한 상황이지만 세계 육지의 10분의 1을 차지하고 있고 유럽과 중국의 공업 생산에 중요한 방대한 원유 및 가스 매장량을 자랑한다. 원유 이후의 시대가 오더라도 러시아의 석유 화학 산업은 플라스틱, 고무, 섬유, 기타 자재의 생산에 중요한 역할을 할 뿐만 아니라 이 나라에는 원자로에 사용되는 주요 원료인 우라늄이 집중되어 있다. 러시아가 더는 기존의 초강대국은 아니지만 기능 지리의 측면에서 러시아보다 중요한 나라는 드물다.

러시아는 20세기보다 매력적인 국가가 되고 있으며, 특히 북극의 중요성이 커지고 있다. 지정학적 용어로 러시아는 유라시아의 '심장부heartland'이고 (연중 얼지 않는 부동해에 접근이 불가능하다) 십 년 내에 쇄빙할 빙하가 더는 남아 있지 않다면 원자력으로 움직이는 쇄빙선이 다른 용도로 사용될 것이다. 수백 년 동안 남쪽 바다에 대한 접근성을 얻기 위해 노력한 러시아는 기후가 변화하면서 총성 없이도 해양 '주변부rimland' 지위를 얻을 전망이다.

노르웨이와 국경을 맞댄 무르만스크주에서 추코타구(알래스카에서 베링 해협 건너편)에 이르기까지 러시아는 수천 킬로미터의 북극 해안선을 새로운 부대로 무장하고 있다. 북부의 함대를 증강하고 부양식 해상 원자력 발전소를 배치하여 계절에 따라 남쪽으로 이어지는 길이 차단되는 200만 러시아인에게 안정적으로 전기를 공급할 계획이다. 북극에 매장된 광물은 러시아 GDP의 20퍼센트를 차지하며 영구 동토층이 녹으면 더 많은 광물을 발견하고 채취할 수 있다. 러시아의 생태 환경에 잠재된 가능성이 커지고 있고 러시아는 그 땅을 활용하고자 한다.

문제는 이를 수행할 사람이 부족하다는 점이다. 러시아는 인구가 캐나다의 세 배 규모이지만 고령화, 알코올 중독, 탈출로 인해 사람 수가 우려스러울 정도의 속도로 줄고 있다. 캐나다가 이주 강국으로 도약하려는 반면 러시아의 블라디미르 푸틴Vladimir Putin 대통령은 이주를 '독'으로 묘사했다. 그의 후진적인 인종―민족주의는 러시아를 여러 면에서 캐나다의 대척점에 위치시킨다. 하지만 정치의 냉랭한 겉모습 아래에서 이 나라는 7억 명의 유럽인과 40억 아시아인을 잇는 중요한 교량 역할을 하기 위해 애쓰고 있다. 새로운 유라시아 야망을 성취하기 위해 러시아 역시 부패하거나 오염된 땅을 떠나 자원과 산업을 개발할 의지가 있는 튀르키예, 중국, 아랍, 인도 근로자 등의 이주자를 받아들여야 한다. 오늘날 정치적으로 불가능해 보이는 일이 내일은 상식이 될 수 있다. 러시아는 유라시아의 캐나다가 되어야 한다.

시베리아의 중심 도시인 야쿠츠크에 가 보면 여전히 겨울이 견딜 수 없을 정도로 춥고 봄에도 몸을 움츠러들게 만드는 날씨가 이어지며 여름에는 무더운 열파와 통제할 수 없는 들불이 기승을 부린다(화재는 토양을 황폐화하고 더 많은 탄소를 배출시킨다). 영구 동토가 빠른 속도로 녹고 있어 주민들은 가옥의 기둥 높이를 확장하고 있다. 이와 함께 습지가 사라지고 호수 전체가 마르면서 거대한 싱크홀이 나타나고 있다. 한때 단단했던 수백만 제곱킬로미터의 땅이 물컹한 습지로 변하면서 땅이 더는 지하에 매장된 방대한 천연 가스를 채굴하는 데 필요한 장비와 도로의 무게를 지탱하지 못하는 지경에 이르렀다. 오염되지 않은 토양에서 기름과 독성 화학물질이 유출되고 있지만 이를 제거할 수 있는 공공사업이 반경 수백 킬로미터 내에 존재하지 않는다.

하지만 향후 수십 년 동안 시베리아의 최대 85퍼센트가 거주 가능하고 비옥한 토양으로 변할 것으로 NASA는 예상하고 있다. 그러면서 밀뿐 아니라 사과, 포도, 옥수수, 콩의 재배도 가능해질 전망이다. 이미 러시아는 식생 지역이 증가하는 상위 국가에 해당하며 광활한 삼림(세계 전체 삼림의 20퍼센트를 차지하며 캐나다의 경우 30퍼센트)은 중요한 탄소 흡수대(이산화탄소 저장소)다. 각종 씨앗을 심을 수 있으며 비료를 공급해 북극 농업을 확대시킬 수 있는데 유사한 위도에서 경험이 풍부한 네덜란드 과학자와 상인, 캐나다 농업 기업이 도움을 줄 수 있을 것이다. 세계의 식량 공급에서 캐나다 못지않게 러시아의 역할도 중요해지는 것이다.

러시아는 중국의 인프라 투자와 자원을 수십 년 동안 무시한 끝에 활용하기로 결정하고 공간 구성과 인구 구조상의 필요에 대해 다시 생각하고 있다. 시베리아 횡단 열차는 개선되었고 중국에서 새로 자금을 지원한 철도가 유라시아의 상업을 보다 효율적으로 만들 전망이다. 카자흐스탄과 몽골 국경 인근에 위치한 노보시비르스크, 크라스노야르스크, 이르쿠츠크 같은 남부 도시에서 공무원들은 고속 도로, 철도, 하항 건설 계획을 세웠으며 소련 시대의 은밀한 핵시설을 '과학 도시'로 전환하는 구상을 하고 있다. 기후가 온난해지면서 부모 세대가 등졌던 지역에서 청년 인재가 탐낼 만한 일자리가 창출되고 있다. 노보시비르스크와 크라스노야르스크는 러시아에서 가장 큰 대학에서 상위 10위 안에 들며 경제를 다변화하기 위해 데이터 과학을 사용하려는 학생들로 가득하다(또한 비트코인과 기타 암호 화폐를 채굴하는 데 많은 에너지를 사용하고 있다). 옛 소련부터 거슬러 내려오면 젊은 테크노크라트(과학 지식이나 전문 기술을 소유함으로써 사회 또는 조직의 의사 결정에 중요한 영향력을 행사하는 사람)들은 인프라, 전기 통신, 도시 계획, 금융 규제 등 중요한 분야를 관리할 임무를 이어받고 있다. 이들은 인구가 적은 파탄 국가에서 살기를 원하지 않는다.

러시아에 풍부한 것이 있다면 사람이 거의 살지 않는 자원 많은 토지를 꼽을 수 있다. 러시아 서부에는 볼가강과 우랄 산맥 사이에 수자원이 풍부한 타타르스탄, 바시코르토스탄(다양한 식물군과 야생 꿀로 유명하다) 같은 공화국이 있다. 동쪽의 알타이 지역은 러시아, 중국, 몽골, 카자흐스탄이 만나는 진정으로 각양각색의 민족이 모이는 곳이다. 러시아의 알타이 공화국(러시아 서시베리아 지역의 남부 알타이 지방에 위치한 공화국)은 인구가 20만에 불과해 러시아 전체에서도 인구 밀도가 가장 낮은 지역에 해당한다. 하지만 알타이는 빙하 산, (합쳐져 북쪽의 북극해로 흐르는 오비강을 이루는) 카툰강과 비야강, 거대한 담수호로 장관을 이룰 뿐 아니라 금, 은, 리튬이 매장되어 있다. 겨울이 길고 절반의 알타이 인구가 투르크족이어서 이 지역은 관심을 덜 받아 왔다. 하지만 오늘날에는 아름다운 자연과 풍부한 자원 때문에 상품 중개인과 부동산 개발업자가 모여들고, 러시아의 벼락부자가 빈번하게 찾는 지역이 되었다. 연결성과 기후 변화로 인해 알타이는 보다 살기 좋은 지역이 되었으며 조만간 거주 인구가 열 배까지 증가할 수도 있다.

러시아의 극동 지역 역시 현재 인구 과소 상태이지만 인구 밀도가 증가하고 인구 구성도 다변화하는 환경이 될 수 있다. 마가단 같은 항구 도시는 소련이 붕괴한 이후 인구가 반토막 났으나 추운 겨울이 2~3개월로 짧아지면서 방대한 광물 매장량을 활용할 청년들이 필요한 상황이다.

러시아는 미국의 1862년 자영 농지법의 자체 버전을 발표하여 정착민에게 65만 제곱미터의 땅을 주고 5년 이내에 토지가 생산적으로 사용되면 소유권을 넘겨주는 계획을 세웠다. 게다가 인구가 적어 사회적 거리두기도 쉽다는 장점이 있다. 하지만 얼마나 많은 러시아인이 정부의 제안을 받아들일 것인가?

러시아의 극동 지역에는 중국인을 비롯하여 물과 식량 부족에 시달리는 아시아인들이 대거 유입될 가능성이 높다. 이들은 러시아에서 상당 기간을 머물면서 겨울에는 고국을 방문할 것이다. 중국은 불완전 고용 상태의 청년과 중년 남성 수백만 명을 아무르강 건너로 보내 러시아의 재건을 돕고 아시아의 대규모 무리를 먹이고 재우는 임무를 수행할 준비가 되어 있다. 러시아는 (브라질에 이어) 세계 2위의 담수 공급국이지만 브라질이 수자원을 다른 나라에 수송할 수 없는 것과 달리 러시아의 강은 동쪽에 있는 중국의 하천과 운하 사업으로 전용될 수 있다.

러시아가 남쪽의 거대한 이웃을 멀리하려는 데에는 그만한 이유가 있다. 시베리아 동부에 중국인이 지속적으로 증가하는 상황은 몽골 원 제국을 떠올리게 한다. 8세기 뒤 중국의 기후 민족주의는 새로운 실지 회복주의를 정당화할 수 있다.

독일의 지리학자 프리드리히 라첼Friedrich Ratzel은 인구 규모가 자원보다 커질 수 있다는 맬서스의 난제에 인구 제한과 더불어 생활권Lebensraum의 확대를 제안했다. 이는 1930년대 나치가 팽창주의를 정당화하기 위해 사용했던 주장이다.

미래에는 지도에 러시아 극동 지역이 '시노―시베리아Sino―Siberia'로 표기될 것인가? 전설적인 바이칼호의 기슭에 중국인들은 불법 호텔을 짓고 당국에 세금을 체납했다. 여러 국경 협정에서 그랬듯 중국은 영토를 러시아에 양도한 1858년 조약이 불공정했다고 간주하며 여전히 바이칼호를 '북해'로 부른다. 중국이 러시아에서 토지 수탈에 나서지는 않았지만 공유하고 있는 아무르강 국경으로 흐르는 쑹화강에 독성 공업 폐기물을 유출하고 과도한 벌목 행위를 해왔다.

러시아는 다른 주요국의 도움 없이 중국과 주권 평등을 유지할 수 없으며 어쩌면 미국의 도움을 받아야 할 수도 있다. 현재로서는 일본에서 더 많은 투자를 받고 있으며 2019년 블라디미르 푸틴 러시아 대통령은 인도의 나렌드라 모디 총리를 이 지역의 수도인 블라디보스토크에서 열린 극동 포럼의 주요 게스트로 초청했다. 인도의 기업은 제강소를 개선하고 제약 공장을 설립하며 여러 극동 국가에서 농업 및 식량 유통 센터를 현대화하는 일을 분주하게 진행하고 있다. 러시아는 남아프리카 등에서 농민들을 유치하고자 했으며 인도는 오랫동안 러시아의 우방 역할을 해 왔다. 인도 농민들은 러시아를 '북부의 펀자브'로 여길 정도다. 시베리아의 인도인은 중국의 통제에 맞서는 덫으로 기능할 수도 있다.

앞으로 여러 세대를 거치면서 다양한 민족이 어우러지고 아시아의 하이브리드 민족이 광활한 시베리아 변경에서 몇 배 수준으로 증가할 수 있다. 이런 일이 처음 있는 것은 아니다. 3만 년 전 유라시아 서부와 아시아 동부의 민족들이 공통된 민족으로 융합된 것이다. 바이칼호에서 출토된 만 4,000년 전의 치아 화석은 고대 아시아인이 베링 해협의 육교를 건너 알래스카로 처음 진출했으며 아메리카 대륙 원주민과 연관성이 있음을 보여 준다.

러시아의 극동 지역은 또다시 공동의 아시아 변경이 될 수 있다. 화산으로 형성되고 바위가 많은 캄차카반도에는 곧 연중 내내 스키와 하이킹을 즐길 수 있는 리조트가 대거 들어설 수 있으며 이는 강우량이 풍부한 기후와 비옥한 토양을 누리려는 인구가 유입되는 전조가 될 수 있다. 블라디보스토크의 아시아 젠트리피케이션(도심의 낙후된 지역에 고급 상업 및 주거 지역이 형성되면서 원래 거주자가 다른 지역으로 쫓겨나는 현상)은 태평양 건너 밴쿠버의 거울 이미지가 될 수도 있다.

러시아는 대규모 이주에 관심이 없어 보이지만 원할 때는 적극적인 행정 조치로 근로자를 초청한다. (2022년 러시아와 우크라이나 사이에 전쟁이 발발하기 전까지는) 200만 명의 우크라이나인이 러시아에 거주하고 있으며 30만 명가량이 해마다 동쪽으로 이동하고 있다. 푸틴은 러시아의 관세 동맹 구상에 참여하지 않은 대가로 러시아 이주를 원하는 모든 우즈베키스탄인에게 러시아 여권을 제공하는 제안을 우즈베키스탄 신정부를 처벌하는 방안으로 내놨다. 2020년 러시아는 이중국적법을 통과시켜 더 많은 사람이 기존의 국적을 버리지 않고도 러시아 국적을 얻을 수 있도록 만들었다(미국의 내부 고발자 에드워드 스노든(Edward Snowden)이 초기 수혜자다). 러시아 역시 이전의 위성 공화국과 그 이외의 지역에서 인재를 유치하는 전쟁에 뛰어들었다.

러시아에서 또다시 혁명이 일어난다면 러시아를 누가 다스리느냐가 아닌 누가 사느냐가 문제일 것이다. 백 년 전 볼셰비키가 신속하게 국가를 장악한 것과 달리 현재의 혁명은 러시아 인구가 고령화되고 지형에서 녹지가 증가하며 인종 측면에서 황인종과 갈인종이 증가하는 서사가 느린 속도로 진행되고 있다.

몽골을 고려할 것인가?

러시아와 중국 사이에 불편하게 끼어 있는 몽골은 새로운 실크 로드 통로라는 운명을 마지못해 받아들였다.

몽골 북부에는 순록을 키우는 농민들이 거주하며 시베리아 남부와 기후적으로 잘 어울릴 수 있는 반면 몽골 남부의 고비 사막은 중국의 네이멍구와 같이 사막화되거나 중국의 녹색 장성 등의 계획으로 재조림해야 할 것이다.

몽골 역시 영토의 7퍼센트 수준으로 줄어든 삼림을 확대하기 위해 대규모 식목 사업을 시작했다. 300만에 불과한 인구(가축은 6,600만 마리)가 스텝(steppe, 중위도 지방에 넓게 펼쳐진 초원) 지대를 떠도는 몽골은 광산업으로 인한 지하수 고갈과 고급 캐시미어 울과 같은 가내 공업 및 목축 전통의 부활 가능성이 엇갈리는 갈림길에 서 있다.

기온이 상승하여 겨울의 극심한 추위가 완화되는 가운데 상충하는 이해관계 사이에서 균형을 이룰 수 있다면 소 떼만큼 많은 인구를 유치할 수 있을 것이다.

중앙아시아로 진출

중앙아시아는 유서 깊은 공간이지만 역사가 매우 짧은 나라들이 차지하고 있다. 서쪽의 카스피해부터 북쪽의 러시아, 동쪽의 중국, 남쪽의 인더스 문명에 이르는 광활한 스텝과 사막 지대에 수 천 년 동안 중심지와 정착지가 들어섰다. 유목 민족이었던 소그드인은 원래 실크로드에서 필경사 역할을 하면서 페르시아어, 투르크어, 중국어, 심지어 기원전 4세기 알렉산드로스 대왕의 도착과 관련하여 고대 그리스어를 번역했다.

이슬람이 아라비아에서 전파된 때는 7~8세기이며 이후 히바, 부하라, 사마르칸트(오늘날 우즈베키스탄 영토)가 튀르키예부터 몽골에 이르는 지역의 상인들이 머무르는 휴게소 역할을 했다.

13세기에는 이곳에서 칭기즈 칸의 약탈하는 무리가 남하했다. 투르크—페르시아계 티무르 장군이 이 지역을 몽골에서 되찾은 이후 티무르의 증손자인 바부르가 뒷날의 무굴 제국을 세웠다. 바부르는 델리에 제국을 세우고 아프가니스탄부터 인도 대부분에 이르는 영토를 다스렸다.

러시아가 한 세기 동안 지배한 이후에도 다민족이 어우러져 있는 특성은 중앙아시아의 특징을 국경보다 더 잘 보여 준다.

중앙아시아 공화국에서 가장 큰 나라인 카자흐스탄은 크기가 오스트레일리아에 맞먹으며 인구 밀도 역시 낮다. 경제가 상품에 의존하고 있으며 부와 명성에서 이웃 나라를 앞선다. 카자흐스탄은 원유 매장량이 풍부한 카스피해에 이르는 핵심 교량으로서 유라시아를 가로지르는 주요 물류 관문으로 급부상했다. 수도인 아스타나는 빠르게 성장하는 지역의 금융 허브이자 새로운 대학, 2017년 세계 엑스포 부대시설과 같은 화려한 건축물을 자랑한다.

25년 동안 전문가와 근로자를 러시아 등의 해외로 보냈던 카자흐스탄은 이제 지역에서 인재를 끌어들이는 장소가 되었다. 러시아 경제가 약화되는 가운데 300만 명의 중앙아시아인이 카자흐스탄의 번성하는 건설업 등에서 일자리를 얻고 있다. 이웃 나라인 러시아와 중국에서 태어난 카자흐인들 역시 새로 태어난 카자흐스탄으로 돌아왔다. 새로운 인구 유입은 카자흐스탄이 진정으로 세계적인 기후 오아시스로 도약하는 징후다. 현재 카자흐스탄의 인구는 2,000만에 불과하지만 2억 명이 추가로 유입될 수 있을까?

톈산 산맥 자락에 위치한 알마티는 카자흐스탄의 상업 중심지로 러시아군이 주둔하던 시절부터 시장들이 나무 심기를 의무화하고 고층 건물의 건축을 금지했다. 현재 알마티의 200만 주민은 그동안의 도시 미화 작업의 결실을 누리고 있다. 새로운 운동장과 보행자 도로, 자전거 길이 마련되어 있으며 분무기로 열기를 식힌다.

카자흐인들의 자신감은 높은 출생률뿐 아니라 고급 차량의 대리점, 세련된 쇼핑몰, 트렌디한 나이트클럽, 각진 아파트 단지에서도 묻어난다. 베오그라드의 크네즈 미하일로바 거리를 닮은 지베크 졸리Zhibek Zholy 거리에서는 음악가, 브레이크댄서, 거리 예술가를 만날 수 있으며 다양한 음식을 맛볼 수 있는 카페가 늘어서 있다. 모퉁

이마다 있는 환전상에서는 점점 증가하는 출장객과 관광객을 위해 온갖 통화를 거래한다. 아시아의 세계주의가 꽃피울 수 있는 비옥한 고산지다.

여름에는 남아시아의 뜨거운 열기를 피하면서도 자신들의 뿌리를 찾으려는 인도 관광객 무리를 심심치 않게 만날 수 있다. 중앙아시아와 인도는 무굴 제국부터 소련 시절 유행했던 문화는 물론이고 발리우드의 고전 영화에 이르기까지 문화적으로 깊은 유대감을 가지고 있다. 나는 카자흐스탄의 드라마 한 편을 봤을 뿐이지만 도시와 시골을 오가며 여러 방언이 등장하는 플롯은 뭄바이에서 집필되었을지 모를 일이다. 우즈베키스탄의 수도 타슈켄트에서 멀지 않은 곳에서 힌디어를 유창하게 구사하는 상인을 여러 명 만날 수 있었다. 우즈베키스탄은 인도인의 무비자 입국을 허용하며 중년의 인도 남성이 일주일간 섹스 관광을 하는 수요도 있는 듯하다.

인도의 선구자들은 무굴 제국이 확장했던 것과는 반대 방향으로 서서히 남에서 북쪽으로 이동하여 조상들의 땅에 정착할 것인가? 진취적인 인도 의사들은 이미 알마티와 타슈켄트에 개인 병원을 열었다. 인도 요리사는 인도 관광객이 가장 많이 찾는 호텔에서 주방을 담당하고 있다. 영어로 수업을 진행하는 국제 학교가 새로 유행을 끌면서 인도의 수준 높은 교사에 대한 수요도 증가하고 있다. 인도가 살기 안 좋은 환경으로 변할수록 더 많은 인도인이 온난한 기후와 기업가 정신을 발휘할 기회를 찾아 (조상들의 진출 경로와는 반대로) 북쪽으로 향할 것이다.

카자흐스탄과 우즈베키스탄은 중앙아시아의 문화 혼합 주의가 얼마나 많은 주민을 새로 끌어들일 수 있는지를 잘 보여 준다. 이 지역의 투르크족뿐 아니라 오늘날의 이란, 파키스탄, 중국을 아우르는 문화권에서 수백만 명이 더 유입될 가능성이 있다. 중국의 집단 수용소에서 고문과 모욕을 당한 신장 위구르의 2,000만 무슬림을 생각해 보라. 수천 명이 국경을 넘어 카자흐스탄에 정착했으며 수백만 명이 그 뒤를 따를 수 있다. 1990년대에서 2000년대까지 이 지역에서는 아프가니스탄의 불안정을 비롯해 이슬람주의가 세력을 얻을지 모른다는 공포가 팽배했다. 하지만 카자흐스탄과 우즈베키스탄의 5,000만 인구에게 이슬람은 종교적인 멍에보다는 문화적 특성에 불과한 것으로 보인다. 학생들은 모스크와 마드라사(이슬람 교육 기관)를 갈 때 마치 관광객처럼 역사를 배우려는 목적에서 방문한다.

시아파 이슬람 정권과 환경 위기로 고통당했던 이란 사람들에게는 다행스러운 소식이다. 지금까지 이란인들은 북미나 유럽으로 달아났지만 이란은 타지키스탄과 민족적으로나 언어적으로 친밀감을 공유한다. 양국의 관계는 '두 개의 몸에 마음은 하나'라고 표현되어 왔다. 이란은 타지키스탄에 원전과 터널을 건설했으며 양국 사이에 위치한 아프가니스탄 북부 지역에 '다리 벨트'의 건설을 계속 진행하고 있다. 무역로의 건설이 목적이지만 타지키스탄에 빙하가 풍부하다는 점을 고려하면 고지대로 피난하려는 페르시아인의 이주 통로로 활용될 수도 있다.

지금까지 중앙아시아의 이주 증가는 의도적이라기보다는 우발적으로 일어난 측면이 크다. 카자흐스탄 정부는 과거의 불법 이주자 수십만 명에게 자진 신고의 기회를 허용하고 지역 학생들을 위해 선발 기회를 제공했다. 하지만 시민들이 앞으로의 인구 변화에 대해 적극적인 대화를 진행한 적은 없다. 다만 중국인의 이주에 대해서는 예외다. 중국 근로자와 부동산 투자자의 유입은 카자흐스탄과 키르기스스탄에서 반중국 시위와 파업으로 이어졌다. 이들 국가에서는 노동 쟁의와 계약 분쟁에서 모두가 체면을 살리면서 공평한 해결책을 찾기 위해 다퉜다.

하지만 중앙아시아에 관광객과 인구가 증가할수록 이 지역의 정부는 이주를 경제 다변화를 꾀할 수 있는 사업 모델이자 로드맵으로 여길 것이다. 외국인 근로자는 도로를 확장하고 철도를 건설하고 주택 단지를 조성하며 관개 용수로를 넓히고 거대한 태양광 발전소를 짓는 데 필수적이다. 이러한 사업에 대해 카자흐스탄 정부는 녹색 채권(환경친화적 프로젝트에 투자할 자금을 마련하기 위해 발행되는 채권)을 발행하고 투자를 유치하고 있다.

중앙아시아의 인구가 현재의 5,000만에서 5~6배 많은 수준으로 증가한다면 모든 인구에게 식량을 공급할 수 있는 방안을 찾아야 할 것이다. 이 지역은 구소련 시절 수십 년 동안 재앙과도 같은 면화 생산으로 아랄해가 거의 사라지다시피 한 상황에서 겨우 회복하고 있는 단계다. 카자흐스탄은 한때 활발하게 농사를 지었던 아랄 지역을 되살리기 위해 가뭄에 강한 종자를 심고 있다. (국토의 80

퍼센트가 덤불로 뒤덮인 사막인) 우즈베키스탄은 지하 대수층의 물을 퍼 올리고 새로운 운하를 건설하며 효율성 높은 점적 관개(관개 호스에서 물이 천천히 흘러나오도록 하여 원하는 부분에만 제한적으로 소량의 물을 지속적으로 공급하는 관개 방법)를 구축하는 역량을 갖춘 투자자에게 세제 혜택을 제공하고 있다. 또한 수박, 오이, 토마토, 석류, 체리, 기타 과일과 야채를 재배할 수 있는 온실이 우후죽순 생겨나고 있으며 농산물의 유통 기한을 늘리고 시장 도달 가능성을 높이기 위해 식품 가공업을 발전시키고 있다. 아무다리야강을 따라 지붕에 태양광 패널을 설치한 조립식 건물이 길게 늘어서 있는 모습은 우즈베키스탄이 앞으로 수십 년 동안의 기온 상승을 이겨 내기 충분한 에너지, 수자원, 식량을 갖추고 있음을 보여 준다.

중앙아시아의 '대륙성 기후'는 여름에 섭씨 55도까지 상승하고 겨울에는 영하 20도까지 내려가는 극한 기후가 특징이다. 평균 기온이 상승하면서 그리 춥지 않은 겨울을 보낼 수 있겠지만 여름은 더욱 뜨거워질 것이다. 2019년 여름에 우즈베키스탄 정부는 국민에게 정오부터 오후 4시까지 실내에 머물 것을 권고하는 공공 서비스 알림을 처음으로 발령했다(개인적으로는 오전 11시에서 오후 5시까지 실내에 있을 것을 권한다). 40도에 육박하는 더위를 날마다 겪어 본 바로는 건조한 환경에서는 그늘에 머무는 한 열기를 견뎌 낼 수 있다. 하지만 습도가 높은 환경에서는 그러한 더위를 버텨 내기 어렵다. 이 지역의 저녁 시간은 쾌적한 편이어서 해가 지면 거리가 다시 활기를 찾는다.

카자흐스탄은 우즈베키스탄보다 위도가 높고 다양한 고도에 위치해 있기 때문에 기후 변화에 더 잘 적응할 가능성이 높다. 현재 이 나라는 세계 최대의 밀 수출국이며 보리, 해바라기, 아마, 쌀도 재배하고 있다. 새로운 농업과 협동조합의 보조금으로 농민들은 더 좋은 사료, 비료, 장비를 얻고 있으며 더 많은 우유와 작물을 생산하고 있다. 하지만 카자흐스탄에서는 앞으로 건기가 더 길어질 것에 대비해 톈산 산맥에서 이어지는 관개 용수로를 넓히고 더 많은 빙하수를 저수지에 저장해야 한다.

카자흐스탄은 국토가 광활하다는 점에서 대기의 황을 처리하여 햇볕 양을 줄이고 구름 씨뿌리기를 통해 강우량을 늘리며 수십억 그루의 나무를 심을 수 있는 가능성을 갖췄다. 잉글랜드 면적과 맞먹는 스텝림steppe forest은 정부가 조림 사업에 보조금을 지급한 덕분에 더 넓어졌다. 삼림 지대의 낡은 인프라를 지속 가능한 방식으로 개선한 덕분에 중요한 생태 피난처가 조성될 가능성이 생겼다.

중앙아시아가 파미르 고원과 톈산 산맥에서 발원하는 하천으로 인해 '아시아의 급수탑'으로 불리지만 키르기스스탄처럼 부패한 국가가 살기 좋은 나라로 변신하기 위해서는 고도만으로는 충분하지 않다. '중앙아시아의 스위스'라는 별명이 무색하게도 키르기스스탄은 이식쿨 호수와 같은 청정 환경을 보호하는 데 실패하고 있다. 이식쿨 호수는 사해가 고원에 위치한 것과 같은 염수호로, 소련 시절에 호수 주변에 가내 공업이 번성했다. 하지만 남획과 오염은 정부가 환경법을 제대로 시행하지 못하고 있음을 보여 주며 인접한 중국과 러시아가 영향력을 행사할 수 있음을 고려하면 위험한 징조라 할 수 있다. 키르기스스탄은 위도와 고도 측면에서 기후 변화에 유망한 환경이지만 태도를 개선해야 할 여지가 크다.

종합적으로 봤을 때 중앙아시아의 인구가 현재의 6,000만에서 2억 명 이상으로 증가한다면 각국이 이름을 바꿔야 할지 모른다. '스탄Stan'이라는 접미사는 '~의 땅'이라는 뜻인데 인구 구조상 더는 투르크족이 다스리는 땅이 아닐 것이기 때문이다. 전체 인구에서 외국인이 차지하는 비중이 UAE와 비슷하게 될 것이다. UAE의 경우 아랍 에미리트의 토착민은 열 명 중 한 명에 불과하며 나머지 90퍼센트는 이주자다. 아랍 에미리트인이 용광로의 소수 민족인 것과 유사하게 카자흐스탄 사람도 전 세계의 유목민을 받아들이는 유목민이 될 것이다.

만약 러시아와 카자흐스탄 모두가 인구 증가를 적극적으로 받아들인다면 카자흐스탄은 지금보다 더 남쪽에서 북쪽으로 이어지는 국가가 될 것이다. 7,000킬로미터에 육박하는 러시아와의 국경(세계에서 두 번째로 길다)은 러시아가 엄격하게 통과를 관리하더라도 19세기와 20세기의 유동적인 관문으로 돌아갈 수 있다. 기후 변화가 이 지역의 정부에 맡긴 중대한 책임은 엄격한 방식을 합리화하는 충분한 근거로 작용할 것이다. 이와 동시에 카자흐스탄은 이미 국제이주기구International Organization for Migration와 협력하여 이주권을 홍보하고 있다. 다음에는 국제기구에 외국인 구역을 공동 관리하는 방안을 제시할지도 모를 일이다.

카자흐스탄과 이웃 나라의 살기 좋은 지역은 지금보다 더 많은 인구를 받아들일 수 있는 잠재적인 조건을 충족한다. 공간이 넓고 경제를 현대화하는 데 인력이 필요하며 앞으로 수십 년 동안 기후 변화가 진행되더라도 지속 가능성을 유지할 수 있으며 정치적 안정성을 유지할 가능성이 높다.

현재로서는 도로와 철도, 농업, 식품 가공, 주택, 의료 서비스에 대한 투자도 충분해 보인다. 하지만 미래를 고려한다면 더 많은 투자가 일어나야 할 것이다.

대이동의 시대
인류, 새로운 생존의 지도를 쓰다

7장

북극주의

대륙의 사촌

세계 인구의 4분의 3이 북반구에 거주하며 5억 남짓이 북아메리카에, 50억 넘는 인구가 유라시아에 산다. 북반구는 크기와 자원 매장량, 자원 활용과 인구 수용 능력 측면에서 강대국이 모두 위치한 지역이기도 하다. 북아메리카와 유라시아 대륙은 인구 통계와 지정학적 측면에서 역사와 미래를 모두 담당하고 있는 곳이다. 19~20세기에 유럽의 기술과 이주자가 북아메리카의 부를 키우는 데 기여하면서 제2차 세계대전 종전 당시 세계 경제에서 미국이 차지하는 비중이 절반에 달했다. 하지만 인구가 북미보다 훨씬 많은 유럽과 아시아가 부와 기술 면에서 동등한 성과를 거두면서 전 세계 경제에서 북미가 차지하는 비중은 15퍼센트로 하락했다.

그럼에도 북미의 이점은 전략적 안정성과 관리 가능한 인구 규모에서 찾을 수 있다. 3개 주요 국가가 산업 정책과 이주를 놓고 갈등을 벌이고 있지만 미국은 중국보다 캐나다, 멕시코와 더 많은 무역을 하고 있다. 또한 지금까지 미국은 캐나다와 멕시코의 최대 투자자 역할을 해 왔다. 북미 대륙의 주요 국경선 두 개는 세 나라가 에너지, 농업, 산업 측면에서 깊은 상보성을 갖기 때문에 훨씬 중요한 의미를 지닌다. 로키 산맥, 그레이트플레인스, 오대호 같은 아메리카 지역은 기후 변화에 가장 회복력이 뛰어나며 미국과 캐나다가 지리적으로나 지형적으로 공유하고 있는 지역이기도 하다. 이는 보다 긴밀하게 연결된 북아메리카연합North American Union의 출범이 불가피함을 강조하는 대목이다.

멕시코와 미국의 인구가 뒤섞이고 있는 현상도 국경을 서로 왕래할 수 없는 곳으로 만든다는 발상이 얼마나 허황된 지를 보여 준다. 이미 멕시코계 미국인의 숫자가 3,700만 명에 달하며 캘리포니아, 애리조나, 뉴멕시코, 텍사스에는 이중 국적자로 구성된 이중 국적 공동체가 그 어느 때보다도 큰 규모로 형성되어 있다. 엘파소와 후아레스는 국경을 잇는 역할을 하며 수천 명이 학업, 쇼핑, 출산을 위해 북쪽으로, 가족을 만나거나 저렴한 의료 서비스를 받기 위해 남쪽으로 이동한다. 은퇴자든 청년이든 가릴 것 없이 미국인들이 저렴한 생활을 누리기 위해 이동하면서 멕시코에 거주하고 있는 '미국계 멕시코인' 숫자가 20년 전 20만 명에서 현재 150만 명으로 증가했다. 수십 년 뒤에는 기후 변화의 영향으로 중앙아메리카에서 북쪽으로 이주가 일어나면서 지금까지의 이주 규모를 훨씬 능가할 것이다.

저명한 지리학자인 알렉 머피Alec Murphy 오리건대학 교수는 시간이 지나면서 사람들의 이동이 세계의 각 지역과 연관 짓는 거대한 서사를 변화시킨다고 주장한다. 이러한 방식으로 인문 지리는 우리에게 심도 있는 질문을 던지도록 유도한다. 기후 변화의 속도가 빨라지는 가운데 북아메리카와 이 지역의 인구는 전 세계의 복잡한 사회에서 어떤 역할을 할 것인가?

유라시아의 미래도 동일한 무게감으로 접근해야 할 주제다. 소련이 붕괴한 이후 지난 30년 동안 유라시아에서는 중세 실크로드의 재발견 작업이 진행됐다. 1990년대에 남쪽의 발칸 반도로 향하는 유럽 열차를 탄 적이 있는데 EU가 동쪽의 러시아를 향해 확장되고 그 영향력이 카스피해 인근의 캅카스 국가까지 미치는 것을 확인할 수 있었다. 2000년대에는 다른 방향에서 중국의 도로와 파이프라인이 카자흐스탄을 건너 카스피해까지 이동했다. 지난 십 년 동안 유럽, 러시아, 중국은 적극적으로 협력(하고 경쟁)하면서 런던과 상하이를 잇는 고속 화물열차의 건설을 추진했다.

앞으로 수십 년 동안 유라시아 횡단 인프라에 대한 투자가 경제를 현대화하고 도시화를 촉진하면서 근면한 근로자의 이동을 장려할 것이다. 사마르칸트처럼 오랫동안 정체기에 머물러 있던 도시에 먼 지역에서 상인들이 유입되어 상점을 열고 물건을 팔면서 활력을 불어넣을 수도 있다. 암호 화폐가 국경을 넘어 번성하면서 어디에서나 화폐에 접근할 수 있을 것이다. 대두, 야채, 쌀이 훨씬 다양한 지역에서 재배될 것이며 물류가 개선되면서 공급이 수요를 충족할 수 있을 것이다. 가스관, 철도, 태양열 발전 전력이 흐르는 고압 전선, 주요 도시를 잇는 수로가 러시아에서 인도를 아우르는 새로운 인프라 망을 형성할 것이다. 다음 세대의 실크로드는 여러 방향으로, 여러 기능을 하는 친환경 성격을 띨 것이다.

식량 지리

범례

■ 곡류
　■ 밀　　　■ 쌀　　　■ 옥수수
　■ 보리　　■ 펄기장　■ 소가장
　■ 수수　　■ 기타 곡류

■ 콩류
　■ 콩　　　■ 병아리콩　■ 동부콩
　■ 나무콩　■ 렌틸콩　　■ 기타 콩류

■ 근채류
　■ 감자　　■ 고구마　　■ 참마
　■ 카사바　■ 기타 근채류

■ 과일 및 견과류
　■ 바나나　　　■ 플랜틴　■ 열대 과일
　■ 온대 과일

■ 지방종자
　■ 대두　　　■ 땅콩　　■ 코코넛
　■ 기름야자　■ 해바라기　■ 유채
　■ 참깨　　　■ 기타 지방종자

오늘날 전 세계 농업은 인구 분포와 대체로 중첩된다. 아랍 세계를 제외하고 식량 생산이 중국, 인도, 미국, 브라질 등 인구가 많은 지역에 집중되어 있다. 하지만 기온이 상승하고 강우 패턴이 변화하면서 농업 생산에 최적인 지역도 변화하고 있다.

북극의 테라포밍

북위 27도는 모든 위도를 통틀어 인간이 가장 많이 밀집해 있다. 지난 6,000년을 조망하면 인간은 가장 비옥하고 살기 좋은 북위 25~45도에 적응하며 살아왔다. 기후 변화로 이 최적의 구간을 벗어나게 되면 인간은 기온과 인구 밀도가 더 낮은 북쪽으로 이동하는 편이 나을까? 듀크대학교의 수학자 애드리안 베얀Adrian Bejan은 『진화와 자유evolution and freedom』에서 인구가 군중과 마찬가지로 좁은 지점에서 넓은 지역으로 이동하는 방식을 설명한다. 오늘날 인구 밀도는 적도와 열대 위도에서 높게 나타나지만, 앞으로는 광활한 북부로 흩어질 수도 있다. 인문 지리는 적도에서 북부로 나아갈 운명이다.

약 500년 전 소빙하기가 찾아오자 스페인, 포르투갈, 네덜란드, 영국은 탐험에 나섰고 이를 계기로 유럽의 해상 국가가 전 세계 권력을 움직이는 키를 잡았다. 하지만 과거의 글로벌 제국은 경제적으로 후퇴하는 모습을 보이고 있다. 한편 독일, 스칸디나비아, 러시아와 같이 소빙하기에 큰 타격을 입었던 국가는 기후가 따뜻해지면서 새로운 인구를 맞아들이고 있다.

북아메리카와 유라시아 최대 국가인 캐나다, 러시아는 광활한 지역에 걸터앉아 있다. 두 나라는 풍부한 하천과 녹아내리는 영구 동토층에서 수집한 막대한 양의 담수를 남쪽의 미국, 중국과 같이 수자원이 고갈되는 국가에 판매할 수 있는 여유를 누리고 있다. 또한 캐나다와 러시아는 이전에 전 세계 지정학과 인구 구조에서 중추역할을 한 번도 한 적이 없었던 지역인 북극을 차지하고 있다는 공통점이 있다. 공상 과학 문화는 다른 행성을 테라포밍(행성을 개조하여 인간이 생존 가능하도록 지구화하는 과정)하여 인간이 살기에 적합하게 하는 비전을 오랫동안 자극해 왔다. 그러한 꿈을 시도하기 한참 전이라도 지구의 험하고 인구가 거의 살지 않는 지역에 대규모 정착을 준비해야만 한다. 애리조나의 생물권 시설은 30년 전 달에 인간이 건설하게 될 생태 공동체를 시뮬레이션할 목적으로 고안되었다. 현재 이 시설은 인간이 가뭄과 혹서 같은 극한 환경 조건에 어떻게 적응할 수 있는지를 테스트하도록 용도가 변경되었다. 지구 온난화에 대한 해결책은 북극권으로 이주하는 일이라고 주장하려는 유혹을 느끼기 쉽다. 북극은 다른 위도보다 두 배 빠른 속도로 온난화가 진행되고 있으며 밀을 비롯한 식량 생산도 증가하고 있다. 삼림이 북쪽으로 확대되어 툰드라에 이르고 있기도 하다. 아프리카 규모의 땅덩어리에 불과 500만 명만 거주하고 있는 북극에 10억 명 이상이 거주할 수 있다는 가정도 타당해 보인다. 내가 트롬세와 키르케네스 같은 노르웨이 북부 도시를 여름과 겨울에 방문했을 때 북극의 도시가 빠르게 성장하고 있음을 확인할 수 있었다. 심지어 노르웨이는 와인 산업도 운영하고 있다. 하지만 북극의 여름이 따뜻하고(24시간 내리쬐는 볕을 피할 챙이 달린 모자를 가져가야 한다) 겨울 추위를 어느 정도 견딜 수 있게 된다 하더라도 여전히 어둡기 때문에 비타민 D 결핍에 시달릴 수 있는 만큼 사람이 살기에 적절하지 않다. 이곳에서는 동사하는 사람의 수는 줄고 있으나 난방 관련 사망은 증가하는 추세다. 알래스카에서 북유럽 국가에 이르기까지 산불이 발생하지만 이에 대처할 만한 소방서 (또는 기타 기본 인프라) 시설이 거의 없다. 노르웨이에서는 집중 호우로 소도시가 물에 잠기고 여름의 가뭄으로 소가 굶어 죽는다. 목가적 분위기의 섬도 문제에 부딪혔다. 아름다운 스발바르 제도에서는 영구 동토가 녹으면서 눈사태가 발생하고 있다. 아이슬란드의 빙하가 녹는다는 의미는 곧 하천이 마른다는 뜻이다.

우리는 지구의 다른 지역에서 발생하는 오염 문제를 완전히 피해갈 수 없다. 북단의 오염되지 않은 눈에 이제는 미세 플라스틱이 섞여 있다. 게다가 영구 동토와 빙하 아래에 수백 년 전 수백만 인구와 동물을 사망에 이르게 한 페스트 같은 질병과 박테리아가 오랫동안 잠복 상태로 묻혀 있었는데 빙하가 해동되면서 다시 감염을 일으키고 있다. 영구 동토의 해동은 가연성이 높은 메탄과 같은 온실가스뿐 아니라 신경 중독의 위험이 있는 수은도 노출시킨다.

　도로는 수개월 얼어 있다가 유사(流沙, 바람이나 물에 의해 흘러내리는 모래)처럼 기능하는 토탄 늪이 되어 무너질 수 있다. 북극을 테라포밍하는 과정에서 건설한 도로가 인간을 사망에 이르게 하는 늪과 화학물질로 변하게 되는 것이다.

기온이 섭씨 4도 상승하면 지구에서 연중 내내 인간이 거주하기에 적합한 지역은 캐나다, 유럽 북부, 러시아뿐일 것이다. 미국 등지에서 태양열, 풍력, 기타 재생 가능한 에너지 원천을 생산하더라도 현재 가장 인구가 많은 중국, 인도, 미국과 같은 나라는 가뭄과 기타 환경 재앙 때문에 살기에 적합하지 않을 것이다.

그럼에도 인간은 시도를 멈추지 않을 것이다. 미국에서 유일하게 일부 영토라도 북극에 포함된 알래스카주는 EPA의 기후 복원력 선별 지수Climate Resilience Screening Index, CSRI에서 기후 위험에 대비된 카운티 숫자가 가장 많은 곳으로 확인되었다. 인구 밀도가 낮다 보니 미국 모든 주를 통틀어 가장 낮은 코로나19 감염률을 기록하기도 했다. 하지만 매년 알래스카에서는 그보다 위도가 낮은 48개 주에서 보다 나은 일자리를 찾기 위해 떠난 주민들이 유입되고 있는 추세다. 앞으로는 낮은 세율을 찾아 조세 피난을 원하는 미국인이 새 삶을 시작하고 찜통더위를 피하기 위해 이 험한 지형에 몰려들 것이다. 하지만 알래스카에서도 수십 개의 해안 도시가 태평양의 해수면 상승으로 잠기고 있으며 혹서로 하천의 연어가 산란하기 전에 떼죽음을 당하고 있다. 내륙에서는 원유 시추와 목재 벌목이 자연 보존을 위협하는 모양새다. 그러니 새 출발은 완전히 새로운 도시의 건설을 의미할지도 모른다. 그러면 사람들이 알래스카와 그 건너편의 캐나다에 조성된 새로운 북극 용광로로 몰려들 것이다.

이미 유럽에서는 북극의 부동산 시장을 기웃거리는 사람이 크게 증가하기 시작했는데, 특히 아프리카에서 뜨거운 사하라 사막의 거대한 돌풍이 북쪽을 향해 불면서 그 추세가 강해졌다. 한 스페인 기상학자는 2019년 기나긴 무더위가 찾아오기 전에도 "지옥이 다가오고 있다."라고 경고했다. 독일의 브란덴부르크에서는 건기가 길어지면서 들불이 번지고 베를린에 잿빛 안개가 내려앉았으며 모스크바에서는 혹서 기간 동안 하늘이 검붉게 변했다. 스칸디나비아

부동산 개발 회사들은 발 빠르게 남쪽의 유럽인들에게 다차(러시아의 시골 저택)로 피서를 떠날 것을 권했다. 여름에 직원들이 근무할 기지를 북극에 건설하겠다고 발표하는 회사가 있다면 우편함에 온갖 이력서가 쇄도하여 AI로 검토해야 할 것이다. 북극에서는 여름에 낮이 20시간 넘게 이어지기 때문에 근무와 여가에 보낼 수 있는 시간이 그만큼 많다.

북극 지방을 향하는 데에 새로운 목적이 생길 것이다. 그저 북극에 가려는 것이 북극에 가는 이유가 되는 것이다. 이전에는 자연만 존재했던 곳에 인류를 위한 시설이 마련될 것이다. 19세기 미국에서 서부를 탐험했던 아미쉬파와 메노파처럼 공공시설 없이 자체적으로 운영되는 소공동체가 시야 밖에 있는 거친 세상에 대한 의존도를 줄이기 위해 현지에서 식수를 조달하고 농사를 짓는다. 또한 북극에는 연구 목적으로 정착하는 과학자, 공학자, 환경 운동가, 자본가도 모여들 것이다. 이미 VR(Virtual Reality, 가상 현실)에서 건축을 설계하여 디지털 공간에서 공동체를 조성하고 있으며 블록체인을 사용하여 현금 없이 거래를 하고 있다. 앞으로는 투자자에게 자금을 지원받아 정부와 투자 수익을 나누고 새로운 사업에서 발생하는 이익을 공유하는 대가로 식민지 권리를 부여해 달라는 협상을 벌일 것이다. 발라지 스리니바 산은 이를 '선先 클라우드, 후後 토지'라고 표현했다.

북극의 인구가 증가하면 자원이 풍부한 남아메리카의 모습을 닮아 갈 수도 있다. 남아메리카에서는 토착민과 이베리아에서 온 식민지 주민, 아프리카 노예, 기근을 피해 이주한 유럽인과 아시아인, 내전에서 피난한 아랍인이 수백 년 동안 어울려 살면서 독특한 환경이 형성되었다. 시간이 지나면서 북극에서도 유럽인, 러시아인, 북아메리카인뿐 아니라 시리아인, 인도 농민, 중국과 튀르키예의 산업 엔지니어, 그 밖에 나무를 심고 정착지를 건설하고 자원을 채굴하기 위해 수십 개 나라에서 온 사람들이 뒤섞일 것이다. 수백 년 동안 그 어떤 나라의 영토도 아닌 상태로 유지된 머나먼 북극의 황무지처럼 인간의 정체성을 새로 형성하기에 적합한 지역이 또 있을까?

이와 동시에 자원 채굴, 농공 산업, 부동산 개발을 위한 토지 수탈 속도도 점점 빨라질 전망이다. 빙하가 녹으면서 이미 이누이트족과 사미족은 땅과 바다에서 위태로운 삶을 근근이 이어 가고 있다. 상업적인 활동이 새로 유입되면 미국과 오스트레일리아 원주민의 사례와 마찬가지로 이들 역시 보호 구역으로 밀려나게 될지 모른다. 최근 수십 년 동안 캐나다에서 원주민 단체인 퍼스트 네이션First Nations에 의미 있는 자치권을 부여한 것과 정반대다. 광산 기업, 억만장자 환경 운동가, 원주민이 법정과 현장에서 자주권을 놓고 전쟁을 벌이는 상황이 올 수도 있다.

또한 북극 지정학은 그렇지 않아도 기온이 상승하고 있는 북부에 열기를 더할 수 있다. 새로운 수송 경로가 개발되면 북아메리카, 유럽, 아시아에서는 수에즈 운하나 말라카 해협과 같이 기존에 정체가 벌어지던 병목 지역을 피해 가려 할 것이다. 러시아는 이 지역에 광물이 매장된 것을 발견하자 영유권을 주장하기 위해 중무장한

쇄빙선과 핵잠수함을 배치하고 있다. 한때 북극 관련 국가들이 빙상에 대한 권리를 주장했다면 이제는 논쟁이 해저로 옮겨 갈 것이다. 북극의 풍부한 자원과 무역로를 고려하면 해적 역시 북쪽으로 터전을 옮길 수도 있다.

중국 또한 북극에 점점 많은 관심을 드러내면서 '극지 실크로드'를 주장하고 있다. 중국 투자자들은 아이슬란드와 노르웨이에서 전략적으로 토지를 매입하고자 했으나 북유럽 민주주의 국가들이 이 지역 국가를 완전한 통제하려는 (민주주의적 검토가 수반되지 않는) 중국의 제안을 묵살했다.

이처럼 북극을 둘러싼 트렌드가 어우러지는 시나리오는 궁극적으로 수억 명의 인구가 이동하는 북반구 무역 허브망의 부상을 암시한다. 중세 초기의 함부르크와 탈린 이외에 상트페테르부르크, 레이캬비크, 키르케네스, 애버딘, 누크, 처칠, 그 밖에 뜻을 같이하는 수출입항이 결성한 한자 동맹이 부활한 일은 도시 국가와 관련된 상공회의소가 무역 강국들 사이에서 중요한 글로벌 관계를 이끄는 미래가 다시 한번 펼쳐진다는 것을 의미한다.

지대한 영향을 미치지 않는 방식으로 북극에 진출하는 방법을 구상하고, 인간이 이용하는 자원을 파괴하는 일 없이 북극이 인간을 수용할 수 있도록 점진적으로 준비할 수 있는 방법이 있을까? 아니면, 과거에 그랬듯 인간이 탐욕스럽게 자원을 채굴하고 역병을 퍼뜨리며 지정학적 문제를 일으키는 일이 반복될까? 북극에 올바로 접근하지 않는다면 인간에게는 더는 남은 선택지가 없을 것이다.

이름 따라가는 그린란드

북극이 미국, 캐나다, 러시아 같은 강대국과 스칸디나비아 국가와 같은 부유한 나라들의 차지가 되었기 때문에 도로, 공항, 주택, 발전소와 같은 사회 기반 시설이 매우 빠른 속도로 건설될 가능성이 있다. 그린란드Greenland가 여기에 어울리는 사례다. 19세기 초 이후 덴마크령인 그린란드는 외딴곳에 위치하고 지형이 험준하지만 높은 수준의 개발을 했고 이로 인한 혜택을 주민들이 누리고 있다.

그린란드는 백색에서 녹색으로 환경이 변화하는 모순적인 상황을 맞고 있다. 규모 면에서 남극에 이어 두 번째로 큰 그린란드의 빙상이 녹으면서 당장 적도 인근의 열대 섬은 존재론적 위협을 받고 있지만 이는 그린란드에는 재탄생의 신호가 되고 있다. 자치에 대한 이누이트족의 자신감이 커지면서 덴마크에서 독립을 이룰 가능성도 있다. 태평양 제도가 사라지는 상황에서 이 거대한 북극 섬(그린란드)의 인구는 6만 명에서 600만, 혹은 6,000만까지 증가할 가능성이 있다.

아이슬란드와 마찬가지로 그린란드도 풍부한 수력, 지열, 풍력 발전 가능성을 지니고 있다. 빙상이 1년 동안 녹을 경우 전 세계 인구의 3분의 1이 풍부한 식수를 얻을 수 있다. 지구 온난화로 그린란드에 여름철 식생이 빠르게 확대되었고 이미 여름철 혹서로 들불이 번진 사건도 있었다.

그린란드가 녹색으로 변할수록 지정학적 관심의 대상이 된다. 미국은 백 년 동안 덴마크에서 그린란드를 매입하려는 시도를 했지만 덴마크 정부는 "판매 대상이 아니다."라며 일축했다. 미국이 카나크(툴레)에 전파 탐지소를 운영하고 있지만 그린란드의 지도층은 이미 군사 동맹부터 광산 기업에 이르기까지 이 지역의 전략적 가치를 극대화하려는 여러 구혼자의 구애를 거절한 바 있다. 땅 투기꾼은 더 말할 필요도 없다. 부동산 소유는 금지되어 있으며 현명한 지방 자치 단체는 해외 부동산 중개업자에게 속지 않는다.

그린란드가 개발되면 캐나다와 가까워지는 대신 덴마크에서는 멀어질 수밖에 없다. 그린란드와 캐나다는 이누이트족과 관습을 공유한다. 또한 북극의 산업화와 거주로 인해 물류의 이동이 활발해지면 그린란드는 캐나다와 날마다 긴밀하게 공조할 수밖에 없다. 궁극적으로 그린란드의 운명은 덴마크령이 아닌 부상하는 북아메리카연합의 회원국이 되는 것이다.

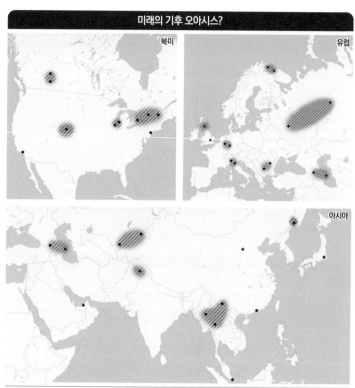

미래의 기후 오아시스?

오늘날 인구가 가장 많고 부유하며 안정적인 도시에는 런던, 뉴욕, 도쿄, 상하이가 포함된다. 수십 년 뒤에 이보다 더 많은 인구를 자랑하는 지역은 어디일까? 다음의 새로운 지역은 인구 이동 속도가 가팔라지면서 부상할 것으로 예상되는 장소다.

4계절 도시

2004년 파괴적인 쓰나미가 스리랑카를 덮치기 1시간 전, 코끼리 떼가 해변에서 육지 방향으로 바삐 이동하는 사건이 있었다. 코끼리는 본능적으로 지구의 진동에서 이상한 낌새를 알아차렸던 것이다. 코끼리와 함께 이동하던 사육사들도 파도의 벽으로부터 살아남았다. 이와는 반대로, 영문을 모르고 해수욕을 즐기던 수천 명은 파도에 휩쓸려 목숨을 잃었다.

현대 기술에 매몰된 인간은 지구를 느끼는 능력을 잃어버렸다. 하지만 기후 변화에 대해 놀랍다는 반응을 보여서는 안 된다. 이미 숱하게 경고를 받았고 앞으로 어떤 현상이 벌어질지 알려 주는 과학 모델도 마련되어 있기 때문이다. 인간이 육감을 상실했을지는 모르나 기술을 동원한다면 자가 면역 '투쟁-도피' 본능을 발휘해 자연의 분노를 피하고자 내륙과 고지대로 도피할 수 있다. 앞으로 수십 년 동안 인간이 자연에 유연하게 대처하고 새로운 변경 지대에 거주해야 할 경우 조상들이 발휘했던 생존 본능과 탐험 정신을 잘 살려야 한다.

초기 원인原人이 현대로 시간 여행을 한다면 다른 행성에 와 있다고 생각할 이유가 충분하다. 과거에 인간은 단순히 계절별로 편안한 삶을 살기 위해 지구를 떠돌았다. 반면 요즘 우리는 자연을 기반 삼아 원하는 대로 환경을 조성하고 인간의 필요에 맞게 자연을 변화시킨다. 인간이 자연에 대해 무심한 태도를 취한 것은 200년밖에 되지 않는다. 이제 자연은 인간을 향해 반격에 나섰으며 정착 생활에서 유목 생활로 되돌아가도록 압박하고 있다.

기후 민감도가 뛰어난 고래, 북극곰, 바다거북, 나비의 이동 패턴은 변화한 지 오래다. 특히 조류 가운데 두 종種이 계절별로 목적지를 바꾸면서 개체 수를 유지하는 데 성공했다. 하나는 북극제비갈매기sterna paradisaea로 그린란드에서 남극으로 이동한다. 또 다른 하나는 쇠부리슴새ardenna tenuirostris로 오스트레일리아의 태즈메이니아 섬에서 러시아의 캄차카 반도에 이어 알래스카의 알류산 열도까지 이동한 다음 다시 돌아간다. 모든 종이 위협을 받더라도 이 두 종은 이동하기 때문에 계속 생존할 것이다.

인간 역시 미국과 멕시코의 농부든, 로키 산맥과 알프스 산맥을 오가는 스키 강사든, 유르트(유목민의 전통 텐트)를 고원에서 수도로 옮기는 몽골인이든, 도시의 펜트하우스와 교외의 전원주택 및 별장을 오가는 부자든 계절에 따른 이동에 꽤 익숙하다.

퀀텀 인간의 세상에서 서식지는 어떤 모습일까? 답은 입주 시점에서 이미 시대에 뒤떨어져 버린 설계를 사용해 십 년이 걸려야 지을 수 있는 기존의 부동산 프로젝트에서 찾을 수 없다. 이미 우리는 난방, 냉방, 정수, 에너지 저장과 같은 기술을 통해 사막, 산, 숲, 툰드라 등 어떤 지형이라도 살 수 있는 곳으로 만들 수 있다. 이동하는 삶에 적응하는 데에도 그러한 기술이 필요할 것이다. 3D로 인쇄하는 모듈식 다목적 이동 공동 주택과 이동식 태양열 집중 발전기를 사용할 수 있는데 찍어 낸 듯한 고층 건물과 외부에 전선이 노출되는 철탑을 계속 세워야 할 이유가 있을까?

방글라데시의 기후 이주자를 생각해 보자. 이 나라의 상당 부분의 고도는 해수면보다 아래에 있으며 인구 1억 7,000만 명 가운데 3분의 1 이상이 사이클론과 홍수로 인해 주기적으로 이재민이 된다. 셰이크 하시나Sheikh Hasina 방글라데시 대통령은 "무기력감이 국민을 짓누르고 있다."라고 말한다. 그래서 국민들은 태양광 패널, 휴대전화, 정수기, 자녀들, 의복을 챙겨서 이주한다.

하지만 상대적으로 오염되지 않은 지역으로 대규모 인구가 이동하는 현상은 인간이 또 다른 훼손을 일으킬 가능성을 안고 있다. 해결책은 지속 가능한 시설을 구축하고 어디로 이동하든 인프라를 가져가는 것이다. 도시에 지울 수 없는 발자취를 새기는 대신 이동 가능하고 자족적인 정착지를 기획하여 한곳에 정착하는 것이 아니라 토양 상태에 따라 이동하는 것이다. 오다시더즈AudaCities라는 리서치 기관에서는 '이동 가능한 마을'의 원형을 선보였는데 정수, 청경 재배(토양을 이용하지 않는 재배) 식량 설비를 비롯한 필수 설비가 이동식 주택과 기타 시설에 포함되어 있다. 자족적인 마을은 빗물, 담수, 대기의 물 생성기에서 얻은 식수를 급수탑에 저장하며 태양열 센터와 배터리를 사용해 집을 발전 시설 대신 활용한다. 음식물의 비료 처리, 하수 처리, 물질 재활용 센터도 운영한다.

유럽에서는 과거에 중요했으나 황폐해진 수천 개의 댐을 해체하여 습지와 농업을 모두 복원할 수 있도록 도왔다.

미국이 태양열, 원자력, 풍력으로 빨리 옮겨갈수록 유럽에서와 같은 성과를 짧은 시간 내에 달성할 수 있다.

일부 계절에만 자립이 가능한 지역이라면 팝업 도시가 형성될 수도 있다. 요르단의 자타르 난민촌은 다가구 규모의 텐트, 진료소, 태양광 발전소, 담수화 시설, 학교, 직업 배치 센터, 8만 명가량의 시리아 난민 등을 위한 서비스 제공 시설로 구성된 독립형 마을이다. 이곳은 난민'촌'인가 아니면 반영구적인 도시인가? 또 다른 예로는 인도의 쿰브 멜라를 들 수 있다. 쿰브 멜라는 12년마다 개최되는 힌두교 축제로, 네 곳의 성스러운 도시를 순회하며 열린다. 700만 명 이상의 주민이 축제가 열리는 지역에 거주하는데, 축제 시즌에 찾아오는 사람이 1억 명이 넘는다. 대나무, 플라스틱, 경금속, 직물 같은 재료를 사용해 전기부터 보안 카메라, 식수 공급, 하수 처리에 이르는 인프라 전체를 구축하고 완전히 해체한다. 맨해튼 규모의 이 지역은 하버드디자인스쿨의 라훌 메로트라Rahul Mehrotra 교수의 표현을 빌리자면 '임시 메가시티'다. 오히려 인도의 여러 도시보다 더 많은 기능을 제공하기도 한다. 도시화는 '탄력적인 조건'으로 생각할 필요가 있으며 버려진 쇼핑몰과 경기장을 영구적으로 방치하는 것보다 필요할 때 조합하는 개념으로 접근해야 한다. 메로트라는 "유일하게 지속되는 요소가 변화인 상황에서 영구성에 집착할 이유가 있는가?"라고 반문한다.

메로트라 교수의 통찰력은 부유한 세계뿐 아니라 빈곤한 국가에도 유효하다. 모순적이게도 우리는 미래의 세계 인구는 과대평가했지만 전기든 주택이든 인프라를 위한 수요는 과소평가했다. 1950년대부터 2000년대까지 폐허가 된 전후 서유럽 지역, 초강대국 미국(주간 고속 도로 시스템), 부상하는 아시아(처음에는 일본이, 이후에는 '타이거' 경제(급속히 발전하는 싱가포르, 대만, 한국 등 아시아 국가를 지칭)와 중국, 인도가 그 뒤를 이음)에서 인프라 붐이 지속되었다. 고속 도로와 철도, 파이프라인, 전력망, 공항, 사무실, 학교, 병원 등 현대 문명을 특징짓는 시설에 1,000조 달러가 훨씬 넘는 자금이 투입되었다. 하지만 같은 시기에 대다수의 개도국은 적절한 인프라를 갖추지 못했으며 1950년 대에서 2000년대까지 식민지 독립 이후 인구가 3배 증가했다. 어느 편에 속하든 세계 대부분의 지역에서 시설을 짓거나 보수하거나 개선하고 인터넷망 같은 새로운 기술을 도입하며 점점 증가하는 인구를 수용할 필요가 계속해서 이어진다.

하지만 해변 지역의 부동산에서부터 단락 전력망에 이르기까지 너무나 많은 인프라가 기후 변화, 대체 에너지, 인구 변화로 인해 무용지물이 되고 있다. 이같이 '묶여 있는 자산'은 정부와 좀비 기업이 수조 달러의 부채를 지고 있음을 의미한다. 과거의 문명이 가뭄이나 다른 재앙으로 인해 우뚝 솟은 건축물을 버려야 했듯 현재의 문명 모델이 낳은 폐기물에는 국가적 자부심을 상징하는 마천루도 포함된다. 하지만 이동성을 중심으로 하는 미래의 인류에게 이러한 인프라는 필요하지 않다. 페르시아만의 아랍 국가는 더는 이 같은 인프라를 감당할 수 없으며 중국은 500미터가 넘는 건물의 신축을 금지했다.

하늘을 가리키는 남근형 건축물 대신 자연의 변화에 적응할 수 있는 구조로 건물을 지어야 한다. 기존 인프라를 끊임없이 재사용하는 훌륭한 전례가 있다. 바로 건물을 세울 때 사용하는 크레인이다. 전 세계 건축이 호황을 누리던 십 년 전, 약 10만 개의 크레인이 상하이, 리야드, 시드니 같은 도시에서 수평선을 수놓았다. 시애틀은 뉴욕이나 로스앤젤레스보다 새로운 건축에 적극적이었다. 2010년도 중반에 싱가포르, 두바이, 베를린에 머물렀던 딸이 처음으로 한 사색은 "건설이 세계를 점령하고 있어요."였다. 도시가 건설되고 나면 크레인은 해체되어 트럭에 실린 다음 그 크레인이 필요한 다른 도시로 운반된다. 이제 우리는 건물에 대해서도 이러한 접근을 계획해야 한다. 구글의 '달 탐사선 발사'를 맡은 아스트로 텔러Astro Teller는 "우리에겐 자율 주행차뿐만 아니라 자율 주행 건물도 필요하다."라고 말했다.

소프트웨어나 인공 지능 분야에서의 발전 못지않게 오늘날 가장 필요한 기술은 지형 공학에 관한 역량이다. 네덜란드와 같은 작은 해안 국가도 최소한의 오류로 극한 기후에 대비할 수 있다. 1953년 대홍수를 겪은 이후 네덜란드에서는 북해에서 라인강까지 홍수를 관리하는 제방, 펌프장, 선착장 등 조정 가능한 인프라망을 대대적으로 건설했다. 대규모 간척 사업으로 국토의 규모가 커졌으며 암스테르담, 로테르담, 헤이그가 수장되는 일을 막기 위해 전체 지역을 수몰 지구로 지정했다.

다른 나라에서는 홍수 기간 중 공원이 습지 역할을 하도록 만들고 불어난 빗물이 대수층으로 유입되도록 투과성 아스팔트를 사용한다. 코펜하겐은 파도를 막을 수 있는 언덕을 갖춘 리넷 홀멘이라는 주거용 섬을 조성하여 기후 변화와 주택난을 동시에 해결할 계획이다. 하지만 인간이 완벽한 계획을 세울 수는 없다. 해수면 상승을 목격하는 일은 없더라도 해안선 침식으로 지하수면이 토양과 도로까지 상승할 수 있다. 아래로부터 침수가 발생하는 것이다. 덴마크의 건축가 비야케 잉겔스Bjarke Ingels가 바다에 떠 있는 일련의 도시 섬을 연결하는 방식을 제안한 것도 그러한 이유에서일 것이다.

인간이 거주하지 않는 지역은 지구 표면의 90퍼센트가 넘는다. 우리는 세계 인구의 상당수가 집중되어 있는 취약한 해안 메가시티에서 흩어질 수 있을까? 비도시화의 사례를 처음 조사했을 때 그런 사례가 매우 드물고 규모가 제한적이라는 사실을 발견했다. 하지만 지금 우리는 글로벌 연결성을 포기하는 일 없이 보다 독립적이고 규모가 작은 공동체에서 살 수 있다. 인구 이동을 계획할 때 사람들을 내륙과 고지대에 배치해야 하며 먼 지역에 식량 공급을 의존하지 않도록 농업 기반 시설이 근처에 있는 것이 이상적이다. 예를 들어 취리히 외곽에는 농업, 목공, 3D 인쇄 정밀 기계, 컴퓨터 모델링 등 첨단 기술과 단순 기술이 공존하면서 청정 대기, 식수, 소음이 덜한 환경을 갖춘 여러 마을이 분포한다. 이러한 마을은 스위스의 주요 도시와 철도를 통해 연결된다. 대규모의 인구를 위해서는 길이가 긴 관개 수로나 송수관을 설치하고 원자력으로 해수를 담수화하며 폐수를 처리하는 시설을 마련해야 한다. 300~500만 인구의 도시라도 환경을 파괴하지 않고 주변 생태 지역을 활용할 수 있다.

억만장자를 위한 '플랜 B'

여러 자선가와 유명인이 탄소 포집, 숲 다시 가꾸기, 대체 에너지, 기타 기후 관련 사업을 위해 기부를 약속했다. 이와 동시에 무한정한 수단을 갖추고 있는 베이비 붐 세대와 X세대는 이미 최악의 시나리오에 대비하기 시작했다. 이들의 '종말 보험'에는 하와이의 외딴 섬이나 침입 불가능한 벙커, 독립형 발전 설비, 물탱크, 무기 은닉처, 오토바이, 헬리콥터를 갖춘 캔자스의 거대한 목장을 매입하는 계획도 포함된다. 스위스의 개인 벙커는 난공불락의 요새일 뿐 아니라 디지털 복원력도 갖추고 있어 비트코인에 액세스할 수 있다. 요트 소유자들은 선박이 몇 달 이상 외해에 머물 수 있도록 설비를 갖추었으며 배와 잠수함을 겸하는 새로운 슈퍼 요트에 투자하고 있다.

또 다른 이들은 자체적인 법을 갖춘 떠 있는 개인 섬을 만들고 우호적인 관할지의 부두에만 연결하는 계획도 세우고 있다. 뉴질랜드가 해안의 격변에서 안전한 거리를 유지하고 있고, 정부를 신뢰할 수 있으며, 농산물과 식수 공급이 풍부하다는 점에서 부동산과 시민권을 구입할 능력이 되는 사람들에게 종말 때에 머물 만한 장소로 떠오르는 것도 놀랄 일이 아니다. 하지만 뉴질랜드의 인구는 500만에 불과하며 인구를 그보다 훨씬 많은 수준으로 늘리는 데 관심이 없다. 물론 이주자가 억만장자라면 예외다.

대이동의 시대
인류, 새로운 생존의 지도를 쓰다

8장

'남반구'는
살아남을
것인가?

부패한 국가, 떠나는 국민

나태한 청년들이 타락하는 모습을 처음 본 것은 ('UP'라고 널리 알려진) 우타르프라데시라는 인도에서 인구가 가장 많은 주에 친척을 만나러 갔던 열두 살 때였다. 나는 스쿠터를 타고 이동했는데 러크나우(UP의 수도), 칸푸르(오염도가 심각한 나의 출생지), 바라나시(힌두교의 성지) 어디서나 아이들이 길가, 상점 앞, 골목길, 갠지스 강둑을 배회하고 있었다. 뭔가 의미 있는 일이 일어나기만을 기다리는 것 같았지만 그런 일은 일어나지 않았다. 현재 UP의 인구는 2억 명이 넘었으며 이는 중국에서 인구가 가장 많은 광둥(중국 남부)보다 두 배 많은 수치다. 하지만 광둥의 일 인당 소득이 약 5,500달러인 반면 UP 주민은 연간 900달러를 벌어 인도의 전국 평균과 비교해도 절반이 되지 않는다.

많은 아랍 청년의 사정도 그리 다르지 않다. 1990년대 유럽 국가들은 북아프리카의 아랍 사회에 투자하고 더 많은 일감을 아웃소싱하겠다고 약속했다. 9·11 테러가 발생한 직후 많은 전문가가 아랍 독재의 전횡으로 고통받는 시민들이 직면한 절망에 대해 주목했다. 아랍 '청년들의 팽창'에 대해 보고서를 작성하는 데 든 돈이 그에 대한 실질적인 조치를 취하는 데 든 돈보다 더 많았다. 미국은 이라크와 아프가니스탄 침공에 수조 달러를 썼으며 아랍인의 삶과는 무관한 홍보 캠페인을 펼쳤다.

처녀작을 집필하기 위해 2000년대 중반에 모로코부터 리비아,

시리아, 이라크에 이르기까지 아랍 세계를 구석구석 여행한 적이 있다. 그곳에서 나와 같은 20대이지만 전문 직업을 가질 기회가 거의 없는 청년 수백 명을 만나 대화를 나눴다. 차를 운전할 수 있는 나이가 되면 여러 일을 해낼 수 있지만 나이가 어린 청소년들은 본드를 흡입하러 모여 있는 경우가 많았다. 2011년 '아랍의 봄' 사태는 불가피해 보였다.

'청년들의 팽창'으로부터 20년이 흐른 지금 많은 아랍 국가는 그때보다 더 나쁜 상황에 처해 있다. 청년들은 제대로 된 교육을 받지 못하고 자랐거나 실직 상태다. 이 와중에 유럽인들은 단순 노무를 로봇에 맡기고 아시아에 수출하는 일에 전념하며 지중해를 무사히 건너려는 아랍인이 탄 선박이나 뗏목을 차단하고 있다. 아랍은 홀로 남겨진 것이다. 아랍 청년을 대상으로 실시한 설문 조사에서 대다수가 가장 큰 관심사로 일자리와 생활비를 꼽았다. 아랍의 청년 실업률은 30퍼센트에 달해 세계 최고 수준이며 대학교 졸업자라도 사정은 다르지 않다. 청년 소외 현상은 일회성이 아닌 장기적인 현상이며 이로 인해 이주를 희망하는 청년들도 증가하고 있다.

아랍권은 대체로 언어와 종교를 공유하며 지난 수천 년 동안 같은 칼리프의 지배를 받았고 오스만 제국에 속해 있었다. 현대에 들어와 국경으로 나뉘긴 했지만 식민지 독립 이후 발생한 민족주의부터 혼돈에 가까운 파열에 이르는 경험을 거의 국경과 무관하게 나눴다. 이라크에 주둔해 있던 미국 특수 작전 부대를 방문했을 당시 튀니지, 요르단을 비롯해 불만을 품은 청년들이 여러 지역에서 유입되는 모습을 볼 수 있었다. 이라크의 반란과 시리아 내전 과정에서 급진화된 'ISIS 세대'는 원래 반감을 품은 이라크 바스당 추종자와 사우디 와하비(쿠란 중심의 극단적 금욕주의를 표방하는 이슬람 수니파의 한 분파로 사우디아라비아와 카타르에 기반을 두고 있다)의 지원을 받는 이슬람주의자들로 구성되어 있었다. 그러나 경제가 파탄 상태에 이르자 불신자(미국인)가 점령한 지역을 탈환할 경우 성 노예를 제공한다는 급진주의자의 유혹에 수천 명이 넘어갔다. 이렇게 합류한 군사들은 전 세계에서 공격을 자행하는 불만에 찬 전사들의 '지하드 디아스포라'가 되었다.

아랍 지역 파탄 국가에서 품을 수 있는 최선의 희망은 모로코의 모델을 따라가는 것이다. 모로코는 마을의 태양광 발전, 고속 도로, 담수화 시설, 농업 활성화, 나무 심기에 투자하여 청년들에게 일자리를 제공하고 있다. 대다수의 아랍 청년이 지중해를 건너갈 수 없는 상황에서 지난 두 세대 동안 거의 무시되다시피 한 국가 건설에 청년들을 활용해야만 한다. 그렇지 않으면 청년들은 UAE를 비롯한 페르시아만으로 건너갈 것이다. 한 나라의 종말이 다른 나라의 부상으로 이어지는 아랍 인재 불균형은 오랫동안 이어져 왔다. 1975년부터 1990년까지 지속된 레바논 내전으로 여러 언어를 구사하는 전문가들이 탈출하면서 오늘날 레바논 디아스포라는 레바논 국경 안에 머물고 있는 인구의 두 배 가까이 된다. UAE에서 정부 관련 회의에 들어가 보면 레바논인 은행가가 회의실에 있을 확률이 매우 높다.

레바논인, 이집트인 등 가난한 아랍 사람들은 재정적으로 아랍 국가를 지원하는 페르시아만의 석유 부국인 사우디아라비아에 모여들 수밖에 없다. 밀레니얼 세대인 모하메드 빈 살만Mohammed bin Salman 왕세자는 리야드(Riyadh, 사우디아라비아의 수도)를 재건하고 홍해 기슭에 수십억 달러를 투자해 리조트와 엔터테인먼트 단지를 조성하려는 원대한 계획을 발표했다. 인구의 80퍼센트를 차지하는 40살 미만의 국민을 만족시키기 위해 여성이 운전, 여행, 이혼할 수 있도록 권익을 신장하는 등 사회 개혁도 추진했다. 왕세자의 계획이 성공한다면 요르단, 이집트, 레바논에서 또 다른 세대가 접객업에 종사하기 위해 몰려들 것이다. 이스탄불과 레반트를 거쳐 이슬람 성지인 메카, 메디나까지 연결하는 오스만 시대의 헤자즈 철도와 같은 사라진 연결 고리를 다시 복구할 수도 있다. 이는 아랍 르네상스의 긍정적인 시나리오에 해당한다.

하지만 페르시아만 국가들이 개혁에 실패한다면 부유한 사우디인과 에미리트인이 유럽으로 향하는 반면 빈곤한 아랍인들은 가두시위를 벌일 것이다. 알제에서 베이루트, 바그다드로 번진 격렬한 폭동에서 청년들은 지혜롭게도 종파 간 분열을 버리고 통일된 세대로서 부패한 지배층에 맞서는 방법을 터득했다. 사실 사우디아라비아를 포함한 아랍 지역에서는 많은 무슬림 청년들이 이슬람을 버리고 비종교적인 삶을 살고 있으며 심지어 무신론자가 되기도 한다. 서양의 기독교 청년 대다수와 마찬가지로 이들도 실제가 아닌 명목상으로만 신앙을 가지고 있다. 종교 지도자와 이슬람당은 아랍 청

290
8장 '남반구'는 살아남을 것인가?

년들에게 신뢰를 급격하게 잃고 있다. 2019년 〈아랍 뉴스〉에서 실시한 설문 조사는 대다수의 이라크인과 레바논인이 정치에서 종교의 역할이 지나치게 크다는 데 분개했으며 경제 정책에 집중하는 정부를 선호한다고 밝혔다. 이들은 종교가 정치적 감옥이 아닌 개인의 선택 문제라고 본다. 인간으로서 존엄을 누리기 위해 내세까지 기다리기를 원하지 않는다.

예멘만큼 심각한 상황에 처해 있는 아랍 국가도 없다. 예멘에서는 내전이 세계 최악의 인도주의 재앙으로 격화되었으며 3,000만 명의 시민들이 물 부족에 시달리게 되었다. 조만간 예멘인들은 자국에게 괴로움을 안겨 주는 사우디아라비아로 몰려갈 것이며 이미 수단과 이집트를 향한 뗏목 탈출이 시작되었다. 하지만 이집트는 정치, 경제, 환경 모든 면에서 시한폭탄을 안고 있는 처지여서 문명이 붕괴 직전에 몰려 있다. 나일강은 이집트 사회가 처한 상황을 상징적으로 보여 준다. 이집트 농업의 젖줄인 나일강이 지중해 삼각주에 도달하면 늪이 된다. 면화 생산 강국이었던 이집트는 심각한 물 부족을 겪으면서 우위에 있던 산업이 사라지고 있다. 선박이 유럽과 아시아를 잇는 보다 수온이 낮고 신속한 북극 항로를 선택하고 화물선이 유라시아를 가로지르게 되면 이내 수에즈 운하는 중요성을 상실할 것이다. 이미 이집트에서는 (남성이 결혼 비용을 감당할 수 없어) 혼인율이 낮아지고 있으며 이혼율은 상승하고 있다. 남성들은 결혼하기 전에 이혼 수당 보험에 가입하도록 권장받는다. 이혼하면 수입의 40퍼센트를 전처에게 지급해야 하기 때문이다. 당연히 재혼 가능성은 줄어든다.

　이집트는 오랫동안 스스로를 나일강의 진정한 수호자로 여겨 왔지만 사실 이집트와 수단이 나일강에서 얻는 수자원의 약 90퍼센트는 에티오피아에서 발원한다(수단은 인구가 5,000만 명으로 역시 군부가 통치하고 있다). 에티오피아는 1억 1,000만 명의 인구를 부양하고 빠른 경제 성장률을 이어 가기 위해 전력 생산을 늘리고자 나일강 상류에 거대한 수력 발전 댐을 건설하고 있다. 이집트, 수단, 에티오피아가 살아남기 위해서는 앞으로 여러 문제를 바로잡아야 한다. 인접국 간 전력 및 수자원 공유, 관개와 담수화 효율성 개선, 부패 척결, 무기력한 수천만 명의 청년을 위한 일자리 창출 같은 문제를 해결해야 한다. 현상에 만족하지 못하는 세대의 많은 수가 아프리카를 벗어날 것이며 이는 전 지구적인 문제가 되리라고 충분히 예상할 수 있다.

　이집트와 마찬가지로 이란도 미래를 위한 의미 있는 전략 없이 청년들로 북적이는 사회다. 이슬람 혁명 이후 40년 동안 이란의 인재들은 고국을 버리고 두바이, 런던, 로스앤젤레스로 향했으며 임의로 체포될 위험 때문에 가족을 만나러 고향을 방문하지도 못하는 신세다. 자멸적인 고립을 50년 가까이 이어 가고 있는 이란은 제재가 더욱 강화되고 유가가 하락하는 가운데 인구의 상당 부분을 차지하는 청년층이 부패한 신권 정치와 경제 불황에 억눌려 있는 상황이다. 2009년 '녹색 운동' 이후 봉기가 산발적이지만 거대한 규모로 진행되었다. 2014년에 일주일 동안 테헤란을 돌면서 봉기를 주동하는 수십 명의 이란인을 만났는데 나는 그들의 용기, 온갖 방해에도 굴하지 않고 여러 도구를 수입하여 개조하는 재주에 감탄하여 이들에게 '저스트 두 잇(Just Do It, 나이키의 슬로건이기도 하다)' 세대라는 이름을 붙였다. 이제 그들은 광장을 뜻하는 단어meydan에서 유래한 시민의 부활madaniyya을 요구하고 있다. 2004년 우크라이나에서 일어난 '오렌지 혁명'은 키이우의 광장을 중심으로 일어났으며 이란 정권이 2020년 초 키이우행 우크라이나 항공기를 격추했을 때 이란 청년들은 키이우의 정신을 테헤란 거리에서 되새겼다. 하지만 성과 없는 시위를 하고 집에 돌아가는 일이 반복될수록 더 많은 사람이 탈출을 모의한다.

라마단 생활 양식과 지하의 삶

정오가 되자마자 전기가 나간다. 파키스탄, 이집트, 레바논, 이라크, 나이지리아, 그 밖의 여러 나라에서 거의 매일 벌어지는 일이다. 기온이 급격히 올라가더라도 수도가 끊기는 경우가 많다. 아프리카 북부와 중부, 중앙아시아, 남아시아에서 수억 명의 인구가 겪는 삶이다. 지하수면이 하강하고 전력망이 망가지는 상황에서 작열하는 아열대 위도에 갇힌 사람들은 보다 살기 좋은 환경에서 일상을 보낼 수 있을까? 세계적으로 기온이 상승하면서 종교를 불문하고 모든 사람이 라마단과 같은 일상을 사는 방법을 터득해야 할지도 모른다. 일찍 일어나서 식사하고 열기가 지속되는 낮 시간 동안 냉방이 되는 실내에서 머물거나 휴식을 취하고 해가 진 이후에야 밖으로 나가는 삶이다. 어쩌면 페르시아만의 아랍인처럼 빛을 반사하고 기온을 낮춰 주도록 면으로 만든 백색 가운을 입고 다녀야 할지 모른다.

또한 혹서와 물 부족 때문에 서양에서 오래전에 버렸지만 중동에서는 여전히 지키고 있는 공동의 관습이 되살아날 수도 있다. 예를 들어 더 많은 사람이 수백 년 동안 각광받던 목욕(hammam, 하맘) 문화로 위로를 얻고 유럽인이 기후가 통제되는 공공 기관이나 대수층에서 퍼 올린 물로 냉기를 유지하는 코워킹 시설에 모이는 것이다. 이는 이웃과 멀어지면서 약화된 사회 결속력을 다지는 역할을 할 것이다.

많은 대중목욕탕이 천연 온천이나 차가운 물줄기를 이용할 수 있도록 지하에 위치하고 있다. 앞으로는 전체 정착 시설이 지하에 건설될 수도 있다. 수십 년 전, 혹한의 겨울에 적응하기 위해 일부 도시에서는 지하 쇼핑몰, 음식점, 영화관까지 개발했다. 모스크바는 예술적으로 장식한 지하철로 유명하며 키이우에는 지하에 상점가가 조성되어 있다. 몬트리올의 지하에는 인도가 32킬로미터에 달하며 주거용 건물을 서로 연결한다. 이와 비슷한 계획을 헬싱키, 토론토, 베이징, 싱가포르에서도 개발했지만 주택이 포함되는 경우는 없었다. 인간이 밀실에 갇혀 공포를 느끼는 것보다 지표면 위에서 살아가는 방식을 여전히 선호하기 때문이다. 하지만 뜨거운 열기와 파괴적인 폭풍우, 주기적으로 예측할 수 없이 지구를 강타하는 자연재해를 떠올려 보라. 추위를 모면하기 위해 지하에 통로를 만든 도시들이 앞으로 닥쳐올 재앙을 피하기 위해 이 통로를 사용할 수도 있다.

이동에 갇힌 아프리카

아프리카는 로마클럽(과학 기술의 진보와 이에 따르는 인류의 위기를 분석하여 그 대책을 세우는 것을 목적으로 하는 민간단체)의 메시지가 전달되지 않은 대륙이다. 인구 증가가 얼마나 위대한 일을 이룰 수 있는지 보여 주지만, 그건 최악의 부작용이 나타나기 전까지만 해당하는 말이다. 아프리카의 인구 규모는 경제에 필요한 적정 수준을 뛰어넘어 통제하기 어려운 수렁에 빠졌으며 생태 위험도 커졌다. 아프리카에 필요한 것은 생산성의 향상이지 감당하기 어려운 인구 증가가 아니다. 이제 문제는 아프리카 인구의 60퍼센트에 해당하는 24살 미만의 청년들을 어떻게 활용할 것인가이다.

지난 30년 동안 아프리카의 식량과 광물 자원은 전 세계와 긴밀하게 연결되었고 많은 사람이 21세기가 아프리카의 세기가 되리라 예상했다. 하지만 아프리카에서 발전된 어떠한 트렌드도 지속 가능성을 담보하지 못했다. 중국과 인도가 상품 수입을 다변화하여 공급자로서 아프리카의 중요성이 낮아졌다. 게다가 유가와 광물 가격이 하락하면서 아프리카가 부채 상환에 실패하고 유전과 광산을 담보로 포기해야 하는 상황에 내몰릴 수도 있다. 지부티에서 니제르에 이르기까지 중국에 빚을 진 대다수의 국가는 중국이 상환을 요구할 경우 내전에 휩싸일 수 있다. 유럽에서 이주 위기가 벌어진 데에는 중국도 한몫했다. 중국에서 진행하는 사업이 공동체를 와해하고 수출용 식량 재배를 위해 수계를 바꾸면서 아프리카인들을 북쪽으로 이동시키고 있기 때문이다. 유럽에서는 아프리카를 지원하는 원대한 전략을 다양하게 반복하고 있지만 미래의 이주에 빗장을 걸듯 아프리카에 대한 투자도 정체되어 있다.

그럼에도 이주자들은 이동하기 위한 최선의 노력을 다했다. 수억명의 아프리카 청년들이 빈곤한 상황이며 특히 콩고, 니제르와 같은 중앙아프리카 국가에서는 청년들이 북쪽의 리비아로 탈출하고 있다. 리비아 역시 군부가 통치하고 있는 나라로, 폭력단과 해적이 지중해를 건너려는 사람들을 갈취하고 굶겨 죽일 수 있도록 허용하여 이익을 취하고 있다. 많은 사람이 지중해를 건너지 못한다. 리오그란데에 닿기 위해 멕시코 사막을 건너다가 열사병으로 목숨을 잃는 라티노보다 훨씬 많은 아프리카인(2014년 이후 2만 명가량)이 지중해에 빠져 죽는다. 아프리카의 폭발적인 인구 성장과 환경 오염은 유럽으로 이주할 수 있는 창구를 열어 달라는 윤리적 호소로 이어졌으나 북반구에서는 '고향에 머물면서 아이를 더 적게 낳아라.'는 답이 돌아왔다.

아프리카에서 인구가 가장 많은 나이지리아는 아프리카에서 인구 폭발과 경제 위기가 지속되리라 예상하는 핵심 근거가 되는 지역이다. 나이지리아는 자원 문제와 부패가 심각한 상황이며 인구 3억의 분주한 시장이 되기보다는 내전이 벌어질 가능성이 훨씬 크다. 이 나라는 그저 폭발적인 추세가 더욱 가팔라지고 있다는 설명보다 붕괴 직전에 있다는 말로 종종 묘사된다. 아프리카 최대 도시인 라고스 역시 해수면 상승의 위험에 처해 있다. 마코코와 같은 빈민가는 습지 위에 조성되어 있어 조만간 대서양 상승으로 인한 침식으로 수몰될 수 있다. 나이지리아는 세계에서 가장 치명적인 테러 집단인 보코하람을 비롯해 기독교인과 기타 소수 집단을 대상으로 작전을 펼치는 여러 군사 집단의 근거지다. 나이지리아가 인신매매를 범죄로 규정하자 나이지리아에서 밀수업에 종사하던 청년들은 생계를 잃었고 이들은 아프리카 적도 지역에서 탈출하는 행렬에 동참하고 있다.

이동하기 위해 태어난 민족이 있다면 에리트레아인을 꼽을 수 있다. 극심한 빈곤, 수십 년간 지속된 가뭄, 1990년대 말 훨씬 규모가 큰 에티오피아와 전쟁을 치르면서 100만 명가량의 에리트레아인이 인접한 수단으로 도망쳤다. 20년이 흐른 지금 에리트레아 난민, 망명신청자, 이주자의 숫자는 전 인구의 4분의 1에 해당하는 75만 명을 넘어섰다. 일부는 수단을 지나 리비아로 건너 간 다음 뗏목을 타고 유럽으로 탈출했다. 다른 이들은 우간다로 피난하여 위험천만한 도망을 거듭한 끝에 우루과이에 도착했다. 우루과이에 당도한 뒤에는 도보나 히치하이킹으로 브라질, 안데스 산맥 국가, 중앙아메리카를 지나 미국 캘리포니아에 정착했다. 지중해와 대서양을 건너는 일이 점점 위험해지면서 수단을 지나 이집트로 향하거나 뗏목을 타고 홍해를 건너 사우디아라비아로 이동하는 경우가 늘고 있다. 청년 인구가 압도적으로 많은 에리트레아에서는 대다수가 자신보다 나이 많은 사람들이 최대한 빨리 나라를 떠나려는 모습을 보고 자라 왔다. 이주는 에리트레아인의 삶이며 다음에 어디에 닿을지 알지 못한다.

아프리카인들이 유럽 이주를 외치고 있지만 대다수는 아프리카 내부에서 빈번하게 하는 이주에 만족해야 할 것이다. 이마저도 코로나바이러스가 공공 위생에 치명적인 영향을 미치면서 점점 어려워졌다. 그럼에도 아프리카를 떠도는 인구는 이미 전 세계 최대 규모의 이주 집단으로 커졌으며 아프리카 대륙에서 국경이 모호한 지역은 인구, 상품, 식량, 광물, 마약, 무기가 통과하는 장소가 되었다. 아프리카 정부는 2025년까지 대륙 내부에서 자유 무역과 이동을 보장하는 협정에 합의했다. 명쾌해 보이지만 식민지 시절 아프리카에 설정된 임의의 국경이라는 난제를 해결하려는 고상한 노력이기도 하다. 2달러짜리 휴대폰을 손에 쥐면 모든 나라에서 모바일 결제를 할 수 있는 아프리카에는 온갖 형태의 이동성을 발판 삼아 다시 태어날 수 있는 기회가 있다.

아프리카의 발전은 제조업, 무역, 서비스 기술, 도시화, 디지털화에 달려 있는 것으로 보인다. 케냐의 수도 나이로비에서는 이 같은 긍정적인 활기가 발산되는 것을 느낄 수 있다. 하지만 대다수의 아프리카 청년들은 활발한 기업가 정신을 최소한의 수준조차 접하지 못한다. 아프리카인들이 단순히 교통 정체에 갇히거나 중국산 인형, 네슬레 초콜릿을 판매하는 데 그쳐야 할까?

아프리카개발은행ADB이 훌륭한 아이디어를 냈다. 농업 지역을 재생 에너지로 가동해 효율성이 뛰어난 식량 생산을 위한 일자리 창출 지역으로 변화시키기를 바라고 있다. 아프리카에는 전 세계에서 경작 가능한 미경작지의 절반가량이 분포되어 있으며 이곳은 인산비료의 최대 수출 지역이지만 수천만 명이 극심한 식량 부족에 시달리고 있다. 가나와 같은 현명한 나라에서는 더 많은 농민을 전문적으로 훈련시키고 더 나은 장비를 활용할 수 있도록 프로그램을 운영했다. 유럽을 위한 꽃을 키우기보다는 아프리카인을 위한 식량을 재배해야 할 때다.

그렇게 하기 위해서는 아프리카에서 수자원을 보존해야 한다. 이미 차드호가 마르면서 차드, 카메룬, 나이지리아, 니제르에서 부족 간 갈등이 심해졌고 약 300만 명이 터전을 떠나야만 했다. 또한 기근으로 인해 잠베지강의 유량이 줄면서 잠비아와 짐바브웨 국경에 위치한 장엄한 빅토리아 폭포가 점점 분수 수준으로 쪼그라들 수도 있다. 이는 곧 농사, 관광, 수력 발전으로 인한 전기 생산이 줄어드는 것을 의미한다. 결국 아프리카 동부의 국가들이 물 부족을 겪으면서 국민들이 염분이 제거된 물을 찾아 남쪽의 케냐, 북쪽의 이집트, 동쪽으로 홍해 건너편에 위치한 사우디아라비아 연안 도시로 도망쳐야 할지 모른다. 마치 10만 년 전 아프리카를 강타했던 대규모 가뭄이 다시 반복되는 모양새다.

가봉 등 아프리카 일부 지역에서는 중단기적으로 살기 좋은 환경을 누릴 여지도 있다. 가봉은 80퍼센트가 우림으로 구성되어 있고 해안에 위치한 콩고와 보츠와나는 자연 생태계가 균형을 이루고 있는 지역이다. 미래 분위기의 영화 〈블랙 팬서Black Panther〉에 등장하는 와칸다와 같이 아프리카인들이 지속 가능한 새로운 거주지를 구축할 수 있는 장소다. 현실화된다면 아프리카 청년들은 당연히 그곳으로 옮겨 갈 것이다.

남반구를 위한 시나리오

대다수의 사람이 자기가 태어난 나라, 지역, 대륙을 떠나지 않는 다는 사실은 이주 가능성이 낮거나 금지된 12억 명의 아프리카 인구와 4억 5,000만 명의 남아메리카인에게 특히 해당되는 말이다. 아프리카와 남아메리카가 기후 변화 때문에 이주하는 인구가 가장 많을 것으로 예상된다는 점을 고려하면 서글픈 모순이 아닐 수 없다. 최근 수십 년 동안 개발 도상국에서 경제 성장이 이어지면서 확고하던 북반구와 남반구의 격차가 다소 줄어들었으나 기후 변화와 코로나바이러스로 인해 다시 차이가 벌어질 전망이다. UN의 한 관계자는 "부유층이 뜨겁고 굶주리고 갈등이 벌어지는 지역을 피하기 위해 지출하는 반면 나머지 사람은 고통 속에 남겨지는 '기후 아파르트헤이트(극단적인 차별 정책)'가 벌어질 위험이 있다."라고 표현했다.

전 세계 '남반구'에서 급격한 격차를 경험하게 되는 시나리오가 존재한다. 북반구와 남반구 간 이주가 지금처럼 엄격하게 제한될 경우 남아메리카와 아프리카는 (대부분 북반구에서 저지른 잘못으로 인한) 기후 변화와 (대부분 자체적인 잘못으로 벌어진) 정치 부패의 피해자로 남을 것이다. 남반구에서는 인프라, 공업, 농업, 교육, 청정 에너지, 의료에 투자하고 자급자족하면서도 이를 세계에 수출할 수 있도록 자체 생산을 늘릴 수 있다. 반대로 생태계 파괴와 동족

상잔을 이어 가며 고통을 받고 부족한 식수와 식량 자원을 차지하기 위해 싸우면서 매년 수백만 명이 희생되는 운명을 맞을 수도 있다.

어느 시나리오가 펼쳐지든 북반구에서는 꿩 먹고 알 먹는 전략을 계속 취할 것이다. 투자와 구호에 기여하기보다는 광물을 채굴하고 식량 공급에 접근할 수 있도록 협상을 벌이며 이익, 부채 상환, 불법 자금 세탁으로 자금을 빼돌리려는 시도를 이어 갈 것이다.

수십 년 동안 북반구의 국가들은 한때 남반구에서 유입된 근로자가 맡았던 기능을 빠른 속도로 자동화하거나 아직 아시아인으로 채우지 못한 빈자리를 남아메리카와 아프리카의 이주민으로 (선별적으로) 채워 넣을 것이다. 모든 시나리오가 조금씩 조합된 이러한 결과가 벌어질 가능성이 높다.

남아메리카: 영원한 '잃어버린 대륙'?

남아메리카는 세계에서 가장 많은 담수가 저장되어 있는 대륙이다. 그럼에도 남아메리카 최대 도시인 상파울루에서는 수도가 끊기는 일이 벌어진다. 아마존강과 지류가 남미 대륙의 인구가 밀집된 해안에 도달하면 자유롭게 방류되어야 하나 삼림 파괴와 가뭄으로 형성된 치명적인 사이클이 이를 가로막는다. 브라질은 좌파 사회주의와 우파 포퓰리즘 사이에서 계속 정권이 오가는데 현재 우파에서는 아마존 파괴에 열을 올리고 있다. 브라질은 아마존을 활용해 생체 의학과 제약 분야에서 혁신을 일으킬 수 있음에도 스스로의 미래에 불을 지르는 상태이며 점점 많은 브라질 사람이 재산을 가지고 가족과 함께 나라를 떠나고 있다.

라틴아메리카에서는 (규모가 작은 코스타리카와 우루과이를 제외하고) 반란 집단과 사악한 갱단이 활동하지 않는 나라를 찾아보기 어렵다.

남아메리카에서 규모가 큰 나라 중에서는 이 대륙에 희망을 품을 이유를 주는 나라가 없다. 19세기에 아르헨티나는 경제 발전을 확신한 나머지 위아래가 반전되어 남반구가 위에 그려진 세계 지도를 내건 것으로 유명하다. 하지만 수십 년 동안 이념 갈등을 벌이면서 경제가 마비되었고 빚더미에 올라앉아 그렇지 않아도 궁핍한 국민에게 더 많은 세금을 거두지 않는 한 필수적인 투자를 실시할 수 없는 처지다. 절박한 시민들이 자본 통제를 피하고 나라 밖으로 자금을 옮기기 위해 비트코인 투자에 매달리는 것도 이상한 일이 아니다. 설상가상으로 아르헨티나 인구의 3분의 1이 거주하는 수도 부에노스아이레스는 해수면 상승을 걱정해야 하는 처지다. 한편 아르헨티나의 상당 지역이 폭우에 시달리고 있다. 1년 치 강수량이 2주간 집중되어 극심한 홍수 사태가 벌어지면서 소가 수영하는 법을 배워야 할 정도다. 빙하가 녹으면 하천이 더욱더 불어나며 물이 완전히 빠질 때까지는 고통이 계속된다. 그 이후에 가뭄이 이어질 가능성도 있다. 아르헨티나는 1억 명의 인구가 먹기에 충분한 식량이 생산되지만 무성한 파타고니아 지방이 전 세계의 식료품점 역할을 계속하려면 농업 공학을 터득하고 남미 대륙의 나머지 지역에서 유입되는 기후 이주민을 흡수해야 한다.

2000년대에 우고 차베스Hugo Chavez는 베네수엘라가 아르헨티나와 브라질을 잇는 강국이라고 자화자찬했다. 하지만 오늘날 베네수엘라는 영양실조 상태의 베네수엘라인들이 콜롬비아와 다른 안데스 산맥 국가로 피난하면서 세계에서 가장 심각한 난민 위기가 벌어지는 장소다. 지난 십 년 동안 연간 강우량이 50퍼센트 줄면서 오리노코강도 유량이 줄어들었고 그 결과 물 부족과 수력 발전 댐이 제 역할을 못 하면서 정전이 발생했다. 또한 한때 서부 산맥에 다섯 개의 빙하가 있었지만 모두 녹아서 사라졌다. 언젠가 베네수엘라에 새로운 지도자가 이 나라의 거대한 에너지 매장량을 제대로 활용하는 날이 오리라 기대할 수도 있지만 그 시기가 언제일지 아무도 모른다.

콜롬비아처럼 보다 앞날이 유망한 안데스 국가조차 가뭄과 과도한 채굴 때문에 유역 고갈로 인한 물 부족을 향해 가고 있다. 페루의 빙하는 모두 빠른 속도로 녹고 있어 홍수 사태가 발생하고 농촌의 빈곤한 1,000만 인구에게 유익이 되지 못하고 있다. 에콰도르, 페루, 콜롬비아의 주민들은 아직 열대 우림이 남아 있어 혜택을 누릴 수 있는 내륙의 3개국 국경 인접 지역으로 이동해야 할 것이다. 그러려면 먼저 화재로부터 삼림을 보호해야 한다.

안데스 국가 중 칠레는 자원과 인구 구조가 어긋나 있어 국민들이 기후 변화에 적응할 수 있도록 조정되어야 하는 경우다. 칠레 북부의 건조 지역에서 이어지는 영구적인 가뭄 때문에 농민들은 가축과 함께 남쪽의 비옥한 토양으로 이동해야만 한다. 수도 산티아고는 십 년 동안 인구가 100만 명 넘게 증가했으며 현재 칠레 전체 인구 1,800만 명 가운데 절반이 수도에 거주하고 있다. 그 와중에 고도가 높은 이 도시에 갈수록 가뭄이 빈번하게 발생하면서 물이 고갈되고 있다. 칠레 정부는 녹고 있는 안데스의 빙하를 모으고 태평양 해안에서 염분을 제거한 담수를 확보해야 한다. 그렇다 하더라도 인구의 상당수가 남쪽으로 이주해야 할 수도 있다. 칠레 남부에는 남극에 인접한 마젤란주(최초로 세계 일주를 한 16세기 포르투갈 탐험가의 이름을 땄다)에 장엄한 피오르드가 형성되어 있어 남반구 버전의 노르웨이와 같은 해결책을 얻을 수도 있다.

눈이 내리지 않는 계절에는 스키를 즐기는 사람들이 안데스 산맥의 남부로 이동해야 하며 칠레 남부의 여름은 점점 기온이 상승하고 있지만 산과 바다가 열기를 식혀 준다. 19세기부터 독일의 이주자가 칠레 남부에 정착하기 시작했다. 팬아메리카 고속 도로에서 칠레를 지나는 3,400킬로미터 구간인 2차선의 북-남 루타 5를 확장하는 사업에 독일 이주자에게 물려받은 공학 관련 기량을 발휘해야 할 때다.

남극 대륙에 살 수 있을까?

남극은 역사상 가장 뜨거운 한 해를 보내면서(2020년 2월 섭씨 18도 기록) 빙하가 녹고 강수량이 증가하며 식물이 자라나고 있다. 남극에 영구적인 주거지는 아직 조성되지 않았지만 여름에는 수개월 동안 다양한 연구팀에 소속된 5,000명가량의 과학자와 직원이 머문다.

뉴질랜드는 스콧 기지가 연중 주거 가능한 시설이 되도록 확장하기 시작했다. 수중 재배 방식을 사용하면 실내광으로도 농사가 가능하지만 남극에는 일 년의 절반 동안 태양 직사광이 내리쬐지 않아 자립적인 농사는 불가능하다. 그럼에도 남극은 남반구 국가가 담수 부족에 대처하는 데 도움이 될 수 있다. 빙하로 뒤덮인 이 대륙에서 중국이 광업 자원을 노릴 수 있지만 1959년 체결된 남극조약에서는 광업 활동을 금지하고 있다. 중국은 2048년에 이 조약이 만료될 때 개정을 요구할 수도 있다.

오스트레일리아: 저 아래는 너무 뜨거워

수십 년 동안 지구 반대편에 있는 두 개의 거대한 나라가 매우 유사한 궤적을 걸었다. 대륙 규모에 자원이 풍부한 캐나다와 오스트레일리아에서는 원자재 붐이 일면서 수십 년 동안 적은 인구로도 거침없는 경제 성장을 이뤘다. 하지만 현재 두 나라의 운명은 엇갈리고 있다. 캐나다는 기후 변화 가능성을 고려하면 승자가 될 가능성이 높은 반면 오스트레일리아는 패배자가 될 것이다.

20세기 중반 오스트레일리아의 학자들은 전 세계적인 인구 과잉과 식량 부족으로 국제기구가 오스트레일리아의 풍부한 농산물을 취하려 할 것이라고 우려했다. 오스트레일리아인들은 더는 이러한 시나리오를 경계하지 않아도 된다. 오히려 광활한 내륙에 삼림과 경작 가능한 토지가 풍부한 캐나다와 달리 오스트레일리아 대부분의 지역은 사막에 해당하며 사막이 해안의 거주 지역을 빠르게 잠식하고 있다. 여기에 화재가 빈발하고 해수면이 상승하고 있다. 오스트레일리아의 기후 불운은 오랫동안 이어진 이주자 급증세를 꺾고 원주민의 후손까지 몰아낼 것인가?

기후 변화는 운 좋은 나라를 파괴하고 있다. 오스트레일리아에서 외딴 하천과 저수지는 말라 버렸다. 이제 새로운 작물을 심어야 한다. 동물들이 죽고 사람들은 떠나고 있으며 2019년 빅토리아주를 강타한 산불로 스위스보다 큰 면적이 불에 그을렸고 수십만 마리의 동물과 수십 명의 사람이 목숨을 잃고 수천 개의 가옥이 잿더미로 변했으며 평시 기준으로 오스트레일리아 역사상 최대 규모의 대피가 이뤄졌다. 화재 규모가 워낙 커서 폭풍우와 번개로 또 다른 화재를 일으키는 '화재 적란운'이 형성되었을 정도다. 한 학자는 인류세(파울 크뤼첸이 제안한 새로운 지질 시대 개념으로, 인간의 활동으로 큰 변화가 나타난 시기를 따로 지칭하는 용어)가 화염세Pyrocene와 같다고 표현했다.

오스트레일리아에서 인구가 가장 많은 뉴사우스웨일스주에서는 화재로 인해 시드니 안팎을 잇는 주요 도로가 단절되었다. 2020년 초에는 사이클론이 강타하여 홍수 사태가 벌어졌다. 하지만 연중 대부분의 기간에는 저수지 수위가 낮은 수준을 유지하고 있어 주민들은 심각한 물 부족에 직면해 있으며 산업 활동으로 끔찍한 탄소 발자국이 생성되는 가운데 물 공급량도 빨아들이는 실정이다.

오스트레일리아는 부유한 나라다. 인구가 적지만 광물, 가스 수출에서 막대한 이익을 내고 있다. 돈과 에너지를 농업을 되살리기 위한 담수 사업에 쏟아부을 수도 있다. 하지만 오스트레일리아에는 기후 변화에 회의적인 정치인과 미래 지향적인 규제를 가로막는 강력한 산업 로비가 성행한다. 그 결과 퀸즐랜드와 뉴사우스웨일스를 잇는 북-남 수로와 같은 전략적 수리 공학에 관심을 두는 사람이 없다. 하지만 이 사업을 실제로 현장에 적용하는 데 여러 해가 걸리는 만큼 서둘러야 할 것이다. 이주자든 오스트레일리아인이든 그때까지 오스트레일리아에 붙어 있는 사람이 있을지는 아무도 모르는 일이다.

오스트레일리아는 오랫동안 중년의 영국인, 지중해 주민들, 아랍 이주자, 야심 찬 아시아인이 선호하는 목적지였으며 사회적 위계질서, 경직된 교육 제도, 숨 막히는 정치(혹은 세 요소 모두)를 등진 중국, 일본, 한국의 이주자를 흡수했다. 이미 오스트레일리아는 OECD 국가 중에서 인구 대비 해외 출생자의 비율이 가장 높은 수준이며 해마다 20만 명의 이주자가 새로 입국한다. 백인보다 아시아인이 더 많아지고 있다. 현재 인구의 절반 남짓이 부모가 모두 오스트레일리아 사람인 가정에서 태어났지만 중국, 인도, 말레이시아, 필리핀 출신으로 새로 오스트레일리아인이 된 부모들의 수가 빠르게 증가하고 있다. 주요 도시 중심지가 동질성이 높은 농촌 지역보다 미래의 인구 구조를 엿보기에 더 적합하다. 이주 청년들은 시드니 시내로 모여드는 반면 나이 든 백인 가구는 교외로 이동하고 있다. 외교부 장관을 지낸 가렛 에반스Gareth Evans는 "오스트레일리아의 미래는 역사보다 지리에 훨씬 크게 좌우될 것이다."라고 적절하게 표현했다.

오스트레일리아의 기술 분야는 퍼스, 애들레이드, 브리즈번, 멜버른과 같은 살기 좋은 도시로 몰려든 이주자가 아니었다면 존재하지 못했을 것이다. 이러한 도시에서는 보행 편의성, 교육, 공공 서비스에 투자하여 이곳이 오스트레일리아인뿐 아니라 해외의 인재들에게도 매력적이고 생산성 뛰어난 허브가 되게 하였다.

코로나바이러스는 많은 오스트레일리아인의 생명을 빼앗지는 못했지만 오스트레일리아 경제가 의존하는 두 축인 외국인 학생과 부동산 투자자에게 오스트레일리아의 이미지를 나쁘게 만들었다. 오스트레일리아의 운 좋은 경제 성장 행진이 멈추고 지정학적 긴장이 고조되거나 기후 변화로 이주자들이 발길을 돌린다면(혹은 세 가지가 모두 일어난다면) 많은 사람이 오스트레일리아의 여권을 들고 나가 다른 지역에 정착할 것이다.

오스트레일리아에는 가만히 머물지 못하는 청년들이 해외를 배회하는 오랜 전통이 있는데 그중 많은 수가 고국으로 다시 돌아오지 않았다. 현재 정부는 오스트레일리아 학생들이 해외에서 유학하고 아시아 언어를 배워서 오스트레일리아의 광산 기업, 대학, 병원 등 해외 확장의 필요성에 눈을 뜬 조직의 해외 파견 직원으로 근무할 수 있도록 적극적으로 지원하고 있다. 오스트레일리아 학생들이 졸업 뒤 정규직 일자리를 얻는 데 평균 3년 가까이 걸리기 때문에 학생들에게는 좋은 기회다. 많은 오스트레일리아 청년이 일단 시도에 나서는 것도 당연한 일이다.

대이동의 시대

인류, 새로운 생존의 지도를 쓰다

9장

아시아인들이
온다

미래는 갈색이 좌우한다

18세기 말 산업 혁명이 일어나기 직전 중국과 인도를 비롯한 아시아가 전 세계 경제에서 차지하는 비중은 60퍼센트에 육박했다.

250년이 흐른 지금도 마찬가지다. 서구 세계에서 기술에 대한 이해도가 높아지고, 빠른 산업화를 이루고, 인구가 증가하고, 제국의 야망을 펼치면서 19~20세기에 유럽에 이어 미국이 전 세계를 장악했다. 하지만 장기적으로 아시아가 부활한 것은 인구가 많은 사회일수록 부유해지는 경향이 있음을 보여 준다. 시민들을 더 부유하게 만드는 혁신적인 기술을 모으고 전파하는 데 유리하기 때문이다. 사람을 결집하는 일은 힘을 모으는 것과 같다. 현재 아시아의 인구는 미국과 유럽을 합친 것보다 5배 많으며 아시아는 최신 기술 발전에서도 기량을 뽐낸다. 서양 사회는 인구를 아시아인을 비롯한 이주자로 다시 채우지 않는 한 아시아 대비 경제적 우위를 계속 잃을 것이다.

식민지 시대의 유산으로 인도인은 전 세계 여러 나라에 스며들었다. 인도인 디아스포라는 세계에서 (중국 다음으로) 두 번째로 크며 (남아메리카를 제외하고) 모든 대륙에서 커다란 존재감을 뽐내며 지리적으로 분산되어 있다. 해외에 거주하고 있는 인도인의 수는 1,700만 명 이상으로 세계 최대 규모다. 이는 멕시코 사람(1,200만 명)이나 중국인(1,100만 명 미만)보다 훨씬 많다.

의료, 기술 등의 분야에서 인재를 유치하기 위한 전쟁이 벌어지면서 수백만 명의 남아시아 가구가 추가로 영국과 북아메리카로 이주했다. 이곳에서 인도인들은 영어를 구사한다는 점에서 다른 나라의 이주자보다 유리한 위치에 있었다.

나 같은 경우 영어를 배우는 일이 어려웠지만 여덟 살이라는 어린 나이였기 때문에 영어가 모국어가 아니라는 점이 큰 문제가 되지 않았다. 또한 1980년 중반 웨스트체스터 카운티(뉴욕시 외곽)에 인도인 가구가 상대적으로 드물었다는 점에서 동화 말고는 다른 선택지가 없었다. 유럽과 미국에서 '차이나타운'을 찾아볼 수 있지만 '인도 타운'은 없다.

또다시 전 세계적으로 인도인의 이주가 이뤄진다면 그 규모는 지금까지 세계가 경험한 것보다 훨씬 클 것이다. 인도의 중위 연령은 중국보다 훨씬 낮으며 25살 미만의 인구가 6억 명에 달한다. OECD 국가에서 고도로 숙련된 외국인 근로자 중 310만 명이 인도에서 태어났으며 이는 중국의 220만 명보다 훨씬 많은 수치다. 코로나19 이후 경제 불황과 인도의 심각한 오염을 고려할 때 인도인들은 그 어느 때보다 인도를 떠날 동기가 충분하다.

인도가 대학을 확장하면서 더 많은 인도인이 미국, 유럽, 오스트레일리아, 일본, 싱가포르에서 석사 학위를 받을 수 있는 자격을 갖출 것이다.

현재는 중국 학생이 서양의 캠퍼스에서 인도 학생보다 숫자가 많지만 인도 학생이 따라잡는 것은 시간문제다. 게다가 인도인은 중국인과 달리 의심의 눈초리를 받지 않는다. 영어를 구사하고 기술 교육을 받으며 전략적으로 위협이 되지 않는 정체성이 어우러지면서 인도인은 세계 어디에서나 환영받고 있다.

특히 중국인이 더는 환대받지 않는 곳에서 그러한 경향이 두드러진다. IBM, 구글, 마이크로소프트, 마스터카드, 노키아, 노바티스의 CEO는 모두 인도인이며 보스턴부터 실리콘밸리에 이르는 수백 개 기업의 창립자와 경영진 역시 마찬가지다. 이들이 중국인처럼 될 가능성은 낮다.

인도의 인재가 미국으로, 미국 자본이 인도로 유입되는 것은 갈수록 많은 인도인이 세계로 뻗어 나가는 공식이 되었다. 미국 H1-B 비자의 대부분이 미국의 소프트웨어 생산과 수출을 활성화하는 인도인에게 발급되었다.

브루킹스 연구소는 트럼프 대통령이 2020년 6월 비이주자의 취업 비자를 제한하는 내용의 행정 명령에 서명하면서 미국 경제에 1,000억 달러의 손실이 발생할 것으로 예상한다. 이는 그렇지 않아도 거대한 해외의 사업장을 미국의 IT 대기업이 앞으로 더욱 확장하는 구실로 작용할 것이다. 실리콘밸리에서 인도에 투자하는 분야는 전기 통신에서 전자 상거래, 인공 지능에 이르기까지 확장되고 있다. 인도는 100개의 주요 대학이 인도에 캠퍼스를 열어 주기를 원한다.

하지만 기억해야 할 점이 있다. 이처럼 인도 근로자의 숙련도가 향상되는 조치가 모두 더해지면 인도인은 보다 살기 좋은 장소에서 취업 비자를 신청할 수 있는 자격을 갖출 가능성이 더 높아진다.

서양의 다국적 기업은 아시아의 30억 중산층에게 물건을 판매해야 한다고 빈번하게 입에 올리지만 아시아의 수십억 인구는 머무르고 지출할 때를 대비해 돈을 모으고 이동하는 데 관심이 많다.

인도 남성들은 만날 수 있는 여성의 숫자가 부족해서 고통받고 있다(수십 년 동안 이어진 여아 살해 때문이다). 반면 인도 여성들은 집단 강간을 용인하는 문화에서 도망치기를 원한다. 남녀 모두 중매 결혼을 경멸하며 차라리 해외로 나가기를 바라는데 이 경우 사회생활이나 데이트 앱을 통해 다른 인도인을 만나는 경우가 많다.

남아시아 지역 전체에는 교육 수준이 높고 근면하며 해외로 나가 고향으로 송금할 준비가 되어 있는 밀레니얼 세대가 즐비하다. 이들이 보내는 돈으로 고향의 가족들은 주택을 개선하거나 저축하여 사랑하는 이를 따라 해외로 나간다.

페르시아만, 영국, 북아메리카에 뿌리를 내린 파키스탄, 방글라데시, 스리랑카 이주자들이 바로 이런 경우다. 우르두어는 미국의 가정에서 가장 빠르게 사용이 증가하는 언어가 되었다. 30살 미만의 파키스탄인은 1억 3,000만 명에 달하며 경기 후퇴로 대다수의 청년이 일자리를 찾지 못하고 있다. 어떤 방법으로든 이들은 해외로 나갈 궁리를 할 것이다.

지금은 인도인의 대규모 이동이 일어나기에 최적의 시기다. 멕시코인의 이주가 줄고 있고 러시아와 중국의 인구가 고령화를 겪는 가운데 인도는 여전히 청년이 많고 남성과 여성 모두 문화적으로나 생태적으로 문제가 많은 인도를 떠나 북아메리카, 유럽, 페르시아만 국가, 러시아, 일본, 오스트레일리아나 동남아시아로 이주를 꿈꾼다. 다시 말해 어디라도 가려는 것이다.

아시아의 주요 디아스포라

	중국인		남아시아인	
오스트레일리아		1,200,000		962,000
캐나다		1,800,000		2,000,000
미국		5,100,000		5,400,000
남아메리카		1,100,000		553,000
아프리카		1,000,000		3,500,000
MENA (중동 및 북아프리카)		550,000		19,000,000
유럽		2,300,000		5,000,000
러시아		200,000		42,000
동남아시아		23,000,000		7,400,000
일본		1,000,000		75,000

= 100만 명

중국인 디아스포라는 세계 최대 규모이지만 남아시아 인구(특히 인도인)가 세계적으로 증가하고 있다. 유럽, 페르시아만, 아프리카의 인도인 인구는 이미 중국인 인구보다 훨씬 많다. 북미에서는 남아시아인이 중국인보다 훨씬 빠른 속도로 증가하고 있다.

활력 넘치는 청년들

아시아 전반에서 기술적인 변화로 새로운 이주 바람이 불고 있다. 중국에서는 자동화로 공장 근로자부터 피트니스 트레이너에 이르기까지 핵심 생산 인구가 종사할 만한 수백만 개의 일자리가 사라졌다. 이들은 새로운 일자리를 찾아 국내 다른 지역이나 해외로 이동하고 있다. 타이와 베트남의 저임금 산업 근로자는 전자와 자동차 제조업체가 산업 로봇을 배치하면서 정리 해고 당할 위기다. IT 강국인 인도에서는 알고리즘과 챗봇이 콜센터 일자리를 차지하면서 벵갈루루에 도착한 지 얼마 안 되는 똑똑한 여피들이 값비싼 생활비를 감당하지 못하고 있다. 수백만 명의 아시아인들은 더는 자신이 살고 있는 곳의 생활비를 부담할 수 없다. 일자리가 없다면 그 지역에 머물 이유가 없잖은가? 그래서 이주를 결심하는 것이다.

경제적 이주자는 더 많은 이주를 야기한다. 20세기에는 임시직에 종사하는 사람이 몇 년 뒤면 고향으로 돌아간다고 생각했다. 또한 고향으로 돈을 송금하면 더 많은 '그들'이 '우리'에게 오지 못하도록 방지하는 효과가 있으리라 기대되었다. 하지만 반대로 이주자들은 정착했고 고향의 가족들이 서양에 와서 합류하기에 충분한 돈을 저축했다. 경제적 이주는 연쇄 이주가 되었다. 송금액이 불안정하고 이주 정책이 변하며 환율이 움직이기 때문에 가족들은 아예 터전을 떠나 이주자 행렬에 동참하는 것이다. 이와 같은 가족 디아스포라가 일어날 때 개별 구성원은 서로 다른 방향으로 가는 경우가 많으며 리미틀리Remitly와 같은 국경의 경계가 없는 금융 앱을 통해 서로에게 돈을 보낸다.

아시아의 수십억 중산층은 부자가 되고 싶거나 고향에 일자리가 사라져서 이주를 원한다. 한편 IT, 건설, 의료 분야에서 습득한 기술은 이동성이 있기 때문에 해외에서 더 많은 임금을 주는 일자리로 비자를 받을 수 있는 자격을 만들어 준다. 『이주에 관한 국제 핸드북International Handbook on Migration』에 따르면 이주는 일 인당 소득이 2,000달러에서 만 달러로 증가하면서 급격하게 늘어난다. 빠르게 도시화가 진행되고 경제가 서비스 중심으로 변하면서 대다수의 국가가 현재 그래프상에서 이 구간에 해당된다. 일부 국가에서는 소득이 일 인당 만 달러를 넘으면 이주가 줄어들지만, 자동화로 인해 많은 사람이 중간 소득에 이르지 못하고 있다. 일자리가 있는 곳이라면 어디든 옮기게 되는 것이다.

세계의 농장, 건설 현장, 기타 인프라 사업에서 일하는 반영구적 이주 근로자 1억 5,000만 명에서 아시아인은 이미 대다수에 해당한다. 인도인과 파키스탄인 이외에 불완전 고용 상태의 인도네시아 남성도 목공, 금속 작업의 기초 훈련을 받는 혜택을 누리고 있으며 인도네시아보다 다른 나라에서 더욱 생산적인 일자리에 고용되고 있다. 대양을 오가는 거대한 상선에는 거의 아시아인으로 구성된 100만 명의 선원이 있다(40만 명은 코로나19 이동 제한 기간 중 바다에 발이 묶여 있었다). 이들의 항해 경로는 새로운 항구가 건설되고 인구 이동이 일어나면 변화한다. 조만간 아시아 농민과 잡역부 무리가 북극에 마을을 건설하는 모습을 보게 될 수도 있다. 세계에는 활력 넘치는 아시아 청년의 지속적인 이주가 필요한 상황이다.

다국적 가정부

합리적인 사람들은 국가에 얼마나 많은 이주자의 입국을 허용해야 하는지, 어느 지역에서 온 이주자를 허용해야 하는지, 공통의 국민 정서를 어떻게 하면 유지할 수 있는지 토론할 수 있다.

문명사회로 인정받으려는 국가는 우수한 의료 제도를 갖춰야 하며 그렇게 하려면 의사와 간호사가 충분히 공급되어야 한다. 1970년대 미국은 의료진이 부족해지자 많은 인도 의사와 약사를 초청했다. 하지만 코로나19 팬데믹에서 분명히 드러났듯 미국이나 영국은 확산되는 의료 수요에 대비하여 인력을 제대로 충원하지 못했다. 미국에서 코로나19로 인한 전체 사망자의 3분의 1이 요양원에서 사망했다는 사실은 오늘날 베이비 붐 세대(와 그 자녀)가 자신들이 돌봄을 받을 차례가 왔을 때 더 나은 서비스를 요구하게 만들 것이다. 미국의 300만 간호사들은 이미 의료 근로자 중에서 가장 큰 비중을 차지하며 미국에는 더 많은 간호사가 필요하다.

중국도 마찬가지다. 미국과 일본처럼 중국은 더는 유치원을 열기에 최고의 나라가 아니다. 반대로 요양원 사업이 번성하고 있다. 아이를 낳지 않는 중국인 이주자에 더해 현재 약 50만~100만 필리핀 사람들이 요양업에서 일하고 있다. 세계의 담배 중 절반이 중국에서 판매되는 것을 고려하면 더 많은 간호사가 암과 기타 만성 질환으로 고통받는 환자를 돌보는 일에 필요할 것이다.

필리핀은 전 세계 병원의 최대 인력 공급처이지만 세계적인 수요를 소화할 만큼 간호사를 빨리 훈련시킬 수 없다. 어쨌든 향후 20년 동안 1억 개의 새로운 일자리가 이 분야에서 창출될 전망이다. 이에 따라 마닐라에서는 해외 채용 캠페인이 강하게 진행되고 있으며 게시판에는 독일어 강좌와 유럽행 패스트트랙 비자에 대한 광고가 붙어 있다. 독일은 집에 머물고 있는 50만 명의 80~90대 노인을 위해 아시아인뿐 아니라 연중 내내 일하는 마음 따뜻한 60대 폴란드, 불가리아 출신 여성들도 채용하고 있다.

간호사와 가사 도우미는 전 세계의 인재 전쟁에서 가난한 나라의 젊은 여성이 맡을 수 있는 역할을 보여 주는 이상적인 렌즈다. 예일대학교의 학자 안주 폴Anju Paul은 이들에게 '다국적 가정부'라는 그럴듯한 별명을 붙여 줬다. 이들은 디아스포라 네트워크와 취업 알선 중개인을 활용해 아시아, 중동, 북미에서 더 많은 임금을 찾아 이동한다. 노련한 간병인과 가정부에 대한 수요가 많기 때문에 이들은 협상력도 지니고 있다. 폴은 예상되는 처치의 수준에 따라 나라별로 순위를 매긴 색인을 만들기까지 했다. 인도와 인도네시아에서 간호사가 또다시 대규모 이주에 나선다면 매우 유용하게 사용될 것이다. 두 나라의 젊은 여성 인구는 필리핀보다 많거나 같은 수준이다. 가정부의 전 세계 이동 경로를 추적하면 (고대 세계의 상인처럼) 효율적인 이주자가 P2P로 지식을 나누는 방식을 알 수 있다. 어딘가에 이주자가 정착하면 이는 이동할 만한 장소를 찾고 있는 다른 구직자들이 찾아온다는 전조다. 일본, 오스트레일리아, 사우디아라비아, 캐나다에서 아시아 가정부만큼 오늘과 내일의 퀀텀 근로자를 제대로 보여 주는 직업은 없다.

잡종 인류

활력 넘치고 바깥세상에 열려 있는 아시아 이주자들은 지구의 모습을 변화시킬 것이다. 대규모 이주는 사람들이 사는 장소뿐 아니라 정체성도 변화시킨다. 해마다 새로운 고고학, 인류학, 유전학 연구에서 수천 년 동안 세계의 민족이 얼마나 뒤섞였는지와 거의 모두에게 스며들어 있는 유전적 다양성을 확인할 수 있다.

내 DNA를 테스트한 결과만 보더라도 발트해와 지중해의 혈통이 섞여 있다. 처음에는 이상하게 보였지만 인도의 침략 역사를 생각해 보면 꽤 일리 있는 해석이기도 하다. 많은 사람이 핏속에 이주의 역사를 담고 있다. 이는 부족 중심 주의가 아닌 이동성이야말로 인간의 본성이며, 인종이나 민족에 대한 인위적인 충성보다 이동성이 인간으로서 깊게 새겨져 있는 특징임을 보여 준다.

실제로 최근 수행된 고생물학 연구에 따르면 네안데르탈인이 멸종한 이유 중 하나가 이동성이 뛰어났던 우리의 조상 호모 사피엔스와 비교해 유전적 다양성이 부족했기 때문이다. 이동성은 인간의 유전 풀을 새롭게 하고 확장시켰다.

선사 시대와 마찬가지로 오늘날 점점 강화되는 이동성은 인류의 유전적 충돌 속도를 더 빠르게 만든다. 지난 80년 동안 집단 이주로 이미 점점 뒤섞이는 글로벌 사회가 형성되었으며 민족적으로 동질한 '민족 국가'라는 개념이 약화되었다. 중국과 방글라데시 같은 나라는 여전히 단일 민족 집단이 지배하고 있지만 미국, 캐나다, 영국, 오스트레일리아와 같은 주요 영어권 국가는 모두 기존의 소수 민족 외에 해외에서 태어난 인구가 전체 인구의 20퍼센트를 넘는다. 이러한 나라는 소수 집단을 합치면 인구의 다수를 이루는 '다수인 소수majority-minority' 국가를 향해 가고 있다. 이미 '인도계 캐나다인Indian-Canadian', '중국계 미국인Chinese-American' 등 하이픈으로 연결된 집단이 형성되었다. 한 세기 전 백인 우월주의자 집단인 쿠 클럭스 클랜Ku Klux Klan은 하이픈이 이주자를 다수와 분리시키는 경계를 표시한다고 주장했다. 하지만 다수의 사람들이 하이픈으로 표현되는 시대에는 하이픈으로 연결된 '민족 국가nation-state'야말로 문자 그대로 구식인 단어다.

기후 변화와 마찬가지로 인종의 희석은 티핑 포인트tipping point를 지난 점진적인 과정이다. 북미는 유럽인, 북미인, 라티노, 아시아인의 혼합체가 되었다. 2015년 기준으로 미국 혼인에서 17퍼센트가 다른 인종 간에 이뤄지며 백인과 황인종 부부가 급격히 증가하고 있다. 워낙 여러 인종 간 결혼이 흔해지다 보니 다음 세대는 같은 문제를 겪지 않을 가능성이 높다. 유럽 사회 역시 북아프리카인, 튀르키예인, 슬라브인, 아랍인이 섞이고 있다. 런던에서는 아동의 10퍼센트 이상이 아프리카나 남아시아인과 앵글로─유럽인 사이에서 태어난다. 모하메드Mohammed는 이 지역에서 태어나는 아이들 중 가장 흔한 이름이다. 2020년에 실시된 설문 조사는 영국인 10명 중 9명이 사회에서 여러 인종 간 결혼이 성사되는 것을 기분 좋게 여긴다고 답했다. 독일과 프랑스에서는 아랍인, 아프리카인, 튀르키예인과의 결혼이 주된 현상으로 자리 잡았다. 미래의 인구 구조는 그 어느 때보다도 갈인, 황인, 흑인, 백인이 섞여 있는 환경일 것이다.

극동에서도 아시아인들은 점점 더 뒤섞이고 있다. 5,000만에 달하는 중국인 디아스포라는 타이와 말레이시아처럼 이름에 민족의 특징이 남아 있는 나라에 필연적으로 스며들었으며 현지인, 중국인, 인도인의 혼합이 훨씬 빈번하게 일어난다.

중국인, 인도인과 다른 민족 간 결혼 사례가 증가하고 있다. 중국의 경우만 보면 1980년대까지 다른 민족과 한 결혼 사례가 신고되지 않았으나 최근에는 다른 아시아인, 유럽인, 아프리카인과 하는 혼인 신고가 증가하고 있다.

다른 민족과 하는 결혼을 누구도 강제하지 않는다. 자발적으로 그러한 결혼을 선택하며 그 숫자가 갈수록 증가하고 있다. 민족의 순수성이 희석되는 것은 정치적 선택으로서 차별주의자들은 나머지 사람들을 비난하는 데 이를 활용하고 있다. 하지만 현실은 그러한 퇴행적인 견해를 압도적으로 넘어섰다. 어떤 국가에서도 외국인 혐오로 전 세계적인 유전 혼합의 추세를 끊어 버릴 수 없다. 따라서 한 세대에서 다음 세대로 어떠한 변화나 조정도 없이 전해 내려오는 고정된 형태의 국가 문화가 존재하는 양 '문화가 운명'이라고 단정하는 주장을 회의적으로 바라봐야 한다. 순수한 민족 국가가 거의 존재하지 않듯 변하지 않는 문화도 존재하지 않는다. 동화가 해로운 도전처럼 보일지 모르나 결국에는 융합이 지배하게 된다. 전 세계가 어우러진 잡종 문명이 우리의 운명인 것이다.

디아스포라 지정학

아시아인의 이주가 증가할수록 아시아 디아스포라의 규모가 더 커질 것이며 각 나라에 한 발을 걸치고 있는 민족 공동체가 광범위하게 존재하게 될 것이다. 이들은 고국에서뿐 아니라 새로운 터전에서도 영향력을 행사한다.● 19~20세기에 이루어진 대규모 이주는 디아스포라가 전후 수십 년 동안 미국 정치에서 핵심적인 역할을 할 수 있는 기틀을 마련했다. 단적인 예가 이스라엘 문제와 관련해 유대인이, 북아일랜드 분쟁에 아일랜드인이 목소리를 내는 것이다. 동

● 수천 년 동안 유대인들은 국가보다는 디아스포라로서 존재해 왔다. 고대 아시리아부터 독일 나치에 이르기까지 축출을 견뎌 왔다는 점에서 나무에 뿌리가 있다면 유대인에게는 다리가 있다고 말할 수 있다. 유대인 디아스포라는 제2차 세계대전 뒤 이스라엘의 건국에 중요한 역할을 했다. 현재 유대인 디아스포라의 숫자는 약 800만 명으로 이스라엘 인구인 600만 명보다 규모가 더 크다.

유럽인은 1990년대 말 NATO 동맹의 확대를 위해 대대적으로 로비 활동을 벌였다.

중국인, 인도인, 방글라데시인, 파키스탄인, 필리핀인 등 아시아의 주요 디아스포라는 전 세계 곳곳에서 깊이 뿌리내리고 있다. 동남아시아에서는 중국인이 점점 제5열(적과 내통하는 집단)이 될 수 있다고 간주되고 있다. 캐나다, 오스트레일리아, 싱가포르, 미국으로 건너간 중국인 이주자들은 치밀하게 외국에 영향을 미치는 작전을 펼치는 용의자로 의심 받고 있다. 하지만 미국 사회에 동화된 중국인들은 압박을 가하기보다는 새로운 생활 방식을 지키는 데 방어적인 경향이 있다. 홍콩의 인권 문제를 놓고 중국계 미국인과 친중 국수주의 집단 사이에 의견이 엇갈리는 것도 이러한 이유에서다.

현재 미국에 거주하고 있는 중국 학생들은 이전 세대보다 영어를 유창하게 구사하지만 미국 사회에 더 잘 어울린다고 볼 수는 없다. 오히려 중국의 부상에 대해 자부심을 지니고 있으며 이들은 국가주의를 유지하고 고국으로 돌아오도록 미국에 대해 비방하는 뉴스를 쏟아 내는 위챗 그룹인 '유학생일보College Daily'에 선동되고 있다. 전략은 먹히고 있는 듯하다. 미국에 머무는 중국 학생들의 대부분이 졸업 뒤 고국으로 돌아가거나 더 친절한 나라로 이동하기 때문이다.

이동성과 기술이 만나는 곳에서 더는 동화가 일어난다고 가정할 수 없다. 정체성이 배가 되고 긴장이 팽팽해진다.

하지만 많은 중국 이주자가 현지 시민권을 얻거나 이중 국적을 유지하기 때문에 이들의 행동을 단순히 외국의 정책 문제로 간주할 수만은 없다. 특히 캐나다와 오스트레일리아에서는 '그들'이 '우리'의 일부가 되었으며 정부는 누가 어떤 나라에 충성하는지를 판단하는 데 애를 먹고 있다. 최근 오스트레일리아는 정당에 대한 해외의 재정 지원을 금지했다.

미국에서 인도인들의 부와 영향력이 커지면서 인도와 미국의 정당에 대한 자금 지원도 증가했다. 이들 디아스포라는 인도를 아시아에서 미국의 민주주의 동맹으로 부각시키는 데 중요한 역할을 했다. 2019년 9월 휴스턴의 NRG 스타디움에서 열린 '안녕 모디Howdy Modi' 행사에는 5만 명의 디아스포라가 모여 모디 총리와 도널드 트럼프의 공동 집회를 응원했다. 세대 간의 분열은 주목할 만하다. 집회에 모인 대다수가 중년이었는데 행사장 바깥에 모인 인도계 미국인들은 모디 총리(와 트럼프)를 파시스트라고 비난하는 플래카드를 들고 시위를 벌였다.

지난 3세대에 걸쳐 많은 인도인이 그토록 원하던 영국 시민권을 얻었으며 이제는 영국의 정치에 영향력을 행사하는 수준이 되었다. 인도 국민당의 해외 친구들OFBJP이 가장 활발한 활동을 펼치는 곳이 영국이다. 노동당의 제레미 코빈Jeremy Corbyn이 카슈미르에 대한 국제 사회의 개입을 요구하자 140만 영국계 인도인들이 보리스 존슨의 보수당에 표를 행사하자는 캠페인을 펼치기도 했다. 노동당은 거의 모든 소수 인종과 이주 유권자의 표를 얻어 왔지만 더는 아니다(코빈의 친팔레스타인 행보로 유대인 디아스포라도 그에게서 돌아섰다). 하지만 미국에서처럼 나이가 어린 영국계 인도인들은 조상의 고향에 대한 관심이 훨씬 덜하다.

미국과 영국에서 점점 많은 인도인들은 두 나라를 주기적으로 오가는 가족과 학생을 관리하기 위한 의례적인 합의를 발전시켜 왔다.

외교적으로 긴밀한 관계를 유지하든 느슨한 관계를 보이든 이주자의 침투는 되돌릴 수 있는 단계를 넘어섰다.

대어동의 시대
인류, 새로운 생존의 지도를 쓰다

10장

태평양
아시아에서
후퇴와 부활

중국의 농촌에서 도시 지역으로 수억 명의 인구가 대규모로 이주하면서 한 지붕 아래 대가족이 어울려 살던 수천 년의 전통이 뿌리째 뽑혔다. 중국에서 고령 인구의 수가 절정을 향하는 가운데 청년들은 더는 집에 머물면서 나이 든 부모를 돌보지 않는다. 2030년이면 15억 중국인 가운데 65살 이상 인구가 차지하는 비중이 약 4분의 1에 달할 전망이다. 노년층의 수가 미국 전체 인구에 맞먹는 수준이 되는 것이다. 이 시기가 되면 중국의 청년은 '4-2-1' 문제에 직면하게 될 것이다. 혼자서 두 명의 부모와 네 명의 조부모를 재정적으로 책임져야 하는 구조다.

하지만 노년층 돌봄은 미국이나 독일에서와 마찬가지로 근면하고 도시에 거주하며 이동성을 갖춘 중국인에게 어울리는 일이 아니다. 이 때문에 중국은 여성 인력을 유치하는 일에 열을 올리고 있다. 이미 수천 명의 한국인, 베트남인, 미얀마인 여성이 남성 인구가 과잉 상태인 중국에서 혼인을 했다. 자녀 출산의 여부와 상관없이 이 여성들의 주된 일은 시부모 돌봄이 될 것이다.

그렇다면 남성들은 어떤 일을 하는가? 중국에서는 급속도로 도시화와 자동화가 진행되고 있고 성비 불균형이 심각한 수준이어서 마땅한 일이 없는 남성들이 많으며 이들 중 대다수는 고등학교도 졸업하지 못한 상태다.

중국은 인구 구조상의 대규모 불일치 문제를 해결할 큰 그림이 있을까? 수백만 명은 군대와 경찰에, 또 다른 수백만 명은 중국 전역에서 진행되는 대규모 수리 공학 사업에, 또 다른 수백만 명은 농촌 부활 사업에, 수백만 명은 아시아, 아프리카부터 남미에 이르기까지 일대일로 계획의 추진을 위한 에너지 및 건설 사업에 동원될 것이다. 이 모든 사업이 추진되면 잉여 인력이 사라질 것이다.

서양과 아시아의 강대국은 중국이 자국에 영향력을 행사하지 못하도록 연합을 이루었지만 외국인들은 그 자체로 하나의 세계로 존재하는 중국에 적응할 수 있을까?

중국에 거주하는 외국인은 100만 명에 불과하지만 다섯 배 더 많은 인구가 등록에 두려움을 느끼고 있다. 숫자보다 중요한 것은 추세다. 중국 전역의 대학 캠퍼스에서는 많은 수의 유럽인, 아프리카인, 아랍인, 기타 아시아 학생들을 만날 수 있다. 2019년 기준으로 총 50만 명에 달했다(미국 학생은 1만 2,000명에 불과하다). 이에 더해 나이지리아에서 파키스탄에 이르기까지 직업 훈련을 받는 청년 외국 전문가의 숫자도 증가하고 있다. 베이징대학교의 한 학자는 내게 "미국에서 오는 유학생 숫자가 줄어들더라도 일대일로 계획(중국 주도의 '신실크로드 전략 구상')의 일환으로 유입되는 학생들이 크게 증가하고 있다."라고 전했다. 이 계획에 참여하는 약 100개국의 학생을 가리키는 말이다.

또한 중국에서는 놀랍게도 일본에서 고학력에도 불구하고 일자리를 찾지 못한 일본인 과학자의 수가 증가하고 있다. 최소 8,000명은 중국의 대학과 연구소에 근무하면서 천문학, 동물학, 기후 과학, 엔지니어링등 거의 모든 분야의 연구를 수행한다. 중국은 세계 무대에서 민족주의자로 행동하지만 중국 정부는 수백 년 전 영국과 프랑스 정부가 식민지에 그랬듯 국제적인 중심지로 스스로를 내세우고 있다.

많은 사람이 미—중 무역과 기술 갈등으로 미국 기업(과 미국의 국외 거주 직원)이 중국에서 입지를 축소하고 고국으로 돌아가리라 예상한다. 하지만 기업은 정부의 강요가 아닌 공급망을 따라가기 마련이다. 인건비 상승, 중국 기업과 벌이는 경쟁 격화, 고급 학위가 없는 영어 교사에 대한 압박 등 외국 기업이 중국에 대한 노출을 줄여야 할 이유는 많다. 하지만 이러한 이유로 철수하고 고국으로 돌아갈 기업은 없다. 오히려 중국에서 미국 기업의 숫자는 소비 증가에 힘입어 2019년 7만 5,000개로 늘어났다. 애플, 나이키, 테슬라에 이르기까지 미국 기업은 중국에서 판매하는 제품을 현지에서 만드는 '중국에서, 중국을 위해'를 채택했다(혹은 그럴 수밖에 없었다). 유럽인도 같은 처지다. 기업이 미국보다 아시아 매출에 더 의존하고 있기 때문이다. 중국에 진출한 기업에 관리자로 고용되기를 바라는 국외 거주자는 중국어를 배워야만 한다.

'아시안 드림'을 찾아

요즘 '가족 가치'라는 표현은 결혼 생활이 서양 사회보다 안정적이고 부부가 서로에게 충실한 동아시아에 더 많이 적용되고 있다. 하지만 서양의 청년과 마찬가지로 젊은 아시아인이 '정착'하는 연령을 규정하는 일은 점점 어려워지고 있다. 약 100만 명의 중국인이 이미 출납원부터 금융 애널리스트에 이르기까지 다양한 직업에 종사할 수 있는 일본으로 이주했으며 25만 명은 한국으로 이동했다. 3개국의 나이 든 세대는 서로에 대해 깊은 의심을 가지고 있지만 청년들은 크게 개의치 않는다. 싱가포르에서 만난 서른 살의 밀레니얼 세대 중국인 기술 전문가는 내게 "결혼해서 아이를 낳을 생각이 없어요. 마흔다섯에 은퇴해서 일본의 농장에서 시간을 보내고 재산을 암호 화폐로 바꿔서 여행을 다닐 계획이에요."라고 말했다.

아시아의 관광객과 출장객은 이미 전 세계에서 놓쳐서는 안 될 중요한 손님이다. 하지만 아시아 내부에서 일어나는 국경 간 이동은 아시아 외부로의 이동보다 두 배 많이 발생한다. 수천 년 동안 아시아에는 독특하고 깊이를 갖춘 문명이 다양하게 존재해 왔으며 이제는 공통적인 문명도 발전되었다.

남아시아와 동남아시아 사회는 동북아시아와 비교하면 여전히 소득 수준이 낮지만 이 지역의 청년 역시 상황이 비슷하다. 인도 노동력에서 밀레니얼 세대는 절반 이상을 차지하고 있으며 다른 노동 인구뿐 아니라 알고리즘과도 경쟁을 벌이고 있다. 인도의 제조업과 기술 분야에서 연간 창출되는 일자리는 예상에 못 미치며 인도 대학 졸업생의 실업률은 매우 높은 수준이다. 해마다 수백만 명의 노동 인구가 새로 유입되거나 자동화로 실직 상태가 되지만 일자리는 제공되지 않을 것이다. 이런 까닭에 서아시아나 동남아시아의 역동적인 경제로 이동하는 것이다.

세계에서 중국, 인도 다음으로 인구가 많은 동남아시아 역시 젊은 사회다. 7억 인구 가운데 절반 이상이 30살 미만이다. 이들 역시 도시로 이동하여 중요한 기술을 익히는 것을 목표로 삼는다. 지역 내에서 노동 이동이 자유롭기 때문에 싱가포르와 방콕에서 신분 상승을 꿈꾸며 이미 3~4개국을 거쳐 온 밀레니얼 세대를 마주치는 일은 어려운 경우가 아니다. 동남아시아의 밀레니얼 세대에서는 내혼 비율이 증가하고 있으며 이들은 긍정적인 비전과 진취적인 기운을 공유한다. 아시아는 이미 많은 인구를 자랑하지만 해외 투자와 인재에 문을 열어 놓은 상태다. 1960년대부터 독립한 싱가포르는 다국적 기업과 직원들을 초청했으며 이들은 싱가포르 경제 성장과 다변화를 이끄는 주축이 되었다. 50년이 지난 현재 싱가포르 인구의 3분의 1은 외국인이며 이들은 싱가포르의 경제를 세계에서 가장 혁신적인 경제로 자리매김하게 했다. 인도네시아, 베트남, 필리핀 등은 투자 효과를 높이기 위해 공익 사업, 은행, 농장, 항공사 같은 국영 기업을 민영화하면서 전 세계에서 새로운 자본과 경영진을 유치하고 있다.

동남아시아는 간편한 비자 발급, 우수한 학교와 의료 서비스, 신속한 연결성에 힘입어 이 지역에 거주하고 있는 외국인 수를 해마다 증가시키고 있다. 미국과 유럽이 코로나바이러스에 얼마나 미숙하게 대처했는지를 확인한 아시아의 서양인들은 성장률이 낮고 포퓰리즘이 인기를 얻는 고국으로 자발적으로 돌아갈 마음이 없다. 팬데믹 기간에 서양의 국외 거주자 중 일부는 일자리를 잃어 본인의 의사와 무관하게 고국으로 돌아가야 하는 상황에 놓였다. 하지만 타이에서 감염률이 낮고 저렴한 의료 관광을 누릴 수 있다는 점에 매료된 미국인과 오스트레일리아인은 '엘리트 거주' 프로그램을 신청했다.

현재 아시아에는 과거라면 이곳에 체류할 것이라고 예상하지 못했던 수준으로 많은 외국인이 거주하고 있다. 서양에서 온 사람뿐아니라 수십 년 전에 서양으로 떠났던 아시아인이 기업 임원과 기업가가 되어 가족과 함께 돌아왔다. 이 같은 '귀환' 집단 역시 전 세계적인 이주 스토리의 일부로서 익숙한 공식을 반전시키는 역할을 한다. 나는 나 자신을 비롯하여 아시아에 돌아온 많은 아시아계 미국인의 부모, 미국 사회에 여전히 머물고 있는 형제자매를 카르켜 '미국계 아시아인'이라는 표현을 쓴다.

이동은 가까운 미래를 위해 바람직한 일이다. 상황이 변화한다면우리는 얼마든지 또다시 이동할 수 있다.

아시아에서 소용돌이치는 기후 이주

세계에서 많은 지역의 기온이 점점 상승하고 건조해지고 있지만 아시아의 고지대와 열대 습지는 점점 습해지고 있다. 파키스탄, 인도, 네팔, 중국, 부탄을 아우르는 힌두쿠시와 히말라야 지역에 거주하는 인구는 2억 4,000만 명이지만 이곳에서 발원하는 하계(하천과 계곡)에 의존하는 인구는 16억에 달한다. 가뭄으로 중국, 인도, 파키스탄의 기후가 건조해지는 상황에서 히말라야산맥과 티베트 고원에 있는 1만 5,000개 빙하의 용해는 환영받을 수도 있다. 하지만 혹서의 날씨에 빙하가 유출되고 폭우가 내린다면 댐이 터져서 인도 북동부가 홍수와 산사태로 위험에 빠질 수 있다. 히말라야 빙하의 3분의 2가 향후 십 년에 걸쳐 녹는다면 수억 명의 인명이 위태로워질 것이다. 그렇지 않아도 빙하 용해는 인도와 방글라데시에 걸쳐 있는 갠지스 삼각주의 영구적인 범람에 한몫하고 있다(궁극적으로는 하천이 마르고 홍수 대신 가뭄이 찾아올 것이다). 앞으로 수십 년 동안 수억 명의 인구가 해수면 상승, 하천 범람, 가뭄을 피해 아시아의 다른 나라로 이동해야 할 것이다.

갠지스·브라마푸트라·메콩강의 수원은 모두 티베트에 위치한다. 티베트가 중국에 중요한 이유는 인구 때문이 아니라 환경 지리에 있다. 중국은 지구의 '제3의 극지'라 불리는 이 지역을 거리낄 것 없이 지배하기를 원한다. 중국은 어마어마한 남수북조 사업(중국 남부의 담수를 물이 부족한 북부로 끌어오는 사업)을 통해 수백 개의 댐을 건설하거나 앞으로 건설하여 수로 시스템을 구축해 양쯔강과 황허강에서 물 부족에 시달리는 북동부로 물을 공급하려 한다. 중국 북동부에서는 수백만 명의 국민이 날마다 오염된 물을 식수로 사용하고 있다. 중국은 총 1,000억 달러에 달하는 사업을 일으키고 십여 개 주가 사업에 투자하도록 강제할 수 있는 유일한 나라다. 이 가운데 수백만 명이 (세계 최대의 수력 발전소인 싼샤댐을 건설할 때처럼) 터전에서 쫓겨날 것이다. 한편 중국은 이와 같은 계획을 하류에 위치한 이웃 나라에 투명하게 공개하지 않는다. 인도, 방글라데시 등과 수자원을 공유하는 내용의 공식적인 합의를 이룬 적이 없다. 설사 합의하더라도 수위가 예측 불가능하게 변동하여 일부 지류 댐에는 물이 전혀 도달하지 못할 가능성도 있다.

인도는 세계에서 가장 오염도가 심각하고, 식수가 부족한 십여 개 도시에 거주하는 14억 인구를 위해 확보한 담수가 중국보다도 더 적은 상황이다. 이에 인도는 히말라야에서 내려오는 물을 농가와 도시의 저수지에 공급하는 막대한 사업을 시작했다. 히말라야 서부의 라다크에서는 빙하 유출을 (불교 신앙이 지배적인 지역에 걸맞게) 사리탑 모양의 서서히 녹는 건축물로 만들어 고지대 농사의 관개수로 사용하는 기발한 아이디어를 시도했다. 또한 모디 정부는 인도가 전 세계의 곡창 역할을 계속 수행할 수 있도록 중국에서 추진하는 것과 같은 국영하천연결사업National River Linking Project을 계획했다.

인도에서 활발하게 진행되는 국내 이주는 농촌에서 도시로 이동하는 것뿐 아니라 일자리와 더 살기 좋은 기후를 찾아 북쪽에서 남쪽으로 이동하는 경우도 포함된다. 2019년 뉴델리에서 도시의 대기질 악화에 대해 실시한 설문 조사에서 응답자들은 깨끗한 공기를 마시기 위해 더욱 남쪽에 위치한 도시로 이주를 고려하고 있다고 답했다. 지난 십 년 동안 안드라프라데시와 카르니타카 같은 남부의 대규모 주에는 북부에 살던 수백만 인도인이 유입되었으며 고아의 해안 낙원에는 북부 인도인(과 유럽 관광객)이 몰려들었다. 벵갈루루는 인도의 '정원 도시garden city'에서 '쓰레기 도시garbage city'로 변했다. 한편 2019년 첸나이에서 물 부족 사태가 벌어지자 정부는 날마다 수백 리터의 물을 실은 50량의 기차를 300킬로미터 거리에 운반해야만 했다.

  남부로 이주한 많은 인도인이 다시 북부의 히말라야 지대로 이동해야 할 지 모른다. 2019년 인도 정부는 불교 신자들이 거주하는 라다크의 행정 구역을 무슬림 중심의 잠무와 카슈미르에서 분리했다. 이로 인해 카슈미르는 반자치 특구로서의 지위가 사라지고 뉴델리 정부가 직접 다스리는 '연방 영토'로 전환되었다. 이 같은 정치적 조치에 따라 카슈미르의 무슬림뿐 아니라 어떤 인도인이라도 카슈미르에 토지를 매입할 수 있게 되었다. 온화한 계절 기후에 히말라야의 절경을 갖춘 카슈미르에 많은 인도인이 눈독을 들이고 있음은 말할 나위도 없다. 특히 카슈미르는 인더스강과 그 지류의 발원지다. 인도는 밀과 곡물 생산 비중이 10퍼센트 이상인 카슈미르와 펀자브의 관개를 개선하기 위해 인더스강 상류에 대규모 댐을 건설하는 사업을 서두르고 있다.

70여 년 동안 카슈미르는 인도의 일부이면서도 그렇지 않은 영토에 해당했다. 위구르 무슬림의 고향인 신장에 중국 한족이 이주한 것처럼 힌두교 인도인이 카슈미르를 식민지화하면 국제 이주 못지 않게 국내 인구 이동이 전략적으로 얼마나 중요한지 보여 주는 사례가 될 것이다. 인구학적 동기에 따른 이 같은 결정은 지역의 역학 관계에 변화를 줄 수 있다. 2019년 2월 카슈미르에서 테러리스트가 공격을 자행했을 때 인도 정부가 위협했듯 인도는 파키스탄으로 유입되는 물줄기를 실제로 차단할 가능성이 있다.

파키스탄은 카슈미르 문제가 유리하게 전개되거나 중요한 수자원 공급에 대한 통제력을 얻게 될 희망이 없는 상태에서 인구와 지리에 대해 보다 전략적인 자세를 취해야 할 것이다. 현재 파키스탄에서 가장 살기 좋은 두 개 주는 인구 밀도가 낮은 곳이다. 아름다운 경치를 자랑하는 산악 지형인 길기트발티스탄은 지난 20년 동안 K2 등 7,000미터 이상인 봉우리의 수가 100개를 넘는다는 사실보다 이슬람 테러리스트 집단의 근거지로 뉴스에서 주로 소개되었다. 하지만 빙하 용해 속도가 빨라지면서 거대한 범람이 발생하자 파키스탄 정부는 재난 관리와 하천 유출의 물길을 돌리는 사업에 많은 돈을 투자해야만 하는 상황이다. 임란 칸Imran Khan 파키스탄 총리 역시 험준한 지형인 카이베르파크툰크와주에 100억 그루의 나무를 심는 재조림 사업을 약속했다. 아라비아해의 북적이는 메가시티인 카라치가 초여름에는 혹서로, 늦여름에는 장마로 고통받는 가운데 많은 인구가 거주하는 곡창 지대인 펀자브와 신드주는 가뭄에 시달리고 있어 더 많은 파키스탄인이 북쪽으로 향할 전망이다.

히말라야 지역에서 400개의 댐과 200개의 수력발전소 건설 사업이 추진되는 가운데 네팔과 부탄 같은 작은 나라도 자원 관련 조치에서 핵심 역할을 하고 있다. 네팔은 현재 수준보다 80배 많은 수력 전기를 생산할 가능성이 있다. 주기적으로 발생하는 정전 사태를 피하고 기초적인 산업을 활성화하며 전력을 인도에 판매하기 위해서는 수력 전기가 절실하게 필요한 상황이다. 인도의 갠지스강 평원에는 인구 밀도가 크게 낮지만 비옥한 비하르주 등이 있다. 인도 정부가 마침내 도로와 수질 관리 개선에 투자를 결정하면서 비하르는 곡창 지대에서 과일과 야채의 주요 생산지로 발돋움할 수 있다. 네팔이 농업 생산을 확대한다면 수백만 인도인이 북쪽을 향해 이주할 수도 있다.

부탄 역시 인도인의 무비자 입국을 허용하지만 거주는 허락하지 않는다. 신비로운 샹그릴라로 알려진 부탄은 인구가 80만 명에 불과하며 매년 3만 명 미만의 관광객만 방문이 허용된다. 대대적인 나무 심기 사업 덕분에 탄소 배출보다 흡수가 더 많은 상태다. 기초 인프라를 고려할 때 부탄은 영구적인 이주 대상보다는 인도와 방글라데시의 수력 전기원으로 간주된다. 그러나 머지않아 지정학적 관점에서 고지대에 위치한 기후 오아시스로 각광받을 것이다. 중국은 북쪽에서부터 영토를 조금씩 침범하고 있으며 남쪽에서는 더 많은 인도인이 이주할 수도 있다. 사람들은 세계에서 가장 높은 국경 너머로도 이주할 것이다.

히말라야와 관련해서 양쯔강 상류에서 쓰촨 공업 지대(인구 9,000만 명)와 녹음이 우거진 윈난성(인구 5,000만 명)까지 물길과 전력을 공급한다는 중국 정부의 전략은 값비싸고 오염된 해안 도시와 비교해 경치가 아름답고 비용이 저렴한 쓰촨과 윈난의 강점을 더욱 돋보이게 할 것이다. 중국의 청년들은 쓰촨성의 성도인 청두와 윈난성의 성도인 쿤밍에 몰려들었는데 이 지역에 새로 건설된 철도가 라오스와 타이까지 이어져 청두와 쿤밍은 남부 실크로드의 실질적인 수도로 자리매김했다.

윈난성은 상류에서 추진되는 중국의 수자원과 에너지 정책 때문에 희생된 동남아시아 농민과 다른 빈곤 계층이 모여드는 곳이다. 동남아시아 저지대 국가에서는 수자원이 지나치게 적은 것만큼이나 넘치는 것도 문제가 된다. 해안의 메가시티인 방콕, 호치민시 등은 2050년에 물에 잠길 가능성이 있다. 베트남의 메콩강 삼각주는 해수면보다 약 1미터 낮은 곳에 위치하여 수천만 명의 베트남 농민들이 향후 10~20년 사이에 고지대로 이주해야 할지도 모른다. 하지만 해수면 상승으로 베트남의 해안선이 내륙 방향으로 이동하더라도 중국이 분수령(분수계가 되는 산마루나 산맥)을 가두면서 메콩 평야 저지대에서는 가뭄이 더욱 빈번해져 인구가 북부의 중국으로 이동할 여지가 있다. 오늘날 라오스와 베트남에서 수만 명이 일자리를 찾아 윈난성으로 모여들고 있다. 조만간 그 숫자가 수백만에 이를 수도 있다.

파괴적인 사이클론으로 이미 인도, 인도네시아, 필리핀의 해안 인구가 내륙 방향으로 이주하고 있다. 뭄바이는 현재 위치한 노출된 반도보다 기반이 단단한 지역에 도시를 다시 조성해야 한다. 인도네시아는 수도인 자카르타를 해안의 자바 섬(인구가 약 1억 5,000만 명으로 섬 기준으로 세계 최대 수준)에서 규모가 훨씬 큰 보르네오 섬으로 옮기고 있다. 재앙이 실제 닥칠지의 여부를 떠나 인도네시아는 최대 섬으로서 5,000만 인구가 거주하며 열대 정글이 무성한 수마트라에 관한 지속 가능한 전략을 세워야 한다. 영토의 상당 부분이 광활하고 고지대에 위치한 인도네시아는 수마트라의 귀중한 열대 우림을 무분별하게 파괴하는 것보다 미래에 거주할 수 있도록 보존하는 현명한 조치를 취해야 한다.

오세아니아의 저지대 섬나라들은 인도네시아의 길게 펼쳐진 제도로 시민들을 이주시킬 여유가 없는 상황이다. 그 대신 자체적인 피난을 계획 중이다. 마셜 제도, 투발루, 키리바시, 솔로몬 제도와 같은 230만 인구의 태평양 섬나라들은 처음으로 뉴질랜드의 '기후 비자' 프로그램을 이용하고 있다. 궁극적으로는 인구 구조나 정치적으로 강한 유대감을 지니고 있는 오스트레일리아 등으로 이주해야 할 것이다. 일부 국가는 해수면 상승을 좀 더 오래 견뎌 낼 수 있도록 중국에 도로의 고도를 높이는 사업에 자금을 지원해 달라는 요청을 했다. 하지만 중국은 현지인들이 시위 없이 인산염 침전물과 해저 광물을 채굴할 수 있도록 섬을 비워 주기를 바랄 것이다.

미얀마의 로힝야족 무슬림처럼 정치적으로나 기후 측면에서 동시에 난민이 되는 사람들은 최악의 운명을 해결해야 할 것이다. 핍

박을 받은 로힝야족 100만 명 이상이 방글라데시로 피난했는데 장마철에 콕스 바자르Cox's Bazaar로 알려진 주요 난민 수용소에 홍수가 났다. 방글라데시는 기후 피난처로 보기 어려운 지역이기 때문에 중국 국경 인근 미얀마 북부의 온화한 고지대(와 인도 북동부 산지)를 향해 로힝야족과 반대 방향으로 피난하는 방글라데시인이 수백만에 이를 것이다. 이 지역에서 이라와디강이 남쪽으로 흐르면서 미얀마의 농촌과 어촌을 풍족하게 한다. 미얀마의 내홍이 잦아들면 (군부가 지배하는 마비 상태의 나라가) 한 세대 안에 기후 오아시스로 변할 수 있다.

방글라데시의 기후 난민과 미얀마에서 탈출한 무슬림 정치 난민의 행렬에 남쪽의 말레이시아 무슬림이 합세할 가능성도 있다. 말레이시아는 울창한 삼림과 장맛비 덕분에 기후 변화로 인한 타격을 크게 받지 않는 나라다. 적절하게도 관련 국가들은 전반적인 결속력을 단단하게 다지고 있다. 인도는 '신동방 정책(Act East, 동아시아 국가를 우선시하는 인도의 외교 정책)'의 일환으로 방글라데시와 미얀마를 지나 말레이시아까지 연결하는 도로 건설에 투자하고 있다. 이를 통해 에너지, 원자재, 섬유의 국경 간 거래를 활성화하고자 한다. 이 같은 연결성이 대규모 이주를 위한 길을 닦기 위한 목적으로 추진되는 것은 아니지만 어떻든 이주에 기여할 가능성이 있다.

일본은 최첨단 용광로일까?

20세기 내내 도쿄는 세계 최대의 메가시티라는 타이틀을 놓치지 않았다. 오늘날 세계의 20여 개 메가시티 중에서 도쿄는 일본 전체와 마찬가지로 뚜렷한 인구 감소를 보이고 있는 유일한 도시다. 전체를 놓고 보면 일본은 세계에서 빈집이 가장 많은 나라다. 일곱 채 가운데 한 채가 비어 있으며 이 비율은 향후 십 년 동안 세 채 중 한 채로 증가할 전망이다. 노인들이 사망하고 청년들이 도시로 떠나면서 마을 전체가 버려지는 경우도 있다.

일본은 사람들이 매력적인 마을에 다시 거주하도록 설득하기 위해 자녀를 낳고 시민 생활의 부활에 기여하기로 약속하는 젊은 부부에게 주택을 제공하고 있다. 최소한 일본 정부는 완전히 은둔 생활을 하거나 취직하려는 마음이 없는 히키코모리라는 (대부분) 실직 남성 60만 명과는 달리 청년에 대해서는 최소한의 조치라도 취하고 있는 모양새다. 일하는 여성이 증가하고 더 많은 노년층이 노동 인구에 잔류하면서 일본의 출생률은 급격히 하락했다.

오랫동안 일본을 관찰해 온 제스퍼 콜Jesper Koll이 스물두 살의 일본 밀레니얼 세대를 부활시키기에 요즘이 적기라고 주장하는 이유가 여기에 있다. 이들의 부모는 세계에서 가장 부유한 베이비 붐 세대로서 집을 소유하고 있고 빚이 적으며 세계 최고 수준의 의료 서비스를 누리고 연금을 받고 있다. 청년들은 여러 세대가 살아온 집에 계속 거주하면서 부모의 저축으로 근근이 생활하고 임금이 싼 이주 가정부나 로봇(혹은 둘 다)의 도움으로 필요를 해결할 수 있다. 대학생은 졸업하고 일주일 안에 직장을 구하며 시간제 근로자는 정규직 지위를 얻고 기업이 구조를 재편하고 부문이 새로운 벤처로 분사하면서 퇴직자가 다시 일할 기회가 마련된다. 또한 일본 기업은 블록체인과 사물인터넷IoT 센서에 본격적으로 투자하고 있으며 소프트뱅크를 비롯한 (국내외) 벤처캐피탈은 스타트업에 대규모 투자를 단행한다. 일본이 실패하고 있다고 바라보는 사고는 낡은 접근이 되었다. 오히려 일본이 르네상스를 향해 가고 있다고 보는 편이 옳다. 일본이 인구 급감을 반전시키기만 한다면 말이다.

자동화 수준이 높은 국가에도 이주자는 필요하다. 일본은 로봇 물개가 노인의 동반자 역할을 하고 로봇이 호텔에서 체크인을 처리하며 교토의 절에서는 안드로이드 승려가 법회를 진행한다. 하지만 일본도 농업, 의료, 교육, 기타 필수 서비스 분야에서 노동력 부족 현상을 겪고 있다. 한국인이 근로자나 기능 보유자로서 일본에 주기적으로 유입되었던 것을 제외하면 역사적으로 일본은 이주에 회의적이며 지금도 마찬가지다.

오늘날처럼 일본이 전 세계 이주자에게 개방적이었던 때는 없었다. 매년 일본에 입국하는 이주자 수는 40만 명가량으로 이는 전 세계에서 가장 많은 수준이다. 일본에 거주하는 외국인은 300만 명을 넘어서 해마다 역대 최고치를 기록한다. 학생, 직업 훈련생, 숙련된 전문가의 숫자가 계속 증가하는 추세다. 놀랄 만한 또 다른 점은 그중에서 100만 명 이상이 중국인이라는 사실이다. 십 년 전 일본이 이주에 대해 개방적인 태도를 취하기 시작했을 때 중국인을 제외한 누구라도 와서 정착하기를 바랐다. 하지만 현재 중국인은 외국인에서 가장 큰 비중을 차지하며 연간 방문하는 관광객 중에서도 숫자가 가장 많다. 중국인에 이어 한국인이 70만 명, 베트남인이 30만 명을 기록하고 있어 3개국 국적자의 세력이 일본에서 지속적으로 확대되고 있다. 인도인의 숫자도 5년마다 약 30퍼센트씩 증가하고 있으며 현재 거주자가 5만 명을 넘는다. 인도인과 네팔인은 일본 전역에서 건설 현장과 편의점 결제원으로 일하고 있다. 하지만 고령화가 지속되고 노동력 부족이 겹치면서 인도인 의사와 간호사의 이주가 증가할 수 있다.

　일반적인 외국인 근로자에 대해 일본은 엄격한 태도를 유지하고 있다. 이주자는 교육 수준과 건설 또는 조선업 같은 부문별로 분류되며 가족을 동반하는 것은 대체로 제한된다. 일본이 미국, 오스트레일리아, 캐나다 등과 달리 주로 노동력 부족을 해소하려는 데 관심을 두고 있음을 보여 주는 분명한 징후다. 하지만 북미에서 그렇듯 일단 입국한 이주자가 다시 떠나기를 원하는 경우는 드물다. 특히 권익 집단이 이주 근로자의 임금 인상을 관철시키는 데 성공하면 일본은 (우연히) 더욱 매력적인 나라로 부상하게 된다. 이미 이로 인해 새로운 문화 충돌이 발생했다. 인도네시아와 파키스탄에서 입국해 장기간 체류한 무슬림 이주자는 망자를 매장하기를 바라지만 화장 문화가 지배적인 일본에서 묘지를 만들 공간은 매우 제한적이다. 이에 탄원과 협상을 거쳐 특별 묘지가 조성되었다.

일본은 금융과 기술 분야의 인재 유치를 위해 세율을 대폭 인하했다. 블루칼라 근로자에게는 5년 동안 갱신 가능한 비자가 제공되며 고소득 전문가에게는 가족에게도 영구 거주권이 발급된다. 새로 입국하는 장기 체류 이주자를 지원하기 위해서는 타이, 필리핀, 인도네시아, 미얀마 출신의 요리사, 청소부, 아이 돌보미가 필요하다. 일본이 국외 거주자에게 역경의 공간이 아닌 선호하는 종착지로 오랫동안 각광받은 점은 놀랄 일이 아니다. 세련된 도쿄 번화가에서 스키 리조트 타운에 이르기까지 외국인 인구는 40여 개 현 모두에서 증가하는 추세다. 일본은 국외 거주자에게 멋진 계약 조건이 아닌 집이 되고 있다.

일본 정부는 버려진 부동산을 매입하도록 일본인에게 인센티브를 제공했으나 매수자가 충분하지 않았다. 빈집 매입에 자금을 지원하는 아키야 은행은 조만간 외국인에게도 혜택을 제공할 계획이다. 국외 거주자는 이미 2만 달러 이상을 주고 토지를 매입하고 있으며 전통 가옥을 수리하거나 십여 채의 콘도 단지를 새로 건축하고 있다. 대나무부터 맥주에 이르기까지 모든 것을 이웃과 나누는 현지 관습도 받아들이고 있다. 일본은 중국처럼 인구 구조가 희석되거나 다민족의 용광로로 변하지는 않을 것이다. 하지만 '새로운 일본인'을 더 많이 받아들이기 위해 문이 그 어느 때보다 활짝 열려 있다.

일본의 배타적인 역사를 고려하면 외국인이 일본의 오래된 관습에 '어울릴' 수 없다는 생각이 일반적이다. 하지만 일본의 여러 요소와 마찬가지로 현실은 반직관적이다. 일본의 이전 세대는 '일본주식

회사'를 대신해 상업적 정복 활동을 펼치기 위해 영어를 배우고 세계 매너를 배워 해외로 뻗어 나갔다. 반면 젊은 세대는 부모의 노력이 맺은 결실을 편안하게 즐기면서 일본 말만 구사하고 해외를 거의 여행하지 않는다. 30만 명이 넘는 외국 학생을 일본으로 초청하는 것도 일본 청년의 은둔을 별충하려는 노력일 수 있다. 대학에서는 영어로 학생을 선발하고 학위를 제공하는 활동을 적극 펼치고 있다. 신설 국제 학교에서는 외국 학생과 일본 학생을 동시에 선발할 수 있으며 일본의 선도 게임 회사인 라쿠텐은 영어를 사내 공용어로 채택했다. 대학과 어학당이 몰려 있는 도쿄의 신주쿠는 거주자의 50퍼센트가 외국인이다. 중국인과 한국인뿐 아니라 아프리카와 브라질 같은 먼 곳에서 온 외국인도 거주한다.

이 모든 일이 기후 변화가 오스트레일리아, 인도, 중국을 강타하기 전의 상황이며 여러모로 궁극적인 섬 요새인 일본으로 아시아 등지의 이주자가 더 많이 모여들 것이다. 초현대적인 인프라와 막대한 의료 지출 덕분에 세계에서 기대 수명이 가장 높은 블루 존blue zone이 되었으며 코로나19로 인한 사망자가 대규모 국가 중에서 가장 적었다.

일본이 태풍과 이로 인한 홍수, 지진에 취약하다는 점은 의심의 여지가 없다. 예를 들어 2011년에는 지진과 쓰나미가 함께 찾아오면서 해안 도시인 센다이(혼슈의 주요 섬)가 파괴되었고 후쿠시마 원전이 침수되었다. 북부에는 홋카이도의 작은 섬들이 이미 오호츠크해로 가라앉았고 남부에서는 2018년 태풍 제비로 인해 오사카의 간사이 공항 활주로가 침수되는 피해를 입었다. 시베리아 기단 때문에 혼슈는 세계에서 가장 눈이 많이 내리는 지역으로 손꼽히는 반면 여름철 혹서로 인해 도쿄 마라톤 같은 행사가 북부 홋카이도 섬에 위치한 삿포로로 옮겨지기도 한다.

하지만 일본은 강력한 정치적 의지뿐 아니라 자금력, 기술 역량도 갖췄다. 혼슈에서는 엔지니어들이 대체 에너지 시스템을 부지런히 도입하고 있으며, 지진에 대비해 구조를 보강하고, 홍수 처리량을 늘리고, 관개 체계에 활용할 수 있도록 건물 및 제반 시설을 설계하며, 슈퍼 태풍으로 인한 산사태 등의 피해로부터 마을과 도로를 보호하는 작업을 진행하고 있다. 도요타는 후지 산자락에 재생에너지 활용 차량과 자율 주행차만 도로를 오갈 수 있는 새로운 도시를 건설하고 있다. 현재 지구상의 다른 지역보다 훨씬 살기 좋은 혼슈의 인구는 1억 명이며 앞으로 수십 년 동안 두 배 수준으로 증가할 수도 있다.

번화가로 유명한 시부야 교차로 인근에는 에지EDGE라는 8층짜리 첨단 건물이 있다. MIT 미디어 랩을 연상시키는 창의적이고 세련된 공간에 실리콘밸리와 일본 벤처캐피탈의 자금 지원을 받은 신경 웰니스neuro-wellness 등 여러 스타트업 기업이 자리하고 있다. 지하는 대나무 천장이 열리면 4K 화상 회의를 할 수 있는 대형 평면 TV 화면이 나타나는 공간이 조성되어 있다. 기술 기업, 개발 연구소, 연구 센터의 자금을 지원받은 이 건물에서는 캐나다, 프랑스, 스웨덴, 이스라엘의 인큐베이터를 초청하여 제품 데모, 게임 나이트, 예술 전시 등을 번갈아 진행한다. 에지는 100미터 거리에 공중 정원으로 연결된 공동생활 공간을 마련하고 있다. 스타트업 전문가에게 선불 방식의 주거 공간을 제공하여 도쿄의 중심지를 보다 저렴하게 이용할 기회를 주고 있다. 에지와 파트너는 여러 현의 시장과 협력하여 목가적이지만 인구 밀도가 낮은 마을을 '번성하는 마을'로 변신시키는 작업을 논의하고 있다. 밀레니얼 세대가 원하는 도시와 전원의 음양이 조화를 이룰 뿐 아니라 여러 세대를 아우르는 주택, 다양한 교육, 기타 편의 생활을 제공하려는 계획이다. 에지의 벤처는 일본의 미래를 담고 있는 것이다. 전 세계 각지의 청년으로 가득한 다인종 문명이 과거의 일본을 대신하고 있다.

대규모 이주에 개방적인 나라를 통틀어 일본이 유일하게 인간과 온갖 기술의 공존을 직접 실험하고 있다. 일본의 어느 곳을 찾아가더라도 정돈된 환경에 비어 있는 건물, 한산한 도로, 놀고 있는 페리선, 잔잔한 바다 위로 인구 밀도가 낮은 지역을 연결하는 다리를 볼 수 있다. 오늘날 우리는 정장에 넥타이를 매고 흰 장갑을 꼈으며 바이러스에서 보호하는 흰 마스크를 쓴 일본인 택시 기사와 더듬거리며 대화를 나눈다. 하지만 머지않아 모든 휴대전화가 통역 장치를 갖출 것이며 자동차는 자율 주행할 것이다. 모든 표지판이 디지털화되면 언어도 변할 것이다.

11장

퀀텀 피플

의도와 목적을 떠나 MBA는 여권과 다름없다. 전 세계 50개 국에 위치한 800개의 경영 대학은 인재를 차지하려는 글로벌 전쟁에 소용돌이를 일으키는 주요 요인이다. 경영대는 전 세계에서 학생을 선발하며 졸업생이 다국적 기업에 취직하고 세계 여기저기에서 활동할 수 있도록 맹렬하게 경쟁한다. 사실상 국적이 없는 기술 및 컨설팅 기업에 합류하는 새로운 MBA 취득자들은 나라보다 전문가 집단에서 더 큰 소속감을 느낀다.

다양한 유목 부족의 경우도 마찬가지다. 이주 전문가인 말테 지크Malte Zeeck는 이를 '수완가'(고액 연봉을 추구하는 IT 기술자나 국제 학교 교사), '낙관자'(더 나은 생활 양식이나 의료 서비스를 추구하는 사람), '낭만파'(배우자의 고국으로 따라가는 사람), '본국 귀국자'(출생 국가에서 경제 성장의 이점을 누리는 사람들로, 중국으로 돌아간 수백만의 '바다거북'이나 텔아비브의 부동산을 매수하고 있는 유럽의 밀레니얼 유대인)로 분류했다.

코로나바이러스 팬데믹에도 불구하고 국외 거주자의 동기는 꺾이지 않았다. 경기 침체기에 모든 사람은 지출을 줄여 저축을 최대한 하며 생활한다. 샌프란시스코보다 세 배 물가가 싼 곳에서 거주하는 것이 샌프란시스코에서 마법처럼 세 배 많은 소득을 버는 일보다 쉽다. IT 일자리가 영구적인 원격 근무 체제로 향하면서 원하는 장소에 살기 위해 이동할 수 있게 되었다. 멕시코에서는 타이 같은 번성하는 동남아시아 국가나 훨씬 저렴한 가격에 주택을 임대하거나 구매할 수 있다. 한 부동산 회사 임원은 팬데믹 기간 중에 내게 "미국에서 외국인에게 집을 판매하는 것이 내 일이지만 앞으로는 해외에서 미국인에게 집을 파는 일을 해야 할 것"이라고 털어놨다.

인재를 국적으로 가려낼 수는 없으며 재능으로 구분할 수는 있다. 지리적 용병이라고 할 수 있다. 오늘날의 청년 인재는 적절한 기술을 갖추고 있다면 낮은 세율, 우수한 공공 서비스, 저렴한 주택, 교육, 의료 서비스, 예상 가능한 정치, 기타 선호 사항에 따라 사실상 어디든 이주할 수 있다. 노마드리스트NomadList, 익스패티카Expatica, 익스패티스탄Expatistan 같은 여러 웹사이트에서는 현재와 미래의 유목민들이 수백 개 도시의 생활비를 계산하여 저울질하며 계속 이주할 수 있도록 도와준다.● 정착한 사람들 입장에서는 견딜 수 없이 복잡한 생활 방식이지만 이미 이동 중인 사람에게는 이동이 보다 편리해진다.

인재가 기회를 만나면 이주가 일어난다. 세계적인 교육과 정체성, 원격 근무, 성장하는 시장의 이동으로 어느 곳을 얼마 동안 가더라도 집으로 삼는 소위 '영구 거주자perma-pats'의 수가 급격히 증가할 것이다. 자전거를 타는 원리처럼 처음 움직이는 데 운송이나 감정 측면에서 많은 힘이 든다. 하지만 이후에는 이동이 일상으로 자리 잡는다. 해가 갈수록 많은 나라, 도시, 기업이 인재를 유치하려는 전쟁에 뛰어들고 있으며 더 많은 사람이 동참할 것이다.

● 익스패티스탄은 프라하 물가를 기준 가격으로 사용하며 특정 도시의 생활 비용을 프라하 대비 퍼센트 증감으로 표시한다. 뉴욕, 베이에어리어, 스위스, 런던에 거주하는 비용은 프라하의 약 세 배에 달한다. 반면 하노이나 부에노스아이레스에서는 프라하 예산의 절반만으로도 편안한 생활을 할 수 있다.

청년 전문가에게 인터넷 양식에서 '주소'만큼 짜증 나게 만드는 입력란도 드물다. 우편물을 받을 수 있도록 대기하는 장소를 뜻하는가, 아니면 물리적으로 양식에 서명하고 있는 공간을 의미하는가? 몇 달 뒤에는 해당 주소에 살지 않을 예정이라면 어떻게 해야 하는가? 우편물을 전달받아야 하는가? 그건 그렇고 지금도 서류를 사용하는 이유가 무엇인가?

이러한 실망감은 당연한 것이다. 결국 우리는 실제 세계보다 디지털 세계의 더 많은 공간에서 발견될 수 있다. 청년들은 명함에 사무실 주소 대신 여러 디지털 연락처를 기재한다. 다양한 이메일 주소 외에 페이스북, 트위터, 링크드인, 인스타그램, 왓츠앱, 텔레그램 등의 계정을 알리는 것이다. 중국에서는 10억 인구가 실제와 가상을 아우르는 생활의 대다수를 살아가는 모바일 포털인 위챗의 QR 코드만 있으면 된다. 모바일 기업가의 시대에 파일은 캐비닛이 아닌 클라우드에 저장하며, 결제는 수표가 아닌 앱으로, 경영은 탁자가 아닌 슬랙Slack에서, 문서는 잉크가 아닌 다큐사인DocuSign으로 수행하고, 웹엑스WebEx와 블루진스BlueJeans가 회의실을 제공한다. 사무실에 갈 필요가 없으며 근로자가 있는 바로 그곳이 사무실이 된다. 가상 세계에도 내가 존재한다. 뉴질랜드의 전설적인 애니메이션 스튜디오인 WETA(《호빗》을 비롯한 걸작 영화를 제작)는 캘리포니아의 매직 리프Magic Leap와 협력하여 현실감 넘치는 상호 작용과 계속 이어지는 실시간 스트리밍이 가능한 몰입감 넘치는 AR 환경과 3D 텔레프레전스Telepresence 시스템을 구현한다. 사이버 공간에는 가상 도시가 생겨났으며 이러한 도시의 쇼룸, 대사관, 공연장, 컨퍼런스, 기타 회의에 수천 명의 참가자가 동시에 모인다. 많은 청년에게 실제 세계의 목적은 온라인 생활을 최대한 편리하게 만드는 데 있으며 이들은 몰입형 '공간 웹'에서 점점 많은 시간을 보내고 있다.

하지만 인터넷 속도가 적당하기만 하다면 어디에서나 살 수 있다는 말이 아무 곳에나 정착하겠다는 의미는 아니다. 청년들은 자신이 살고 있는 장소와 살고 싶은 장소 간 격차를 조정하면서 계속 이동한다. 인터내셔널데이터코퍼레이션IDC에 따르면 원격 근무를 수행할 수 있는 근로자가 15억 명에 달하며 이는 전 세계 노동 인구의 약 40퍼센트에 해당한다. 인생은 혼란이 가득하며 가만히 현상을 유지해서는 이뤄지는 일이 없다. 오늘날 청년 인재들의 중요한 소양은 연결성과 이동성이다. 어디에서나 일할 수 있는 역량과 어디든 가려는 의지를 갖춰야 한다. '허브hub'라는 단어는 사람이나 기업이 집중되는 장소를 뜻하는데 이제는 동사로도 쓰인다. 청년들이 도시에 '모이고' 여러 도시를 이동하는 것이다. 새로운 '클라우드 생활 양식'은 내가 있어야 할 곳이나 가고 싶은 곳 또는 가장 좋은 혜택을 제공하는 곳에 따라 다양한 멤버십 공동체에서 '주문형 생활'을 하는 삶으로 이어진다.

비자 처리에만 해마다 20억 달러 정도를 지출하는 디지털 유목민이 증가함에 따라 이들을 위해 새로운 길을 마련한 에스토니아스타트업 두 곳이 있다. 자바티칼Jabbatical은 기술과 지리적 관심사에 따라 청년 전문가의 위치를 정해 주는 기업으로 이제는 이주 서비스도 제공한다. 이 회사의 모토는 '여권보다 기술이 중요하다.'이다. 이와 비슷하게 텔레포트Teleport는 전 세계에서 단기 일자리를 찾는 기술 인재를 위한 시장을 만들었다. 아울러 인재들의 선호 사항에 대한 거대한 데이터 세트를 구축하고 인재를 유치할 수 있는 방법에 대해 도시에 자문을 제공한다. 텔레포트의 모토는 '사람들의 이동을 자유롭게 하라.'다. 이동이 손쉬워질수록 더 많은 청년이 이동으로 인한 혜택을 누릴 수 있다. 자바티칼의 창업자인 카롤리 힌드릭스Karoli Hindriks는 "각 장소를 '떠나기 전까지는 영구 정착지'로 간주해야 한다."라고 말했다.

캐나다와 싱가포르 등 기술 근로자 채용을 추구하는 나라에서는 고도로 숙련된 이주자를 위한 프로그램이 활발하게 운영되고 있다.● 일부 국가는 이미 전 세계 유목 시민이 최대한 손쉽게 이용할 수 있는 법적 인프라를 갖췄다. 에스토니아의 전자 거주 프로그램은 EU에 사업자등록증에 대한 액세스를 제공한다. 또한 이 프로그램은 국가의 온라인 서비스에 접속한 기록을 복호화하는 화려한 ID 카드와 세련된 검은색 USB 키를 발급한다. 지금까지 이러한 서

● 영국을 비롯한 여러 나라에서는 월드체크(WorldCheck, 톰슨 로이터 소유의 기업)의 기본적인 실사에 따라 4단계로 이주 정책을 운영한다. 월드체크는 범죄 이력에 대한 공개 데이터베이스를 조회한 다음 거주와 고용 기록에 대한 심도 있는 조사를 벌이고 자금세탁방지금융대책기구(FATF)와 같은 국제기구의 제재 사항이 없는지 확인하고 끝으로 당국의 승인을 받는다. 더 많은 데이터가 블록체인에 저장될수록 대부분의 절차가 보다 효과적으로 수행된다.

비스는 유럽인 외에 아시아를 대상으로 하는 온라인 학습 플랫폼을 구축하기 위해 유럽 자본을 투자받고자 에스토니아를 근거지로 활용하는 브라질 같은 나라의 기업인이 이용했다. 2020년에 에스토니아는 방문자가 외국 기업에 머물고 원격 근무를 할 수 있도록 허용하는 '디지털 유목민 비자' 제도를 도입했다. 또한 에스토니아는 이주 근로자가 지급하고 어디서나 수취할 수 있는 클라우드 기반 연금 제도를 개발 중이다. 전자 지갑과 암호 화폐가 활용되는 시대에 청년들은 단일 국가의 금융 제도에 얽매일 필요가 없다.

전 세계에서 부채는 공공 재정을 압박하며 세금 인상은 시민의 지출을 억제한다. 이런 상황을 피해 청년 기업가들은 크라우드 펀딩이든 소프트웨어와 장비의 할인이든 금융 자본으로 실질적인 기회를 누릴 수 있는 장소로 서둘러 떠날 것이다. 스웨덴과 싱가포르에서는 정부가 스타트업에 적극적으로 보조금을 지급한다. 또한 청년들은 임금과 혜택이 보장되어 있으면서도 주4일제(혹은 그 미만으로)로 근무할 수 있는 나라에 거주하기를 바란다. 핀란드와 뉴질랜드는 이러한 정책의 선구자로서 생산성을 높였으며 정신 질환이 발생할 확률을 낮추고 여성들이 일과 가정에서 양립할 수 있도록 돕는다.

경쟁력과 혼란에 대한 탄력성 모두에서 높은 순위를 자랑하는 국가가 모두 작은 나라라는 점은 시사하는 바가 있다. 국토 면적이 좁고 실수의 여지가 적은 소국에서는 국민을 가장 중요한 자원으로 대접하며 근로자가 고도로 숙련된 일자리를 얻을 수 있도록 주기적으로 훈련한다. 싱가포르는 청년들이 핀테크 투자, 디지털 의료 전문가, 데이터 과학자, 사이버 보안 전문가로 일할 수 있도록 아낌없는 지원을 한다. 포르투갈과 캐나다 등 많은 나라는 세계에서 디지털 역량을 펼칠 수 있으면서도 물리적으로는 현지에서 충실한 삶을 살기를 원하는 인재를 유치하기 위해 변화하고 있다. 생활 양식에 민감한 유럽인들은 작은 나라 내에서도 작은 도시를 선호하며 로잔, 베르겐, 인스부르크, 포르투, 레이캬비크, 에인트호번 등을 주로 조명하는 『론리플래닛』과 『모노클』의 기사에서 영감을 얻는다.

모두가 이러한 전원에서 거주하면서 원격 근무를 할 수 있는 것은 아니다. 하지만 디지털 이동성을 갖추면 (아직) 지리적으로 이동할 수 없더라도 일자리를 얻을 수 있다. 기술은 상품, 서비스, 화폐를 디지털화하고 전 세계로 즉시 전송되는 비트로 전환한다. 인간의 생각에도 이러한 일이 일어나는 것은 불가피하다. 하버드의 경제학자 리카르도 하우스만Ricardo Hausmann은 지식 경제에서 각 사람은 소프트웨어와 앱을 생산하는 생태계에서 '개인 바이트person-byte'라고 설명한다. 인간은 코딩을 하고 번역을 하며 사진을 업로드하고 문자를 편집하는 등의 기능을 수행한다. 제네바대학교의 리처드 볼드윈Richard Boldwin 역시 인간의 뇌가 '텔레 이주tele-migrant'하면서 '이주'한다고 지적했다. '지식 사회'라는 표현 자체가 단일 국가가 아닌 초국가적 디지털 환경을 잘 설명한다.

미국 최대의 기술 기업들의 본사는 캘리포니아에 있지만 실제로는 클라우드를 통해 전 세계에서 운영된다. AI 기반의 채용 플랫폼은 지구 각지에서 접수된 수백만 개의 지원서를 평가하고 전 세계에 분산된 가상팀을 운영한다. 안타깝게도 트럼프 행정부는 인도 소프트웨어 엔지니어가 미국에 오는 것을 막기 위해 H1-B 비자 프로그램을 중단시켰다. 하지만 실리콘밸리 기업들은 현명하게도 하이데라바드와 하노이에 더 많은 일을 아웃소싱하는 방식으로 대처했다. 이미 수천만 명이 아마존터크Amazon Turk나 깃허브Github 등을 활용하여 (디지털 이동성을 통해) 경제적 이동성을 달성했다. 이동하지 않고도 이동성을 확보하는 것이다. 하지만 농촌에서 도시를 거쳐 해외로 단계적 이주를 하면서 경제적 이동성 다음으로 실제 이동이 일어난다. 더 나은 집과 도시로, 혹은 더 나은 일자리를 통해 더 많은 연봉을 받을 수 있는 해외로 나가는 것이다. 보다 많은 사람이 교육 혜택을 누리고 온라인에서 고용될수록, 이러한 연쇄 반응이 사람들을 고향에서 떠나게 할 것이라고 예상할 수 있다.

클라우드 기업과 관련 기업의 근로자들은 (소속 국가는 아직 도달하지 못한) 움직이는 세계에 준비가 된 상태다. 불과 몇몇 주권 국가만 각지의 시민들에게 디지털 서비스를 제공하여 얻을 수 있는 기회에 눈을 떴다. 새로운 여러 '거주' 제도는 실제로 한 장소에 거주할 것을 요구하지 않는다는 공통점이 있다. 에스토니아는 마치 에스토니아에 실제로 거주하듯 에스토니아의 은행을 이용하고 EU에서 기업 활동을 하는 글로벌 유목민에 관심을 둘 뿐이다(러시아가 또다시 침략할 경우에 대비해 에스토니아는 모든 데이터와 기능을 전 세계에 분산된 서버에 백업했다. 필요한 경우 디아스포라 클라우드 국가가 될 수 있도록 만든 것이다). 이와 비숫하게 두바이의 가상 상업 도시Virtual Commercial City 라이선스는 외국 기업에게 세금이 면제되는 포털을 제공한다. 위치 독립적이며 어디에든 등록할 수 있는 기업이 전 세계에 3,500만 개에 달하며 두바이는 이 가운데 큰 비중을 차지하기를 원한다.

두바이의 미래학자 노아 래포드Noa Raford는 도시 국가가 육지와 해안의 구분을 넘어 '지역에 무관한' 모델을 지향하기를 바란다. 이러한 모델에서는 신기술, 규제, 공동체를 위한 테스트베드를 원하는 혁신가들에게 국가가 적극적으로 공간을 제공한다. 이들은 주권을 파는 것이 아니라, 실제 공간과 디지털 공화국이 혼합되어 금융, 의료, 교육 자격증을 제공하는 하이브리드 형태로 업그레이드하는 것이다. 정부 서비스가 부상하는 시장에서 물리적 공간과 디지털 공간의 순서는 역전된다. 우선 정부 서비스 제공자(본인일 필요는 없음)와 디지털 관계를 맺은 다음 어디에서나 서비스를 이용하고 인증 정보를 활용하여 해당 국가나 관련 국가에 대한 실제 액세스 권한을 얻는다.

세계가 하이브리드 현실에 다가서면 어떤 일이 벌어질까? 기업이나 시민의 플랫폼이 서버를 동맹국에 두는 형태로 구축되는 경우를 상상해 보라. 블록체인 프로토콜을 사용하여 토르(암호화된 브라우저), 깃허브(코딩 공동 작업), 비트코인(암호 화폐), 트랜스퍼와이즈(국경 간 금융)를 오가면서 운영하여 마스킹된 IP와 현금을 글로벌 액세스하여 디지털 작업을 수행할 수 있다. 수백만 명의 원격 근로자가 이러한 클라우드 공화국에 참여하며, 내부 정책을 놓고 투표하고, 실제로 거주하는 국가의 정부와 협상을 벌인다. 국가에는 두 가지 선택 사항이 놓일 것이다. 자국 내에서 클라우드를 토대로 일하는 노동 인구를 착취할 것인지(노동자가 떠나는 결과를 낳을 것이다) 아니면 더 많은 유목 계층에 액세스를 허용하고 이들이 개발하는 혁신 기술의 혜택을 보는 중세 한자 동맹의 디지털 버전을 구현하기 위해 다른 나라와 협력할지 결정해야 한다.

대다수의 나라가 지리적으로나 인구적으로 작은 나라라는 점을 기억해야 한다. 이러한 소국은 원자를 닮아서 대다수 인구와 경제가 도시에 집중되어 있고 나머지는 배후지 역할을 한다. 인구 고령화가 진행되거나 인구가 떠나면 적절한 관할 구역을 사려는 신생 국가에 토지나 섬을 파는 수밖에 없을 것이다. 퀀텀 시대의 지정학은 이러한 모습일지 모른다.

나이가 들지만 느려지지는 않는

50대를 새로운 20대라고 할 수는 없다. 하지만 오늘날 50대들은 자녀들처럼 이동성의 차익 거래(같은 상품이 지역에 따라 가격이 다를 때 이를 매매하여 차익을 얻는 거래)를 해야만 한다. 2008년, 해변이 보이는 곳에서 은퇴 생활을 즐기려는 많은 사람의 꿈이 연기처럼 사라져 버렸다. 근로자들이 한창때 조기 정리 해고를 당하면서 넉넉한 연금을 받을 기회도 증발했다. 코로나19 팬데믹도 동일한 결과를 가져왔으며 자동화와 더딘 경제 회복세를 고려하면 타격이 2008년 위기보다 오래 지속될 전망이다. 금융 위기로 해고된 많은 사람이 이전의 생활을 회복하지 못했다. 생활비가 저렴한 동네로 이주하여 우버 기사로 일하는 등 여러 단기 일자리를 전전하면서 공과금을 내고 배우자를 간호하고 있다. 앞으로도 일을 쉴 수 없다. 이전보다 수명이 길어진 점을 고려했을 때 오늘날 일반적으로 은퇴자가 확보한 은퇴 자금은 은퇴 이후 필요한 자금의 절반밖에 안 된다. 게다가 빚이 증가하면서 은퇴 시기도 늦춰지고 납부해야 할 소득세도 증가할 것이다. 이런 일이 나이가 젊은 층에게까지 일어나고 있다. 물론 경력의 중간 지점에서 팬데믹 타격을 입은 연령대는 은퇴를 고려하기에는 지나치게 이르다. 앞으로 벌어질 일을 완곡하게 표현하자면 '인생 전환'이라고 부를 수 있다.

단 한 번의 이동만 가능한 정도의 에너지와 현금을 가진 미국인에게는 캐나다가 합리적인 선택지다. 해외에서 연금을 수령하는 미국 은퇴자가 가장 많은 나라가 캐나다이며 멕시코와 일본이 그 뒤를 잇는다.● 많은 웹사이트에서는 은퇴 이후의 생활을 보내기에 가장 좋은 나라가 캐나다라고 홍보하며 갈수록 추천하는 나라의 목록이 증가하고 있다. 특히 멕시코, 코스타리카, 파나마는 미국인의 관심을 얻기 위해 은퇴 비자를 발급하고 실질적인 공동체를 구축

● 이 데이터는 해외 미국 은퇴자의 실제 숫자와 차이가 날 수 있다. 일부는 해외에 거주함에도 미국의 사회 보장 혜택을 누리거나 아예 받지 않는 경우가 있기 때문이다.

했다. 이 때문에 미국의 더 많은 노년층이 이주할 것이다. 부의 수준에 비해 국민의 행복 지수가 훨씬 높은 순위에 있는 중앙아메리카는 생활 비용이 저렴하면서도 사회 안정성을 갖추고 있다. 캐나다의 '피한객(겨울을 나기 위해 플로리다로 몰려들던 은퇴자)'은 플로리다의 기후가 악화됨에 따라 중앙아메리카로 이동할 것이다. 아니면, 캐나다의 날씨가 따뜻해지면서 온화한 겨울철에 캐나다에 머무는 선택을 할 수도 있다.

만성 질환이나 의료비에 대한 걱정이 있는 사람에게는 해외 의료 관광이 치료 목적의 거주로 변할 것이다. 미국의 중년층과 노년층이 인공 관절 수술, 임신 촉진 치료, 성형 수술 같은 각종 수술을 위해 외국을 방문하는 수가 매년 140만 명에 달한다. 밀레니얼 세대도 이집트와 콜롬비아에서 피부 치료와 치과 치료를 받는다. 지금까지 미국인이 선호하는 의료 관광지로는 인도, 이스라엘, 말레이시아, 타이, 한국이 손꼽혔지만, 캐나다가 온화한 기후와 미국 은퇴자에게 건강 오아시스라는 점을 부각한다면 이 나라가 상위권에 진입하는 것은 시간 문제일 뿐이다. 미국인들이 코로나 대유행 기간 중 의료 체계로 인해 노년층이 목숨을 잃는 사태를 목격한 만큼 저축액을 다른 곳에서 지출한다 해도 용서받을 수 있을 것이다.

유럽인의 기대 수명은 미국인보다 길며 연금의 이전portability이 더 활발하기 때문에 유럽인이 미국인보다 해외에서 은퇴 생활을 보내기가 수월하다. EU 회원국이 연금 수령액을 줄이고 은퇴 연령을 높이면서 많은 노년층이 보다 저렴한 남부 유럽(스페인, 이탈리아, 그리스)

의 '클럽 메드'로 옮겨갈 것이다(남부 유럽에서는 반대로 청년들을 북부로 보낸다). 자금 사정이 넉넉하지 않은 서양의 은퇴자에게는 아시아 국가도 상위의 피난처로 남아 있을 것이다. 2018년 타이는 영국인에게 사상 최대 규모의 은퇴 비자를 발급했으며 미국인과 독일인이 그 뒤를 이었다. 미국 등에서 평생을 보낸 사람이라도 세계를 누비는 삶을 사는 것이 운명이다.

부유한 은퇴자들은 이미 이동을 삶의 방식으로 선택했다. 일 년 중 250일을 바이킹선Viking Sun 같은 크루즈선에서 보내면서 세계의 바다를 계속 항해하고 50개국의 100개 항구에 정박한다. '더 월드The World'라는 선박은 이 배에 머물고 있는 130가구가 소유자로, 이동하는 소규모 주권 단체를 이루고 있다. 어느 정도 재력을 갖추고 있는 건강한 은퇴자들은 몇 달마다 한 번씩 크루즈선을 갈아타면서 세상을 구경한다. 그러면서도 한 달 생활비를 생활 지원 시설에서 사는 것보다 저렴하게 지출한다. 팬데믹 이전에는 연간 2,500만 명에 달하는 전 세계 크루즈선 승객 가운데 절반이 은퇴자이거나 베이비 붐 세대였다. 이동 제한으로 많은 크루즈선이 바다에 발이 묶여 있었지만 '오세아니아Oceania'와 '유토피아Utopia'는 영구적으로 이동하는 은퇴자를 태울 수 있도록 거주 시설과 상시 진료 시설을 갖췄다. 크루즈선의 숫자가 증가하면서 수십만 명의 요리사, 청소부, 가수, 카드 딜러, 의사, 간호사가 필요하며 특히 남아시아, 인도네시아, 필리핀 인력에 대한 수요가 커질 것이다. 미래에는 크루즈선에 있는 편이 육지에 머무는 것보다 훨씬 안전할지도 모른다.

글로벌 '여권'이 중요한 이유

제1차 세계대전이 발발하기 전 수백 년 동안 사람들은 여권 없이 세계를 여행했다. 유럽의 정착민들은 군주제를 피해 달아난 순례자 혹은 기근을 모면하려는 돈 없고 적법한 서류가 없는 이주자의 신분으로 북아메리카에 도착했다. 대영 제국과 같은 나라에서는 제국 영토 내에서 유연하게 이동할 수 있었기 때문에 여러 세대의 피지배 민족이 동아프리카에서 동남아시아에 이르는 식민지 국가를 이동했다. 초기의 여권은 고유의 정체성을 나타내는 제한적인 증명서보다는 무간섭주의laissez passer로 안전한 통행을 위한 요청에 가까웠다. 벤저민 프랭클린Benjamin Franklin은 1780년 프랑스에서 대사를 지내는 동안 네덜란드에 입국하기 위해 손수 미국 여권을 만들었다. 하지만 제1차 세계대전 이후에는 이주 절차가 관료화되어 오늘날 여권은 보다 합리적인 인문 지리를 실현하는 데 주요 장벽으로 자리 잡았다.

여권이 우리의 정체성이 아닌 그저 우리가 향하는 장소를 알려줄 뿐인 시대로 어떻게 하면 돌아갈 수 있을까? 첫 번째 단계는 블록체인과 생체 측정을 토대로 기술 플랫폼을 구축하는 것이다. 현재 각국 대사관과 영사관은 비자 신청으로 업무가 마비될 정도이지만 비자별로 요구 사항이 미세하게 다를 뿐이어서 손쉽게 간소화할 수 있다. 또한 글로벌 데이터베이스를 활용하면 물리적 ID와 디지털 ID의 차이를 없앨 수 있으며 국경 검문소에서 두 ID를 보다 손쉽게 연결 지을 수 있다. 이러한 데이터는 블록체인에 저장한 다음 지속적인 사용을 위해 업데이트와 확인을 거치면 된다. 수년 동안 국제항공운송협회IATA, 세관 당국, 예약 웹사이트는 이러한 정보를 디지털화하기 위해 작업을 해 왔다. 이들은 신속한 승인을 위해 공유가 필요한 여행객 정보를 선택적으로 저장하는 방안을 지지한다. 거의 모든 나라와 기업이 관광객과 출장객을 환영하고 있지만 기술 시대 이전의 관료제 절차가 이동을 억제하고 있다. 여행객의 국적이 볼리비아, 나이지리아, 베트남인지보다 그 개인의 최근 거주지, 범죄 이력, 고용 기록, 건강 상태와 같은 정보가 더 중요하게 평가되어야 한다. 이 경우 많은 미국인이 다른 미국인과 구분되려는 욕구를 존중받을 수 있다. 이동 제한 조치 때문에 미국인들은 캐나다, 유럽 및 바이러스가 효과적으로 억제되어 선호 대상이 된 기타 국가로 떠나는 여행이 금지되면서 집단적으로 불이익을 봤다. 동일한 시스템이 국민 정체성으로 인해 갈등 상황에 처하는 중국, 인도, 동남아시아의 아시아인 또는 아랍인, 튀르키예인, 남아메리카인 등 수십억 명의 평범한 개인을 자유롭게 할 것이다. 경제학자 브란코 밀라노비치Branko Milanovic는 시민권이 출생 지역을 기준으로 임의로 할당된 세금과 같다고 주장한다. 미래에 가장 중요한 여권은 국적이 아닌 기술과 건강이다. 개인을 우연히 얻게 된 출생 정보가 아닌 사회에 기여할 수 있는 역량으로 판단해야 한다. 국적과 이동성을 분리하면 빈곤한 국가나 전쟁 중인 국가에서 온 사람들이 편견에 부딪힐 필요가 없다. 전 세계의 이주 근로자는 협상력을 가지고 있지 않지만 이동성을 증명한다면 모두가 이익을 볼 것이다.

전 세계의 교육 분야에도 그러한 시스템이 절실히 필요하다. 서양의 대학이 (의존하고 있는) 외국 학생의 수를 유지하고 개발 도상국의 해외 분교에서 현장 수업을 진행할 수 있도록 안정적으로 서비스를 제공하기 위해서다. 공급망을 따라 직원이 이동하는 글로벌 기업도 마찬가지다. 학생과 전문가가 전 세계를 이동할 때 직면하는 불필요한 절차를 극복하기 위해서는 대학과 기업이 협력하여 통행 허가증의 대대적인 도입을 추진해야 한다.

불필요한 관료 절차를 피하는 디지털 신분증의 발급이 시민권과 여권의 경쟁자나 위협 요인은 아니다. 시민권은 토지 소유, 투표, 법적 보호에 대한 권리를 부여하며 군 복무와 납세 같은 다양한 의무를 지니고 있음을 나타낸다. 우리에게 필요한 것은 보완적인 절차와 주민등록증, 여권 사진, 지문, 휴대전화 계정, 입출금 내역서, 범죄 이력, 고용 기록, 여행 이력, 건강 상태 같은 데이터가 집중되는 정보 교환소다. 확인 절차를 거친 정보는 관련 당국에서 필요로 할 때만 임시적으로 표시될 수 있다. 이는 국제 이동성을 위한 디지털 투표와 같이 국내에서 우선시되는 사안을 다룰 때도 유용하게 쓰일 수 있다.

세계적으로 신뢰받는 ID 데이터베이스는 각국이 입국을 허용해야 하는 사람과 입국을 거부해야 하는 사람(자국민 포함)을 보다 쉽게 판단할 수 있도록 도와준다. 2015년 11월 파리에서 발생한 공격에서 여덟 명의 테러리스트 중 네 명이 프랑스 시민이었다. 미국에서 오스트레일리아로 이동하는 서양 여권 소지자 수천 명이 알카에다나 ISIS에 충성을 맹세했으며 이라크와 시리아에서 전투에 참여한 이력이 있다. 이들은 백인, 아랍인, 아프리카인인지와 무관하게 소지한 여권을 근거로 손쉽게 고국에 돌아가 파괴적인 행동을 저질렀다. 이주에 반대하는 유럽 정치인은 난민 입국을 제한하는 구실로 테러를 내세우지만 이주를 제한한다고 해서 국내에서 급진주의자가 증가하는 것을 막을 수는 없다. 개인에게 그들이 거쳐 온 이력을 정확하게 설명하고 입증하도록 요구하는 것이 다양한 모습으로 민첩하게 움직이는 테러리스트보다 한발 앞서는 방법이다.

지금이야말로 자유로운 이동성을 갖춘 수십억 인구가 세계 사회의 유익을 누릴 수 있도록 권한을 강화하는 체계를 도입할 기회다. 정치 실패와 기후 변화 때문에 수억 명이 예측할 수 없는 방향으로 끊임없이 이동하는 대규모 이주의 시대에 디지털 기술을 토대로 이를 대비할 수 있는 기회이기도 하다. 인류는 블록체인, 나아가 피부 아래 이식된 칩을 통해 국경 간 이동을 보다 원활하게 관리할 수 있는 능력을 가지고 있다. 이동성은 변동성에 대비하는 최고의 보험이다. 또다시 위기가 찾아온다면 이동성을 갖추고 있음에 감사할 것이다.

전 세계의 시민권 차익 거래

코로나바이러스로 인한 이동 제한이 전 세계적으로 한창일 때 코로나에서 자유로웠던 피지 섬은 고액 자산가에게 달콤한 제안을 했다. 전용기나 요트로 입국하여 기간 제한 없이 열대 기후의 편안함을 누리면서 팬데믹을 극복하라는 내용이었다. 바베이도스와 버뮤다 역시 마찬가지로 비자가 필요 없었다. 국가에 따라 이 같은 관광은 관광객이 비용을 부담할 수 있는 한 허용되며 어떠한 질문도 하지 않는다.

시민권이라는 개념은 고대 지중해와 티그리스—유프라데스 강 계곡의 도시 국가에서 유래되었다. 이러한 도시는 영토를 확장하고 사람들을 제국에 포섭하기 위해 경쟁을 벌였으며 지배 부족에 특혜를 주는 계층 구조를 만들었다. 이후 수천 년 동안 한 부족이 나머지의 시민으로서의 자질을 규정한다는 발상이 전 세계에서 통용되었다. 하지만 이러한 낡은 관습은 사람들이 자신에게 가장 이로운 혜택을 제공하는 곳으로 국적을 정하는 광활한 세계 시장에 자리를 내주고 있다. 인구 디플레가 일어나는 시대에 국가는 재능 있고 부유한 사람을 자국으로 유치하기 위해 경쟁한다. 국가는 이들을 통치하는 것이 아니라 오히려 모시기 위해 고개를 숙이는 것이다.

시민권 시장의 부상은 개인과 국가의 관계가 중요한 전환점을 맞았음을 보여 준다. 미국의 법학자 데이비드 프랑크David Franck는 개인이 보다 '자율적이고 권한이 신장된 행위자'가 된다고 설명한다. 이

때 여권은 마일리지 프로그램이나 등록국의 국기 같은 역할을 할 뿐이지 개인의 정체성을 상징하지는 않는다. 프랑스 혁명의 이상은 '자유, 평등, 박애'였는데 오늘날 기회를 엿보는 제트족은 '이동성, 유동성, 선택'을 모토 삼아 살아간다. 따라서 여권이 그 여권의 주인에 대해 알려 주는 정보는 갈수록 빈약해진다.

시민권 차익 거래가 일어나는 시대에는 한 나라의 손해가 다른 나라에 이익이 되며, 특정 국가에서 위기가 발생할 때마다 안정성이 보다 뛰어난 나라에서는 인재를 끌어들일 기회로 활용할 수 있다. 국적보다 은행 계좌나 기술이 더 중요한 시민권 이후의 시대를 살아가는 인구는 10억 명 이상이다. 이들은 시민권을 서비스로 간주하며 여권은 더 많은 자유, 보호, 이동성, 기타 혜택을 누릴 수 있도록 업그레이드가 가능한 멤버십 카드로 여긴다. 지난 50년 동안 수천만 명이 자신의 국적을 바꿨다. 개발 도상국에 고액 자산가의 숫자가 증가하는 가운데 많은 부자가 자신의 국적을 부채로 여기며 시민권을 금전적인 목적으로 활용하는 것은 놀랄 일이 아니다. 실제로 두 번째 여권을 신청하는 대다수가 아시아인이다. 국가는 더는 어머니가 아니다. 태어난 나라라도 그 국적을 얼마든지 버릴 수 있다. 한 전문가는 2017년에 '황금 비자golden visa'를 취득한 사람이 5,000명에 불과했으나 2020년 상반기에만 그 숫자가 2만 5,000명으로 증가했다고 주장한다.

역사적으로 시민권은 출생지주의ius solis 또는 혈통주의ius sanguinis에 따라 부여되었는데 최근 이주 세대가 부상하면서 거주에 따라 귀화하는 경우가 증가하고 있다.

이밖에 투자를 통한 시민권 취득ius doni의 경우도 생각해 볼 수 있다. 재정적인 측면에서 합리적인 결정이다. 과세 기반이 협소하고 차입 비용이 큰 세인트키츠 섬, 세인트루시아 섬, 안티구아 같은 카리브해 빈국 입장에서는 영토 등을 매각하여 '주권 지분sovereign equity'을 유치하는 행위가 더 많은 부채를 일으키는 것보다 나은 선택지다. 이러한 나라가 새로운 이주자가 한 투자로 인프라를 개선하고 경제를 다변화하며 궁극적으로는 보다 건전한 복지 체계를 갖춘다면 바람직할 것이다.

런던에 기반한 헨리앤파트너스Henley & Partners는 투자를 통한 시민권 취득 개념을 선도적으로 검토했으며 투자로 시민권을 부여하는 프로그램을 운영 중인 100여 개 나라 가운데 수십 개 국가에 자문을 제공했다. 이 같은 추세를 수상한 조세 피난처에서 진행하는 부수적인 현상이라고 간주한다면 나무는 보고 숲은 보지 못하는 것이다. 모순적이게도 본국법을 오랫동안 엄격하게 지켜 온 유럽 국가가 인도인, 나이지리아인, 러시아인, 중국인 등에 시민권을 판매하는 사업을 더 활발하게 운영하고 있다. 헨리앤파트너스가 정치 안정성, 인적 개발, 공공 서비스, 여권 액세스를 토대로 측정한 국적의 품질 지표Quality of Nationality Index에서 상위 20개국은 모두 유럽 국가다. 반면 미국은 27위, 오스트레일리아는 32위에 머물러 있다. 키프로스와 오스트레일리아는 특히 러시아인들 사이에서 인기가 있는 나라다. 스페인의 황금 비자 프로그램은 부동산에 50만 유로를 투자할 경우 투자자와 그 가족에게 거주권을 부여한다. 포르투갈은 영국, 중국의 부자에게 2,000건 이상의 비자를 판매하여 20억 달러가 넘는 투자를 일으켰다. 포르투갈의 기후 복원력을 고려하면 투자자들은 훌륭한 베팅을 한 셈이다. 인접한 피레네산맥의 안도라의 경우 투자 비자가 40만 유로인데 일 년 중 300일 동안 햇빛을 즐길 수 있다. EU에 신규 회원국이 가입할 때마다 해외 투자 이주에 대한 관심이 높아진다. 소련이 건재하던 시절 러시아는 라트비아 같은 발트해 국가를 지배했다. 현재 라트비아는 EU 회원국이며 러시아 시민들은 라트비아 여권을 사들이고 있다. 코로나바이러스 이동 제한 기간 중 몬테네그로에서는 여권을 신청하는 사람이 급증했다. EU 가입을 앞두고 있는 시점에서 몬테네그로에 대한 관심은 더욱 증가하고 있다. 스위스의 법학자 크리스티앙 요프케Christian Joppke는 국가의 중요성이 약화된 시대에 EU 시민권이 '중요한' 대접을 받고 있다고 강조한다. EU 시민권은 유럽인의 공통적인 정체성을 가정하거나 요구하지 않기 때문이다.

더 많은 투자 이주를 유치하는 일은 유럽이 인구 디플레를 극복하는 데 도움이 될 수 있다. 중국인과 유럽인이 유럽의 대학가로 대거 유입되면서 아시아의 사모펀드와 국부펀드가 투자하여 기숙사를 매입하거나 개조하고 있다. 독일이 십 년 이상 눈감았던 투자가 단행되고 있는 것이다. 이제 미국이 중국 학생과 임산부의 원정 출산을 차단하면서 유럽 국가의 거주와 시민권에 대한 투자가 더 증가하고 미국이 아닌 유럽에서 출산할 가능성이 있다.

유럽의 일부 보수주의자는 시민권을 국가에 '진정한' 연관성이 있는 사람에게만 부여해야 한다고 주장한다. '진정한'이라는 표현은 허울만 그럴듯한 단어로, 사실상 출생이라는 임의의 우연에 따라 시민권을 축소하는 것이며 진정으로 자유 의지를 존중하는 조치라고 볼 수 없다. 물론 시민권을 돈으로 사는 프로그램을 비판하는 진짜 의도는 세수의 감소를 피하려는 것이다. '파라다이스 페이퍼스(paradise papers, 국제탐사보도언론인협회가 전 세계 주요 인사들이 해외 조세 회피처에 페이퍼 컴퍼니를 설립해 세금을 회피했다고 폭로한 문서)'는 부유한 개인이 국적 없는 글로벌 기업처럼 해외 관할지에 자산을 어느 규모로 은닉할지를 알려 주는데 이러한 개인 중 상당수가 영국 국적자다. 영국은 저지 섬과 영국령 버진 아일랜드 같은 영국 국민(과 수많은 외국인들)이 투자금을 세탁하는 조세 피난처에 통치권을 가지고 있다. 하지만 브렉시트 이후 전 세계에서 영국 여권에 대한 접근이 약화되면서 영국인이 아일랜드, 독일, 포르투갈의 시민권을 취득하는 경우가 급격히 증가했다. 이 밖에 영국인 국외 거주자가 550만 명에 달하는데 오랫동안 해외에 거주하여 투표권을 상실해 영국 시민권을 유지할 동기가 더 약해졌다. 많은 영국 시민이 다른 나라의 시민이 되는 책임의 상당 부분은 영국 정부 자체에 있다. 영국의 재정이 그토록 심각한 수준인 것이 이상한 일일까? 영국이 투자자 비자를 260만 달러에 판매하는 것도 이상한 일은 아니다.

물론 EU는 이러한 추세에 반발하면서 기업의 '경제적 실질'이 등록지의 국민과 실제로 관련되어 있음을 입증할 것을 요구한다. 다시 말해 페이퍼 컴퍼니뿐 아니라 실제로 직원이 근무해야 한다. 정부는 근무한 위치에 따라 과세하기 위해 국경 내에 임직원이 머문 날을 계산한다. 조만간 여권 날짜와 도장뿐 아니라 업무를 수행한 IP 주소와 누구를 위해 일을 했는지도 확인할 것이다. 그렇게 되면 사람들이 지갑으로 의사를 표시하여 보다 세금을 줄일 수 있는 장소로 자신이나 직원의 위치를 옮길 것이다. 이미 다이슨이 본사를 런던에서 싱가포르로 옮긴 일이나 소프트뱅크의 비전 펀드가 런던에서 아부다비로 이동한 경우에서 이를 확인할 수 있다.

아일랜드는 글로벌 IT 기업의 조세 피난처 역할을 하고 있으며 해마다 기술을 갖춘 수만 명의 거주자가 새로 입국한다. 많은 수가 더블린 중심부의 '구글빌Googleville'에 거주한다. 1년 동안 거주하고 100만 유로를 지불하면 거주자는 시민권을 신청할 자격을 얻으며 원한다면 이주 투자자를 유치하기 위해 경쟁을 벌이는 다른 EU 회원국으로 옮길 수도 있다(2020년 중반에 홍콩의 재벌 이반 호(Ivan Ho)는 아일랜드에 5만 명의 홍콩 시민이 거주할 수 있는 '넥스트폴리스(Nextpolis)'라는 신도시 건설을 제안하기도 했다).

만약 국가가 여권을 전 세계에서 활용할 수 있는 역량을 향상하지 않는다면 시민들은 이주하여 시민권을 갈아탈 것이다. 한국, 일본, 싱가포르와 같은 아시아의 여권이 가장 강력한 여권으로 손꼽히지만 중국은 74위, 인도는 더 낮은 순위에 머물러 있다. 해마다 10만 명(대부분 중국인과 인도인)이 머물거나 향후 오스트레일리아로 이동하기 위한 목적으로 뉴질랜드를 찾는다. 경고음이 울리자 뉴질랜드는 외국인의 부동산 구입을 허용하는 방안을 철회했다(일부 우방국의 국민이나 선별된 억만장자는 예외다). 이제 뉴질랜드인이 되려던 이주민들은 대신 캐나다인이 될 가능성이 높다. 교토삼굴(狡兎三窟, 꾀 많은 토끼는 3개의 굴을 파 놓는다)이라는 중국 말이 있다. 중국인들은 캐나다에서 포르투갈, 싱가포르의 부동산과 여권을 사들이고 있다.

미국인도 마찬가지다. 역사적으로 미국인은 당국에 세금을 신고하면서 오랫동안 실망한 끝에야 고국을 떠난다. 미국의 국외 거주자 가운데 매우 부유한 상위 1퍼센트는 미국 시민권을 포기하든 유지하든 상관없이 세금을 감당할 수 있지만 상위 2퍼센트, 5퍼센트, 10퍼센트, 그밖의 나머지 사람들은 두 나라에 동시에 세금을 내면서 저축하는 데 어려움을 느낀다. 징벌적 과세 정책, 포퓰리즘이 난무하는 정치, 코로나19의 미흡한 대처 등은 2010년대를 지나면서 갈수록 많은 미국인을 떠나게 하는 요인이다. 2020년 상반기에만 전 세계 각국으로 떠난 미국인이 6,000명에 이르러 2019년의 총 1,200명에서 크게 증가했다. 여러 대사관에 신청자가 적체되어 있지 않았다면 이 수치는 더 높게 나타났을 것이다. 미국을 떠나는 엘리트에게는 권위주의적인 포퓰리스트 공화당이나 사회주의자 민주당과 같이 고국을 등지는 정당한 사유가 있다. 아이러니하게도 19세기에 미국으로 많은 이주자를 보냈던 이탈리아, 아일랜드가 지금은 미국인이 향하는 이주 대상 국가의 상위권을 차지한다. 혈통을 활용해 본인과 자녀의 유럽 여권을 얻는 것이다. 갈수록 증가하는 미국의 디아스포라가 다음에는 어디를 향할지 누가 알겠는가?

고국의 혼란에 대비하여 미국 여권이나 그린카드를 발급받았던 사람조차 더는 미국을 피난처로 여기지 않는다. 약 600만 명의 미국 시민이 다른 나라의 여권을 가지고 있다. 서류상으로는 '미국인'이지만 이들에게 미국은 충성을 맹세할 대상이 아닌 백업 계획에 불과하다. 이제 미국인과 미국 여권을 제2의 여권으로 보유하고 있는 사람들은 다시 심사숙고하기 시작했다. 사실 해마다 그린카드를 포기하는 외국인이 여권을 포기하는 미국인보다 많다. 미국이 가장 영리한 인재에 대한 장악력을 상실한 것처럼 다른 나라가 미국인을 비롯한 전 세계 부자와 인재를 차지하기 위한 전쟁에서 열을 올리는 가운데 미국 국적은 매력을 잃고 있다.

12장

도시의
평화

차 탁자용 책(사진과 그림이 많이 실려 실제로 읽기보다는 넘겨 보도록 만든 책) 중에서 대부분의 차 탁자가 견뎌 내기 부담스러운 종류의 책들이 있다. 그중 『독일어 문화권의 건축 이론Architekturtheorie im deutschsprachigen Kulturraum(1486~1648)』이라는 750페이지짜리 책이 있는데 가치가 없었더라면 그 자체로 차 탁자로 쓸 만한 두께다. 스위스의 명문 대학인 ETH-Z 대학에서 편찬한 이 책은 르네상스 시대의 군주와 대공이 당대를 선도하는 건축물을 만들어 유럽의 여러 분주한 무역 허브를 오가는 많은 상인을 수용하기 위해 유럽 중세 도시를 어떻게 재구성했는지를 보여 준다. 연결성과 이동성은 공간의 의미를 변화시켰다.

이 시기에 유럽에서 민족 국가가 형성되면서 본격적으로 외교가 탄생했다고 보는 견해가 일반적이다. 하지만 실제로 외교는 고대 메소포타미아의 도시 국가 간 무역 관계에서 싹텄다(외교관은 세상에서 두 번째로 오래된 직업이라 할 수 있다). 바그다드, 다마스쿠스, 베이루트는 이후 생겨났다가 사라진 그 어떤 나라나 제국보다 더 오래된 도시다. 시대를 통틀어 도시 간 외교('diplomacity'라고 부르겠다)는 인간 문명에서 지속적으로 이어진 특징이다. 미래에 도시 간 외교가 수행되는 패턴은 과거에 그랬던 것과 많이 닮아 있을 것이다.

중세는 특히 참고할 만한 시기다. 14~16세기에 북해에서 발트해에 이르는 도시로 구성된 북유럽 한자 동맹은 신성로마제국, 잉글랜드 같은 나라가 저지르는 권리 침해에 맞서 무역 권리와 정치적 자율성을 지키려는 암묵적인 연합체였다. 이들이 직물, 무기, 목공예품, 금속을 거래하는 과정에서 르네상스식 사고가 북유럽으로 빠르게 전파되었다. 한자 동맹의 도시가 내부 안보와 외부 연결성 사이에서 균형을 이룬 것은 다음 시대 '도시 간 외교'가 어떻게 전개될지를 상상하는 데 중요한 단서를 제공한다. 앞으로 선도적 도시 사이에는 건전한 경쟁을 벌이는 협력 관계가 형성될 것이다. 미래는 소국과 도시 간 새롭고 발전된 평화, 즉 도시의 평화Pax Urbanica로 정의될 수 있다.

2020년 봄 팬데믹 상황에서 메소포타미아와 한자 동맹의 본능이 되살아나 우리는 자전거를 타기에 이르렀다. 오스트레일리아와 뉴질랜드, 스위스와 오스트리아, 핀란드와 에스토니아같이 인구 규모가 작고 생각이 비슷한 인접국이 서로에게만 국경을 개방했다. '그린레인green lane'과 '면역 버블immunity bubble'과 같은 제도가 도입된 것은 상대국의 보건 체계에 대한 신뢰가 수백 년 동안 지속된 국가 간 외교 협약보다 더 중요함을 보여 준다. 미국 여권은 보통 150개국에서 환영받았으나 코로나 팬데믹이 발발하자 그 숫자가 단 30개국으로 급격히 줄었다.

누구도 건강과 재산을 맞바꾸기를 바라지 않는다. 녹지대에 있고 싶은 본능적인 욕망 앞에서 국가에 대한 막연한 애국심은 흐릿해지고 만다. 잘 정비된 영토는 인근의 취약한 다른 지역에 얽혀 들지 않고 제대로 정비된 다른 영토와 연결된다. 실제로 내부 경계를 폐쇄할 공식 권한이 없는 국가 내 주와 지방의 행위에서 이것이 가장 극명하게 드러난다. 하와이는 오스트레일리아인과 일본인에게 관광을 다시 개방하려 하나 미국의 나머지 국민에게는 폐쇄 기조를 유지하고 있다. 로드아일랜드에서는 경찰들이 뉴욕주 번호판이 달린 차량을 찾아 나섰다. 햄프턴의 뉴요커조차 뉴욕시에서 온 부자 피난민이 잡화점을 부당하게 약탈했다고 의심했다. 스코틀랜드가 코로나19의 진압에 성공하자 잉글랜드에서 제멋대로 행동하는 동포를 모셔 오는 일에 관심을 끊었다.

레드 존red zone을 떠나 바이러스 테스트와 백신 프로그램이 원활하게 운영되는 그린 존green zone으로 옮겨갈 수 있는 사람만이 이러한 상황을 견뎌 낼 수 있다. 미국을 예로 들면 무장 단체가 이동 제한을 막기 위해 의사당 건물을 점거하며, 백신 접종 거부자와 다른 '코로나 멍청이Covidiots'가 미쳐 날뛰는 그런 주를 버리고 떠나는 경우가 여기에 해당한다. 보다 광범위하게 살펴보면 그린 존은 정치가 과학 연구를 방해하지 않고 기술을 공공 보건에 적극적으로 적용하는 한국과 같은 나라를 뜻한다. 캐나다의 블루닷BlueDot 시스템은 의료 기록, 지리 위치 웹 검색 메타데이터, 바이러스 창궐을 경고하는 휴대폰 패턴을 통합한다. 스웨덴 사람들은 건강 상태를 확인할 수 있도록 피부 아래에 RFID 태그 칩을 이식하기 시작했다. 중국, 싱가포르 등에서는 AI가 의료 기록을 스캔하며 무료 검사를 통해 암이나 다른 질환의 발병 가능성을 예상한다. 향후에는 유전체학과 합성생물학을 활용해 선제적인 치료를 제공하는 정부가 나타날 수도 있다.

코로나 테스트에서 실패를 맛본 국가에서는 공공 보건이 중요한 화두가 될 것이 분명하다. 흑사병이 휩쓸고 지나간 이후 유럽 사회가 하수관을 도입하고 도로를 건설한 것과 같은 이치다. 하지만 기대 수명이 길어진 상황에서 인생으로 도박을 할 사람이 있을까? 사실 오늘날 이동하는 계층은 예방과 장수를 위한 조치가 혼합된 '블루 존'으로 이주하기를 바란다.

이탈리아의 사르데냐, 일본의 오키나와 같은 장소는 깨끗한 환경, 유기농 식단, 규칙적인 운동, 끈끈한 연대감을 자랑하는 공동체 덕분에 블루 존으로 이름을 알렸는데 주민들의 기대 수명이 지구상의 어떤 곳보다 길다. 대부분의 인간이 블루 존처럼 야채, 곡물, 씨앗, 과일, 견과류, 콩, 생선으로 구성된 식단을 먹는다면 건강이 증진될 것이다. 생물학적 수명이 길어지면 함부로 폭력을 휘두르지 않는 장소에서 살고 싶다는 욕망이 더 커질 것이다.

미국은 선진국 가운데서는 유일하게 총기 난사가 빈번하게 발생하는 나라이기 때문에 자기 보호에 대한 건전한 의식을 갖춘 인재라면 안전을 위한 장벽을 더 높이 쌓거나 신뢰할 수 있는 공동체로 옮겨 갈 것이다.

2019년 샌프란시스코는 전미총기협회NRA에 '국내 테러리스트 집단'이라는 이름을 붙여 주었다. 하지만 3D 인쇄로 총기를 만들 수 있는 시대가 왔기 때문에 분별력 있는 주민이 이러한 기술을 감시해야만 한다. 그린 존과 블루 존이 교차하는 곳에서 저렴한 주택을 제공하고 임금을 보호하며 여성 지도자가 이끌고 공동체가 자체 치

안 활동을 벌이는 사회를 발견할 수 있을 것이다.●

이 대목에서 우리는 사람들이 다음에 이동할 장소로 GDP 성장률이 더 높은 곳을 찾지 않는다는 점을 기억해야 한다. 복지를 측정하는 수단으로서 GDP는 금에 통계적으로 접근하는 것과 같다. 사람들이 금을 귀하게 여길 때에만 금은 가치가 있는 것이다. 오늘날 청년들은 지속 가능한 경제, 다양하고 포용적인 사회, 권리와 행복을 누릴 수 있는 문화를 더 중시한다. 사회 경제적 포용성과 지속 가능한 환경이 얼마나 균형을 이루는지에 따라 국가의 순위를 매기려는 치열한 작업이 벌어지고 있다.

GDP와 최근 발표된 사회발전지수Social Progress Index, SPI의 순위를 비교하면 놀랄 만한 결과를 확인할 수 있다. 예를 들어 미국은 국민 한 사람당 부의 수준이 유럽의 일부 조세 피난처 소국을 제외하면 세계에서 가장 높다. 하지만 취약한 의료 체계, 폭력, 불평등을 고려하면 SPI가 26위에 불과하다. SPI 상위권은 북유럽 국가와 스위스, 아일랜드, 오스트레일리아, 뉴질랜드 같은 충분히 예상 가능한 나라뿐 아니라 독일, 일본, 캐나다, 프랑스 같은 큰 나라도 포함되어 있다. 유럽이 저성장을 이어 가고 있지만 부의 불평등을 개선한 점이 사회 안정성을 높였다.

● 의료 서비스 이용 및 품질(Healthcare Access and Quality, HAQ) 지수에 따르면 의료 서비스 제도가 가장 훌륭한 세 나라는 아이슬란드, 노르웨이, 네덜란드다. 전 국민 의료보험 서비스는 18개국(오스트레일리아, 캐나다, 핀란드, 프랑스, 독일, 헝가리, 아이슬란드, 아일랜드, 이스라엘, 네덜란드, 뉴질랜드, 노르웨이, 포르투갈, 슬로바키아, 슬로베니아, 스웨덴, 스위스, 영국)에서 실시하고 있다. 이밖에 오스트리아, 벨기에, 일본, 스페인은 거의 전 국민이 보장을 받고 있다.

사회발전지수는 기본적인 수요(영양, 물, 거처, 안전 등)를 충족할 수 있는 역량, 웰빙을 위한 기반(교육, 의료, 정보 접근, 청정 환경)의 제공, 기회의 보장(정치권, 개인의 자유, 포용적 경제)에 따라 국가를 측정한다. 아프리카와 아시아의 많은 빈국은 지난 5년 동안 꾸준한 개선을 이뤄 왔다. 부유한 국가에서는 진전이 더뎠으며 일부 선진국은 오히려 후퇴하는 모습을 보였다.

하지만 스칸디나비아 국가와 같이 사회 발전에서 높은 순위를 차지하고 있는 많은 나라가 지속가능한개발지표Sustainable Development Index, SDI에서는 순위가 낮다. 광업, 건설, 교통, 항공 분야에서 탄소를 사용하고 있기 때문이다. 반면 자원을 적게 사용하지만 국민의 필요를 채워 주는 나라로는 코스타리카, 스리랑카, 알바니아, 조지아를 들 수 있다. 이러한 국가에서는 대부분의 사람이 충분한 소득, 교육, 기대 수명, 행복을 누리면서도 일 인당 온실가스 배출량이 낮다. 이 같은 경제의 국가들은 생산성이 정체되는 한편 물가 인상으로 경쟁력이 하락하는 '중진국 함정'에 빠진 것으로 종종 묘사된다. 하지만 이 국가들은 경제를 다변화하고 청년들의 역량을 향상시키기 위해 토지 개혁, 교육, 기술을 활용한다. 더는 GDP에 집착하지 않는 시대에서 이들은 역할 모델이 될 수 있다.

진정으로 지속 가능한 사회			
SDI 순위	SPI 순위	SPI 순위	SDI 순위
1 코스타리카	28	1 노르웨이	158
2 스리랑카	88	2 스웨덴	144
3 알바니아	52	3 스위스	151
4 파나마	41	4 아이슬란드	155
5 알제리	85	5 뉴질랜드	128
6 조지아	60	6 캐나다	159
7 아르메니아	61	7 핀란드	156
8 쿠바	84	8 덴마크	139
9 아제르바이잔	75	9 네덜란드	147
10 페루	55	10 오스트레일리아	161

지속가능한개발지표(SDI)는 국민의 필요를 충족할 수 있는 역량과 더불어 탄소 발자국을 낮게 유지하는지에 따라 순위를 매긴다. 사회발전지수(SPI)에서는 유럽 국가나 인구가 적은 다른 서양 국가가 높은 순위를 차지하고 있는 것과 달리 SDI 순위에서는 신중한 자원 관리로 잘 알려진 소국들이 상위권에 올라 있다.

식량, 연료, 순환

코로나바이러스는 추수와 식료품 저장이 한창이던 시기에 지구를 강타했다. 식품 처리가 갑자기 마비에 빠지면서 전 세계 식품 공급 시스템이 대혼란에 빠졌다. 몬태나에서는 수천 톤의 감자를 폐기해야 했으며 대체로 빈국에서 수출되던 수백만 개의 달걀도 마찬가지 운명을 맞았다. 국경 폐쇄로 이주 근로자의 입국 길이 막히자 프랑스의 경제 장관은 프랑스 국민에게 애국적 의무감을 가지고 농민이 되어 달라고 격려했다. 벨기에인은 막대한 감자 수확량을 소화하기 위해 일주일에 감자튀김을 두 번 먹으라는 요구를 받았다. 또한 코로나 이동 제한은 '식량국가주의'를 부추겨 러시아의 밀, 베트남의 쌀, 세르비아의 식용유 수출이 금지되었다. 자기가 먹을 음식을 직접 재배하거나 그런 관행이 있는 지역에 살면 우리의 형편이 더 나아질까?

팬데믹으로 모든 나라는 종말 시나리오에 얼마나 대비가 되어 있는지를 다시 생각하게 되었다. 뉴질랜드와 같은 섬나라 요새는 세계 다른 나라에서 농업 독립을 이룰 만한 기회와 예지력을 갖췄다. 미국에 맞먹는 수준의 식량을 수입하는 중국은 농경지 면적을 확대하기 위해 변두리 마을의 파괴에 열을 올리고 있다. 한국, 일본 같이 가축 사육과 작물 재배뿐 아니라 수경 재배 생산량과 도시 농업을 확대하는 나라도 있다. 한국에서는 음식물 쓰레기를 폐기하는 대신 도시 농업에서 사용되는 비료로 만들고 있다.

도시에 기반한 문명은 인류가 언제나 무엇이든 할 수 있다고 생각하게 만들었지만 도시는 생산하는 것보다 훨씬 많은 에너지, 수자원, 식품을 소비한다. 도시가 인류의 가장 거대한 인프라 단위이지만 이동성에는 취약하다. 10세기에 마야인들은 가뭄으로 인해 유카탄반도의 치첸이차 같은 견고한 요새 도시를 버리고 떠나야만 했다. 천 년 뒤 멕시코시티에서는 대수층이 심각하게 마르면서 지반 침하가 일어났다. 멕시코시티가 제2의 치첸이차가 될 가능성도 있다. 그러면 사람은 떠나겠지만 도시는 그럴 수 없다.

마야인의 이주가 일어나기 오래전 이집트와 로마 제국도 심각한 가뭄이 들면서 고통을 당했다. 오늘날 세계 최대 식량 생산지에서는 산업화된 농업이 종자와 토양 간의 공생 관계를 깨뜨리고 물 부족으로 토양의 양분이 고갈되면서 위기를 겪을 가능성이 있다. 우리는 윤작, 화학 비료 대신 질소 고정 박테리아를 사용하는 등의 재생 농업 기술을 확대해야만 한다.

농업에서 마을, 도시로 발전하면서 농업이 환경 비용에 대한 고려 없이 도시를 부양해 온 내러티브를 이제는 수정해야만 한다. 식량과 에너지를 생산하는 방식과 장소, 식량과 에너지를 소비하는 방식과 장소, 두 장소 간 거리에 대해서 다시 생각해야 할 시점이다. 세계미래회의World Future Council의 허버트 지라르데Herbert Girardet 의장은 에너지와 식량 공급처가 먼 곳까지 퍼져 있는 '페트로폴리스Petropolis' 시대를 끝내고 주요 정착지를 내부에서 소비할 식량을 생산하고 재생 에너지를 사용하며 자원을 재순환하는 자급형 '에코폴리스Ecopolis'로 전환해야 한다고 강조한다.

물 부족을 겪고 인구 밀도가 높은 곳에서는 점점 빈번해지는 가뭄을 이겨 내기 위해 최신 기술을 활용해야 할 것이다. 1에이커의 건물에서는 기존의 농사와 비교해 18배 적은 물을 사용해 날마다 2톤의 생산물을 내며 담수를 재사용해 식물에 물을 주는 냉각 시스템을 활용한다. 사람이 북적이는 도시에서는 선박 컨테이너를 수경 재배 장치를 갖춘 '식품 생산지'로 개조할 수 있다. 중국은 도시 전체가 팬데믹에 영향을 받지 않고 식량과 에너지를 자급할 수 있는 시스템을 갖추기 시작했다. 스페인의 중요한 관광 허브인 마요르카는 빠른 속도로 고급화가 진행되고 있지만 물이 고갈되고 있다. 다행히 스페인은 가장 발전된 형태의 대기 물 생성기를 개발하여 전 세계 수십 곳의 군대에 판매한 아르파Arpa와 제나크Genaq 같은 기업을 배출한 나라다. 마요르카는 자원을 순환하는 섬이 될 수 있다.

순환 식단은 순환 에너지를 보완하는 중요한 요소다. 식물을 기반으로 한 식단은 탄소와 물 사용량을 더욱 줄일 뿐 아니라 육류 공급에서 중요한 역할을 하는 식료품점 근처에 살아야 할 필요성을 줄인다. 점점 많은 미국인이 가끔씩만 육류를 섭취하는 '반半 채식주의자'가 되고 있으며 영국인은 비거니즘veganism을 종교에 준하는 철학 신념으로 인정한다. 코로나19 기간 동안 힌두교도처럼 생활하는 것이 팬데믹, 기후 변화, 사회 불안을 해결하는 방법이라는 농담이 유행하기도 했다. 악수를 하는 대신 합장으로 인사하면서 '나마스테'라고 말하고 집에 들어가기 전에 발을 씻으며 요가와 명상을 수련하고 채식 식단을 실천하며 휴지 대신 물로 씻고 망자를 화장하라는 것이다. 힌두교에서는 순환이 핵심이다.

캐나다, 유럽, 오스트레일리아의 도시에서는 태양열, 풍력, 원자력과 같은 대체 에너지, 재생 에너지를 사용하려는 변화를 시도하고 있다. 친환경 연료로 대체하는 속도가 가장 빠른 나라는 프랑스로, 세계에서 가장 강력한 핵융합로를 건설하기 위해 다국적 컨소시엄을 초청했다. 저온 핵융합 기술은 구글, 일본의 미쓰비시, 빌 게이츠가 지원하고 있다. 빌 게이츠는 공업 시멘트 생산에도 충분한 에너지를 공급하는 집광형 태양열 기술을 개발한 헬리오겐Heliogen에도 투자했다(카본큐어(Carbon Cure) 같은 기업도 시멘트 생산에서 포집된 탄소를 시멘트로 다시 주입한다). 이미 (탄소 배출이 많은 또 다른 두 부문인) 제강과 에너지 추출에 석탄과 가스 대신 수소 전력을 사용할 수 있다. 일본은 후쿠시마 재난 이후 원전을 폐쇄하면서 전력 생산량을 벌충하기 위해 20여 개의 석탄 발전소를 새로 건설 중이지만 세계적인 청정 에너지 선도국이 되기 위해 오스트레일리아에서 액체 수소를 수입하고 있다. 한국은 여러 도시에서 난방, 냉방, 전기 생산에 수소 연료를 사용하는 방향으로 가고 있다. 원자력, 수소, 태양열, 풍력 발전으로 탄소 배출이 가장 빠르게 증가하고 있는 데이터 센터를 냉각시킬 수도 있다. 어떤 규모의 도시라도 자체적인 전력 생산이 가능할 것이다.

이러한 기술은 도시 내에서나 도시 간 이동에서 환경 영향이 더 적게 발생함을 의미한다. 미국의 테슬라, 중국의 비야디, 유럽과 일본의 여러 자동차 회사에서 전기차 생산을 늘리면서 전체 차량 판매에서 전기차가 차지하는 비율이 세계적으로 증가하는 추세다. 독일과 스웨덴에 전기차 충전소가 있기는 하지만 리튬-이온 배터리의 전 세계 공급망이 (원유와 마찬가지로) 취약하고 복잡한 상황이다. 이러한 이유로 중국의 CATL은 (테슬라용) 무코발트 배터리를 개발 중이며 개발에 성공한다면 아프리카와 남아메리카에서 채굴이 필요 없게 된다. 일본, 한국, 중국에서는 수소 전력을 이용하는 대중교통과 차량이 운행 중이다. 캐나다의 시에라 에너지Sierra Energy 등은 유기성 폐기물을 합성 가스로 전환하여 쓰레기차를 구동한다. 태양열 기판을 외관에 장착한 도요타 차량은 따로 충전하지 않아도 하루 동안 도시를 주행할 수 있는 에너지를 생산한다.

자급자족하는 도시에서는 주택과 사무실에서도 지속 가능한 에너지를 사용해야 한다. 지붕에 설치된 태양열 기판은 이미 대다수 건물이 사용하는 에너지의 절반 정도를 공급한다. 흰색 페인트는 태양열을 반사하며 건물에 심은 나무와 관목은 공간에 그늘과 냉기를 더해 준다. 이 밖에 수십 가지 기능이 새로운 건물 설계에 반영되어 순환을 높여 준다. 지붕은 빗물을 모아서 저장고로 보내며 공기 펌프 시스템은 난방과 냉각 기능을 하며 환기와 단열 시스템을 통합한 기능도 적용된다. 고체 상태의 열전기 냉각 및 난방 기구는 훨씬 적은 에너지를 사용하면서 기존 냉장고보다 적은 양의 증기를 발산한다. 벌집 같은 모양으로 테라코타 반죽 같은 재료를 사용하여 전통 가옥 건축법으로 건물을 짓는다면 에어컨 의존도를 낮출 수도 있다. 전통 재료는 수분을 빨아들여 자연스럽게 실내 온도를 낮춘다. 캐나다와 노르웨이 같은 국가에서는 거대한 목재를 사용하여 기숙사와 사무실을 만든다. 이 건물은 수십 년 동안 탄소를 흡수할 것이다. 구상은 완료되었으나 아직 적용되지 않은 기술이 실제로 구현된다면 지금까지 불가능했던 일도 가능해질 것이다. 예를 들어

나무가 흔들릴 때마다 전기를 생산하고 액화 질소 냉동이 가능해진다. 오늘날의 도시는 이러한 모습으로 탈바꿈하고 에너지를 공급해야 한다. 많은 국가에서 아직 수행하지 않은 가장 값비싼 투자는 담수 처리 공장의 설립이다. 이미 이스라엘과 페르시아만 국가에서는 물 공급의 절반 이상을 담수 처리 공장에서 담당하고 있으며 UAE의 경우 물 사용량의 9퍼센트가 해수를 담수로 처리한 물이다. 인도, 일본, 카자흐스탄 역시 원자력으로 가동되는 담수 처리 공장을 운영하면서 농업과 공공 사용을 위한 물 생산과 관련된 에너지 투입 비용(과 온실가스 배출량)을 크게 줄였다. 대규모 정수 공장에서 수도관을 연결하여 (미국, 인도, 오스트레일리아, 중국 등 막대한 가뭄의 위험을 받는 나라에서) 내륙의 농가로 물을 공급할 수도 있다. 물을 새로운 석유라고 간주한다면 각국은 수도관에 적절한 투자를 해야 한다. 그렇지 않으면 사람들은 수자원이 풍부한 장소로 이주할 것이다.

에어컨 사용 국가

인간은 지리를 바꿀 수 있지만 도시는 그런 일을 할 수 없다. 도시는 해수면 상승에 맞서 방조제를 쌓거나 교통 체증을 피하기 위해 자전거 도로를 추가하는 등으로 시대의 요구에 적응할 수 있을 뿐이다. 특히 적도 근처의 해안 도시에서는 변화에 적응하기 위해 해야 할 일이 꽤 많다.

싱가포르와 두바이는 유사한 환경에 처한 많은 도시가 향후 수십 년 내에 생존하기 위해 해야 할 중요한 실험을 하고 있다. 두 도시 모두 400만 명이 넘는 인구가 다양하게 구성되어 있다. 전 세계적인 엘리트, 출세를 꿈꾸며 이주하는 청년, 미래 인프라를 건설하느라 분주한 이주 노동자 등이 도시에 거주하고 있다. 물론 싱가포르와 두바이의 기후는 매우 다르다. 두바이는 건조한 사막의 끝자락에 위치해 있는 반면 싱가포르는 열대 정글이다. 두바이에서는 비가 간헐적으로 내리지만 싱가포르에서는 끊임없이 비가 내린다. 하지만 두 도시는 적극적으로 토지를 개간하고 있다는 공통점이 있다. 싱가포르 섬의 4분의 1 이상이 간척한 토지이며(덕분에 전 세계에서 가장 공격적으로 모래를 사들이는 나라가 되었다) 두바이(와 UAE의 수도 아부다비)는 야심 찬 인공 섬 사업을 추진했다. 싱가포르와 두바이는 도로를 높이고 해수 운하를 확대하며 담수 사업에 전력을 공급할 역량을 갖추고 있다. 또한 수경법으로 식량을 (실내와 지하에서) 생산하고 연안에서 양식을 하며 식물성 고기를 생산하는 회사에 투자하고 있다. 그렇지만 열기를 이겨 낼 수 있을까?

UAE: 돔 국가?

약 40년 전, 내가 UAE에서 유치원을 다니던 시절 아버지가 늦은 점심을 먹으러 집에 들렀다가 가족과 휴식 시간을 보낸 뒤 사무실로 돌아가 몇 시간 더 오후 근무를 하던 기억이 난다. 뜨거운 태양열이 내리쬐는 운동장에서 신나게 뛰어놀다 보면 지끈거리는 두통을 달래기 위해 찬 수건으로 열기를 식혀야 했다. 그래도 우리 집에는 에어컨이라도 있었다.

페르시아만 지역에 살고 있는 서양의 수많은 국외 거주자는 지난 수십 년 동안 같은 일상을 유지해 왔다. 수업이 진행되는 동안에는 따뜻한 기후를 즐기다가 페르시아만의 긴조한 사막이 달아오르는 3개월 동안 유럽의 집으로 돌아가 여름을 보냈다. 그러다 열기가 어느 정도 식고 학교가 개학하면 다시 돌아갔다. 하지만 지금은 상황이 다르다. 도하, 리야드, 두바이, 아부다비 같은 부유한 페르시아만 도시에서는 에어컨이 완전히 가동되고 있다. 반면 강력한 열파가 이어지는 서유럽에서는 에어컨을 갖춘 곳이 10퍼센트도 되지 않는다. 요즘은 많은 유럽인이 여름철에 고국으로 돌아가기를 꺼리면서 페르시아만에서 시원하게 지내는 편을 택한다(코로나19 사태로 2020년 말 겨울 유럽에서 이동 제한 조치가 내려지자 두바이의 해변 호텔은 몇 달 내내 예약이 꽉 차게 되었다).

에어컨은 두바이의 사무실, 쇼핑몰, 아파트, 주거 단지 어디에서나 찾아볼 수 있다. 하지만 이 도시는 모든 시설을 말 그대로 하나의 지붕 아래 모으려는 미래 계획을 세우고 있다. 도시 최대의 메가 프로젝트인 두바이 광장Dubai Square은 도시 속의 도시로, 학교에서 스포츠 공원에 이르기까지 모든 시설이 유리 돔으로 덮인 실내에 펼쳐진다. 기후를 조절하는 환경이 가장 무더운 몇 달 또는 하루 중

몇 시간만 필요할 뿐이지만 연중 내내 사용될 것이다. 에어컨은 전력을 많이 사용하고 탄소를 배출하지만 적어도 두바이 광장의 주민은 어느 곳에서도 차를 운전할 필요가 없게 된다.

두바이 주민 대다수는 여전히 한 가족을 위한 시설을 선호하기 때문에 두바이 광장은 집집마다 지붕에 태양열 패널과 주차 공간이 설치된 무탄소 배출의 새로운 '지속 가능한 도시' 형태가 될 것이다. 또한 두바이는 100만 가구 이상이 사용하기에 충분한 전력을 생산하는 태양광 발전소를 도입했다. UAE의 수도 아부다비 외곽에 있는 마스다르시는 원래 보행과 전기 골프 카트가 운행되는 공동체로 구상되었으나 에미레이트 도시들로 구성된 에어컨 무리에 합류하게 되었다. 두바이 북쪽에 위치한 라스알카이마는 날마다 풀장 파티가 열리는 저렴한 국외 거주자의 허브로 이름을 알렸다. 향후 수년 내에 여러 페르시아만 국가에서 에어컨을 갖춘 도시를 건설하고 각 도시를 하이퍼루프(캡슐형 초고속 열차 시스템)로 연결할 것이다.

훨씬 규모가 큰 사우디아라비아의 경우 인구의 40퍼센트가 이주한 국외 거주자로 구성되어 있다. 약 1,100만 명 가운데 인도인이 400만, 이집트인이 300만, 파키스탄인이 200만가량이다. 하지만 2014년 원유가 하락하고 국내 일자리에 사우디인의 채용을 늘리려는 시도가 더해지면서 150만 명의 이주자가 고국으로 돌아갔다. 실제로 기계 조작 등 수공업의 블루칼라 일자리에서 근무하는 사우디인이 약 5만 명이다. 사우디 국민은 열기 속에서 이 나라가 살기 좋은 환경을 유지할 수 있도록 새로운 에어컨 돔과 기타 인프라를 건설하는 일에 인도인들이 복귀하기를 기대하고 있다.

사우디아라비아와 인도는 사우디에서 인도로 원유를 수출하고 인도에서 사우디로 근로자와 소프트웨어를 보내는 건설적인 보완 관계를 맺고 있다. 사우디아라비아가 경제를 다변화하고 업그레이드하기 위해서는 다양한 스마트 도시 사업을 운영할 수 있는 IT 근로자, 직업 교육 기관, 기타 화이트칼라 기술자가 필요하다. 실제로 포스트 코로나 비전에는 리야드를 수천만 그루의 새로운 나무가 자라는 기후 오아시스이자 문화 허브로 만들겠다는 계획이 포함되어 있다. 누가 정원을 가꾸고 택시를 운전하며 데이터 센터를 운영할 것인가? 이러한 이유로 사우디아라비아에서는 외국인 근로자의 후원과 감독에 관련되어 오랫동안 유지되어 온 카팔라 제도(kafala system, 걸프 지역 대부분 국가에서 운영하는 이주 노동자 관리 제도로, 외국인 노동자의 근로 비자 발급을 고용주가 보증하도록 하는 내용을 담고 있다)를 폐지했다. 2021년 현재 이주자는 사우디 안팎을 자유롭게 여행할 수 있으며 시장에서 포착한 기회를 따라 직업을 바꿀 수 있다. 궁극적으로 자율 주행차와 로봇이 개발되면 인도와 파키스탄 근로자가 필요 없어진다. 하지만 사우디아라비아는 국경 내에서 자동차와 드론 생산을 늘리기를 원하기 때문에 숙련된 근로자가 더 많이 필요해진다. 사우디아라비아는 외국인 기업가에게 완전한 시민권을 부여하는 절차도 밟고 있다. 변신하려는 나라는 혼자의 힘으로 이를 완수할 수 없다.

UAE와 다른 페르시아만 국가가 2075년 이전에 사람이 살 수 없는 땅이 되리라는 경고에도 불구하고 이 지역으로 이주가 계속되고 있으며 페르시아만 국가는 이주자를 흡수하기 위한 환경을 계속 마련하고 있다. 1981년 설립된 걸프협력회의Gulf Cooperation Council, GCC는 회원국 간 치열한 경쟁을 벌이기도 하지만(예를 들어 2017년 시작된 카타르에 대한 단교 조치) 사우디아라비아에서 거주를 승인받은 이주자가 UAE에 부동산을 구입하고 거주할 수 있도록 허용하는 새로운 규제, 파이프라인, 철도 등에서 서로 협력하기도 한다. 회원국들은 사람들이 오가는 궁극적인 장소가 특정 국가가 아님을 잘 알고 있으며 무엇보다 이들 국가에는 힘차게 가동되는 에어컨이 갖추어져 있다.

싱가포르: 열섬의 냉각

싱가포르 중심부의 정글인 맥리치 저수지에서는 주말 아침마다 전 세계에서 온 건강한 거주자들이 뒤섞여 조깅을 하면서 부동산 거래, 청정 기술 투자, 브런치 계획에 대해 대화를 나눈다. 그러면서 장난기 많은 원숭이와 교활한 왕도마뱀에 대한 경계를 한시도 늦추지 않는다. 계절의 구분이 있는 페르시아만 국가와 달리 싱가포르는 바로 적도에 위치하고 있다. 거의 날마다 뜨겁고 습한 날씨가 이어진다. 현지인들은 이른 아침에 운동하고 오전 9시에서 오후 6시에는 대부분 실내에서 지내다가 저녁이 되면 선선한 바람을 즐기러 해변, 공원, 옥상으로 나오는 생활에 익숙하다.

싱가포르 건국의 아버지 리콴유는 싱가포르를 세계 최초의 상징적인 도시 국가로 변신시킨 성공담을 들려주면서 부패가 없는 정치, 다민족의 조화 등 이 젊은 나라의 잘 알려진 여러 덕목을 열거했다. 그러다 진지한 태도로 이렇게 말했다.

"에어컨은 싱가포르에 가장 중요한 발명이며, 아마 역사적으로도 가장 뛰어난 발명 중 하나일 것이다. 열대에서 발전이 가능하도록 만들면서 문명의 성격을 변화시켰다."

지구 온난화가 진행되는 가운데 세계에서 가장 무더운 나라에 갈수록 많은 이주자가 몰려드는 것은 모순적이다. 하지만 이 같은 사실은 변화에 적응할 수 있는 역량과 의지를 갖춘 곳이 어디인지를 잘 보여 준다. 또 다른 모순은 탄소 배출로 지구 온난화를 더욱 가속화하는 에어컨을 몇 백만 대 추가로 설치하여 살기 좋은 환경을 유지하고 있다는 점이다. 지구의 기후를 모두가 공유하기는 하지만 지역과 현지의 미기후(지면에 접한 대기층의 기후) 역시 매우 중요하며 도시의 산업 활동은 기온을 상승시키는 주범이다. 싱가포르와 인구 밀도가 높은 다른 도시에는 교통 혼잡이 열기를 가두고 기온을 자연 상태보다 최대 7도 상승시키는 '열섬 효과'가 나타난다. 게다가 발전소에서 수입 석유와 가스를 사용하는 과정에서 뿜어져 나오는 막대한 열(절반 이상이 생산 과정에서 사용된다)이 도시로 퍼져 나간다. 이 모든 활동은 사람들이 에어컨을 더 작동시키게 만드는 악순환으로 이어진다. 열에 대한 인간의 해결책인 에어컨이 상황을 더 악화시키는 과정이다.

하지만 에어컨의 미래는 현재보다는 보다 지속 가능한 상태일 수도 있다. 싱가포르국립대학교는 태양열 에너지를 사용해 전력을 생산하고 대기 중의 물을 운반하여 만든 전력으로 공기를 식히는 형태의 에어컨을 개발했다. 전기를 절반만 사용하며 프레온가스CFC가 필요 없는 장치다. 섬의 각 구역은 하나의 태양열 기판 아래 에어컨이 설치된 쇼핑몰, 도서관, 수영장, 어린이집, 식당, 병원 등의 편의 시설이 밀집된 중심지로 통합되고 있다. 작열하는 태양을 이용해 열기를 식히는 것은 미래를 위한 움직임이다.

또한 싱가포르는 나무가 드리우는 천연 차양이 어떻게 인도와 드넓은 공원을 도시 생물 다양성이 보존되는 공간으로 유지시키는지 잘 보여 주는 대표 사례다. 새로운 오아시스 테라스Oasis Terrace는 나무가 그늘을 만들어 주는 보도와 옥상 정원을 혼합하여 실내와 실외에 서늘한 바람이 불도록 만든 공간으로 냉기를 더하는 분수도 갖추고 있다.

식료품과 식수를 수입에 의존하는 도시조차 더 많은 순환을 일으킬 수 있다. 이미 싱가포르는 광범위한 빗물 수집 장치와 섬 전체에 '새로운 물'을 전달하는 정교한 수처리 시스템을 구축했다.

스위스의 ETH-취리히대학에서 추진하는 '싱가포르 냉각' 사업은 MIT, 버클리, 프린스턴 등의 기후 전문가를 모아 도시 열섬 효과를 완화하기 위한 다양한 방법을 모색한다. 발전소에서 열을 모아 산업용으로 바로 사용하는 것이 중요한 단계다.

차량 소유에 무거운 세금을 부과하고 대중교통이 촘촘하게 운영되는 싱가포르에서는 580만 주민이 소유한 자동차가 46만 대에 불과하다. 모든 차량과 버스를 전기차로 전환시키면 기온을 최소 1도 낮출 수 있다. 이 경우 에어컨 부하가 20퍼센트 줄어들고 천연가스 수입도 줄어든다. 에어컨 사용을 줄여서 절약한 전기로 전체 전기 차를 구동시킬 수 있다.

수십 년 동안 싱가포르는 북쪽의 말레이시아에서 물을 수입해 왔다. 하지만 지금은 싱가포르의 저수 네트워크가 식수를 나라 전 체로 운반하는 '새로운 물' 처리 공장에서 물을 공급한다. 영양 수 요의 30퍼센트를 2030년까지 국내에서 생산한다는 '30 × 30' 계 획의 일환으로 수경 재배를 통한 대규모 식량 생산을 시작했으며 양식과 식물 단백질 생산도 늘리고 있다. 코로나19 이후 싱가포르 는 목표 시점을 2023년으로 앞당기기로 했다. 식량을 100퍼센트 가까이 수입에 의존하던 도시 국가가 국내 공급을 늘릴 수 있다면 다른 나라에서도 충분히 시도할 수 있을 것이다.

연꽃 모양의 아트사이언스박물관ArtScience Museum에서 앨빈 팡Alvin Pang이라는 예술가가 〈2219: 상상한 미래2219: Futures Imagined〉라는 시선 을 사로잡는 작품을 전시했다. 그는 싱가포르 같은 해안 도시에서 의 삶이 폭우가 내리는 시나리오에서 어떻게 펼쳐질지를 묘사한다. 거리는 거대한 베네치아 양식의 운하로 바뀌며 차량을 선박이 대신 하고 건물은 공중 다리로 연결되며 가공원(공중에 걸려 있는 것처럼 만든 정원)에는 덩굴이 드리워져 있다. 집집마다 채소가 자라는 수경 재배 밭이 있고 퇴비로 쓰기 위한 벌레가 든 상자도 보인다. 오늘날의 관 점에서는 디스토피아로 보이지만 변화에 적응한 모습이기도 하다.

'해로운 관광'에서 관광객 유치를 위한 전쟁으로

2019년 과잉 관광(지역 면적에 비해 지나치게 많은 관광객이 오는 현상) 또는 '해로운 관광'에 대한 논쟁이 뜨겁게 불붙었지만 불과 몇 개월 뒤에는 그런 논란이 사라졌다. 현재 대부분의 정부는 관광객이 찾아와 자국 경제권에서 소비 활동을 하기를 간절히 바라고 있다.

20년 전 우즈베키스탄이나 베트남 같은 나라에 입국할 때마다 영겁의 시간을 기다리거나 수백 달러를 지불해야만 했다. 현재 경제가 빠르게 성장하는 수십 개 나라에서는 도착과 동시에 도장과 미소로 비자를 발급해 준다. 전 세계 거의 모든 중국 영사관에서는 비자를 24시간 이내에 받을 수 있다. 중국은 1980년 외국인 관광객이 50만 명이었는데 2018년에는 6,300만 명으로 증가했다. 인도는 대다수의 국적자에게 온라인 도착 비자visa-on-arrival를 허가해 준다. 미국은 엔트리패스EntryPass와 같은 국경에서의 절차를 원활하게 하는 기술에 28억 달러를 지출했다. 장벽을 쌓는 동시에 관광객을 유인하려고 노력하고 있다.

산업이 직면한 위험을 고려해 갈수록 많은 나라가 관광에 기대는 것은 아이러니한 상황이 아닐 수 없다. 관광과 접객업은 전 세계 GDP와 고용(3,300만 명)의 약 10퍼센트를 담당하고 있다. 인도양에 위치한 세이셸과 몰디브, 카리브해의 세인트키츠와 그레나다 같은 열대 섬나라는 코로나19로 관광 산업이 와해되었을 뿐만 아니라 해수면 상승으로 위험에 처해 있다.

스페인은 해마다 전 세계에서 두 번째로 많은 관광객이 찾는 나라이며(8,000만 명 이상) 관광업은 경제에서 (공업 다음이지만 금융보다는 앞서는) 가장 중요한 분야 중 하나다. 스페인의 주요 관광지는 코스타델솔에서 카탈루냐에 이르는 남부 해안인데 이곳은 매우 건조해져서 프랑스에서 물 공급선으로 물을 운반해야만 한다.

스페인을 가장 많이 찾는 관광객은 영국인이지만 영국의 기후는 스페인과 비슷해지고 스페인의 기후는 아프리카와 비슷해지고 있다. 이러한 상황에서 많은 북유럽 사람이 남쪽으로 향할 것인가? 유럽인들은 스페인의 끓는 듯한 지중해 해안을 방문하기보다는 북쪽의 스칸디나비아반도를 향할 것이다. 스페인 사람들도 자국을 떠나 북쪽으로 향할지 모른다. 현재 스페인에서 비수기에 해당하는 겨울 관광이 따뜻한 해변이나 시에라네바다산맥의 하이킹을 찾는 관광객들로 더 인기를 끌 수도 있다. 음울한 겨울철을 지내기 위해 지중해의 부동산을 사들였던 스칸디나비아 사람들이 그러한 콘도에 계속 머물 수도 있다.

우리는 대피라미드와 같이 이동 불가능한 수천 개의 건축물이 빠르게 온난화가 진행되는 지역에 위치하고 있기 때문에 머무를 새로운 장소를 발굴하는 수밖에 없다. 메카, 메디나, 제다를 잇는 새로운 고속철도를 이용하더라도 많은 무슬림이 사우디아라비아로 의무적인 하지를 떠나기에는 날씨가 너무나 뜨거워졌다. 2019년 유럽을 덮친 열파로 아테네 사람들은 가장 분주한 시간에 아크로폴리스를 폐쇄할 수밖에 없었는데 그렇지 않아도 위축된 그리스 경제가 감내하기 어려울 정도의 손해를 입었다. 역사에서 가장 오래된 도시조차 기후 변화에서 살아남지 못할 것이다. 나일강은 지중해의 알렉산드리아에 도달하면 습지가 되는데 이곳은 점차 물에 잠기고 있다. 베네치아에서 오랫동안 의지해 온 방조제로는 아드리아해의 범람을 막아 내기에 역부족이다. 결국 인근의 파도바와 트레비소에서 자동차로 출발하여 배를 타고 물에 잠긴 위대한 중세 공화국을 탐험하는 여행을 하게 되면 두 지역이 관광 기지로 각광받을 것이다.

과잉 관광에 대한 해결책은 관광객 유입을 금지하는 것이 아니라 관광객이 방문할 만한 새로운 장소를 지속 가능한 방식으로 개발하는 것이다.

공동의 도시

오늘날 도시는 이전 시대의 산업과 생활 양식을 토대로 구축된 것이다. 상업용 부동산과 쇼핑몰은 팬데믹과 원격 근무가 시작되기 이전에도 어려움에 처해 있었다. 자체 저장 공간은 베이비 붐 세대와 X세대의 비축 문화를 나타낸다. 이들의 자녀는 자기 물건을 원하지 않는다. 도시는 청년들의 이러한 기호에 정치적으로나 물리적으로 부응하기 위해 저렴한 주택, 값싼 교통, 녹지 공간, 자유로운 생활 양식을 갖춰야만 한다. 근무 시간이 더 짧고 임금이 보장되며 기술 훈련 프로그램과 더불어 얼마 존재하지 않는 자녀들을 위한 양육 서비스를 제공하는 곳에는 청년들이 모여들 것이다.

아이들이 별로 없는 미래에 관해 말할 때 간과되기 쉬운 명백하지만 논리적인 주제를 짚어 보고자 한다. 자녀가 없는 밀레니얼 세대와 Z세대는 아직 건강하여 손자들을 볼 수 있는 X세대 부모와 함께 살 공간이 충분한 자녀 친화적인 공동체로 기울 것이다. 안전, 비용, 건강, 교육, 혜택을 기준으로 '자녀를 양육하기 좋은' 30개국의 순위를 매긴 지표에 따르면 뉴질랜드, 일본, 캐나다를 제외한 상위 25개국 거의 대부분이 유럽 국가다. 한편 미국은 멕시코와 더불어 최하위권을 차지했다. 스웨덴과 핀란드는 부모에 대한 혜택 정책이 세계에서 가장 잘 되어 있다. 이 뿐만 아니라 카페와 주민 센터도 젊은 부모가 자녀를 동반할 수 있는 프로그램을 운영하여 부모의 양육뿐 아니라 한 자녀의 유년 시절이 외로운 경험이 되지 않도록 돕는다.

1970년대에 미래학자 앨빈 토플러Alvin Toffler는 여러 가구로 구성된 공동체가 가족을 이루어 공동으로 자녀를 양육할 것으로 예상했다. 오늘날 점점 많은 부부가 집단으로 주택을 구입하거나 임대하여 부동산 소유와 관리에 따른 비용과 잡무를 분담한다. 공동생활은 시카고와 보스턴 같은 비용이 많이 드는 대도시에서 공동체 의식을 형성한다. 오클랜드에서 디트로이트에 이르기까지 공동체 토지 신탁을 이용하면 협력 집단이 할인된 가격으로 저렴한 주택을 지을 수 있다. 뉴욕의 티시만 스파이어Tishman Speyer는 공동생활 부동산 회사로, 젊은 부부를 위한 다가구 건물을 만들어 공간과 양육 서비스를 공유할 수 있도록 한다. 이같이 개조된 부동산은 전문가들이 뉴욕시에서 삶을 살아가면서도 가정을 꾸릴 수 있도록 도와준다.

위워크는 짧았던 전성기 동안 사회생활 전반에서 공산·사회주의의 키부츠 모델을 도입하려 했다. 공동 작업 외에 학교WeGrow, 의료Rise, 공동생활WeLive 서비스도 제공하려 했다. 이 같은 도시 시설이 도처에 생겨나고 있다. 샌프란시스코의 포드셰어Podshare 같은 일부 서비스는 월별 기숙사로, 작은 방의 원형 교도소panopticon를 닮았다. 날마다 직장까지 2시간 이상을 이동하는 장거리 통근자 입장에서는 사생활을 어느 정도 양보할 필요가 있을지도 모른다. 스타시티StarCity 역시 캘리포니아에서 저렴한 공동생활 시설을 조성하여 주에 거주하는 일반 청년들에게 서비스를 제공한다. 브루클린의 트라이브Tribe는 친구를 사귀는 데 어려움을 겪는 단기 체류 밀레니얼 세대를 위한 물리적인 공동체 공간을 제공한다. 뉴저지에서는 빈 사무실 지구를 아파트와 공동 작업 공간으로 개조하고 있다. 주차장은 소규모 주택, 팝업 소매점, 도시 농가, 공공 행사장으로 탈바꿈했다.

디지털 환경에서도 긍정적인 사회관계를 촉진할 수 있다. MIT의 미디어랩은 사람들이 낯선 사람에게서 공동의 관심사를 발견할 수 있도록 돕는 웨어러블 기기를 테스트하고 있다. 바야흐로 새로운 디지털 공산·사회주의가 도래한 것이다.

세계 인구와 청년의 대다수를 차지하는 아시아는 공동생활의 시발점이다. 이주하는 밀레니얼 세대 수억 명은 학생이든 직장인이든 상관없이 재택 근무나 여러 지역의 임시 일자리에서 일하면서 여러 도시에 머문다. 몇 달이나 일 년을 발리에서 지내면서 양호한 급여의 대부분을 저축할 수 있다면 아시아 청년이나 국외에 거주하는 서양인 입장에서는 얼마나 좋은 일이겠는가? 다국적 기업은 시간제나 계약직 직원이 비용을 아낄 수 있도록 이 섬에 있는 공동생활 및 공동 업무 공간을 임대해 준다. 코로나19로 오스트레일리아와 중국에서 오는 관광객이 줄자 발리는 디지털 유목민이 빌라를 구입하고 섬을 영원한 거처로 삼도록 만드는 새로운 캠페인을 시작했다.

유럽은 장수와 재정난이 겹치면서 새로운 해결책이 제시되고 있는 또 다른 지역이다. 밀라노에 머물고 있는 20만 학생의 대다수는 도시 외부 출신이며 많은 학생이 혼자 살 만한 금전적 여유가 없다. '더 나은 밀라노Meglio Milano' 계획에 따라 노부부나 미망인이 자신의 집에 학생이 같이 살 수 있도록 '입양'하고 있다. 학생들이 심부름을 하고 같이 시간을 보내 주는 대신 임대료를 깎아 주는 프로그램이다. 이 같은 주택 공유는 한 식구는 아니지만 여러 세대가 한 지붕 아래 같이 생활하는 새로운 '가구'를 탄생시킨다.

또한 유럽은 시민들이 자동차를 소유하지 않도록 '이동 서비스'를 제공한다. 코로나19로 인한 이동 제한 기간 중 사람들은 반경 5개 블록 내에 녹지, 의료 시설, 식료품 가게가 있는지에 관심을 두기 시작했다. 파리의 안느 이달고Anne Hidalgo 시장은 누구라도 집에서부터 걸어서 15분 거리에서 모든 필수 서비스를 누릴 수 있도록 만들 계획이다. 밀라노에서 토론토, 시애틀에 이르기까지 시내 중심지는 차량의 진입을 제한하고 걷는 사람과 자전거를 타는 사람을 위해 공간을 사용한다. 자전거와 스쿠터 전용 도로는 차를 소유하지 않거나 면허증을 따지 않는 청년을 위한 것이다. 이동 요금은 데이터 요금과 같이 변화하고 있다. 하나의 앱에서 자전거 임대, 전자 스쿠터, 기차, 버스나 차량 공유를 이용한 여정을 제시와 조정하며 다양한 서비스 제공업체에 결제를 한 번에 미리 할 수 있다. 헬싱키의 윔Whim이라는 앱은 택시, 버스, 자전거, 스쿠터, 임대 차량까지 서비스를 제공한다. 궁극적으로는 자율 주행 셔틀, 드론 택시(에어버스의 자회사인 붐(Voom)에서 조종)가 도시 상공을 날아다니면서 사람들을 교외로 실어 나를 것이다.

이러한 서비스는 지리적으로 넓은 범위에 뻗어 있으면서도 인구 밀도가 낮은 미국의 여러 도시에 획기적인 변화를 일으킬 수 있다. 솔라 시티의 독립형 주택과 충전 시스템은 자율 주행 차량으로 사람들을 회의 장소까지 데려다 주는 거대한 교외 지역이 새롭게 조성될 수 있음을 뜻한다. 자율 주행 차량이 인기를 얻으면서 기차와 버스의 인기가 시들해지고 결국에는 미국이 대중교통에 그토록 투자를 아끼는 이유를 정당화할 수도 있다. 미국은 미래에 대비된 도시로 나아갈 자본, 기술, 인재를 갖추고 있지만 정치적 의지와 경제적 자원이 고르게 분산되어 있지 않기 때문에 이러한 미래를 맞기 어렵다.

스마트 생활의 미래

청년들에게 '사용자 경험'은 기업 못지않게 도시에서 적용된다. 청년들은 지방의 노후한 인프라와 엉성한 서비스를 뛰어넘어 교통량을 관리하고 실시간으로 주민의 의견을 확인하는 디지털 총선거를 개최하기를 바란다. 규모가 작고 부유한 국가에서는 안보와 청년들이 원하는 생활 양식을 최적으로 조합하여 제공할 수 있지만 미국과 같이 큰 나라에서는 도시가 다른 도시보다 더 '스마트'할 수 있도록 경쟁을 벌여야 할 것이다.●

● 스위스의 IMD와 싱가포르 기술디자인대학교(SUTD)가 최근 공동으로 수행한 연구에서는 시민의 경험을 향상하게 하기 위해 기술을 어느 정도 활용하는지에 따라 도시의 순위를 매겼다. 2019년 가장 스마트한 도시 10개로는 싱가포르, 취리히, 오슬로, 제네바, 코펜하겐, 오클랜드, 타이페이, 헬싱키, 빌바오, 뒤셀도르프가 꼽혔다. Smart City Index, IMD, 2019.

현재 '스마트 도시'는 원격 의료에서 광범위한 감시에 이르는 모든 요소를 나타낸다. 스마트 도시 생활에서 기술 측면에는 매혹적인 요소와 불안 요소가 뒤섞여 있다. 아파트는 거주자가 주방, 사무실 등 필요에 따라 가구를 접을 수 있는 맞춤 구성이 가능한 공간이다. 5G, 사물인터넷, AR/VR은 완전 몰입형의 도로와 건물을 제공한다. 드론이나 로봇을 사용한 배송은 즉각적인 편리함을 주지만 보도와 공중 공간에 정체가 발생할 수도 있다. 3D 프린터를 갖춘 트럭은 보수할 부품을 이동식으로 만들 수 있다. 피자헛은 피자를 배달하는 길에 밴에 내장된 오븐에서 피자를 조리하는 서비스를 시험하고 있다(방금 만든 피자를 좋아하지 않을 사람이 어디 있겠는가).

청년들은 기술이 사람을 위해 존재하고, 그 반대는 아닌 곳에서 살기를 바란다. 현재 구글에서 마스터카드에 이르기까지 기술과 결제 관련 기업은 지역 정부 서비스(소프트웨어)를 디지털화하고 있으며 아마존에서 웨이모 같은 전자 상거래, 부동산, 자동차 회사들은 기반 환경(하드웨어)을 개조하고 있다. 데이터 분석 조직이 전국의 시장 사무실에 조직되고 있다. 하지만 디지털 원주민은 개인 정보에 대한 인식이 높기 때문에 미래는 극단적이기보다 실용적인 방향으로 흐를 것이다.

시민들의 개입이 증가하는 가운데 부상하는 스마트 도시는 사물인터넷이 다른 배경과 원활하게 조화를 이루고 주민들이 번거로움 없이 생활할 수 있는 장소가 될 것이다. 기술을 통해 나를 나답게 만들 수 있는 그런 곳이다. 지멘스슈타트(산업 대기업의 오래된 공장 도시)

를 베를린 외곽의 미래적인 주거 허브로 부활시킨 경우는 무엇보다 데이터가 대중의 신뢰 영역에 속한다는 분명한 사실을 보여 준다.

앞으로 더 많은 나라가 '디지털 권리 장전'을 채택하거나 캘리포니아처럼 '디지털 배당'을 제안할 것이다. 또한 딥페이크deep fake를 예방하고 사이버 복제를 차단하며 증오성 발언을 금지하고 음모론의 사실을 확인하도록 디지털 인증을 강력하게 추진할 것이다. 도처에 감시 카메라를 도입한다면 최소한 해마다 수백만 개의 택배를 훔쳐가는 '택배 도둑'이 활동하지 못하게 될 것이다.

개발 도상국에서는 스마트 도시가 노후한 인프라, 과밀한 공동 주택, 소음이 심한 교통, 만연한 부패와 같이 개선 불가능해 보였던 환경에서 멀어지는 것을 의미한다. 이집트에서 '새로운 카이로' 조성에 들어간 이유도 여기에 있다. 물론 그러한 사업이 성공적으로 완수될지는 지켜볼 문제다.

노벨상 수상자인 경제학자 폴 로머Paul Romer가 '차터 시티charter city'라고 부른 도시를 온두라스에서 마다가스카르에 이르기까지 시도했지만 지금까지는 성공보다 실패에 가까웠다. 도시를 건설할 수 있는 것과 그래야만 하는 것은 다르기 때문이다. 기존 도시를 보다 지속 가능하게 만들고 주민의 이동성에 투자하는 것은 돈을 더 가치 있게 사용하는 일이다.

이는 빈국이든 부국이든 '스마트 도시'가 신중세의 계층화를 부채질하는 단초가 될 수 있음을 상기시킨다. 특권층은 제멋대로인 외부 세계에서 자신들을 격리하기 위해 새로운 도시나 구역을 조성한다. 오늘날 에든버러나 바르셀로나 고딕 지구Barri Goti의 보행자 구역에 위치한 중세 시대의 벽은 그러한 건축물이 역사적인 규범임을 알려 준다. 플라톤은 『공화국』에서 '아무리 작은 도시라도 둘로 나뉘지는데 하나는 빈자를 위한 도시고 나머지는 부자를 위한 도시다.'라고 기록했다. 우리는 계몽 봉건제를 향해 가고 있는지도 모른다. 발전된 도시는 모두에게 열려 있다고 주장하지만 질서를 높이는 대가로 새로운 종류의 계층 구조가 발생하는 것이다.

도시의 많은 부분이 이미 계층화되어 있지만 그 성격은 서로 다르다. 현재 두바이, 싱가포르, 홍콩과 같은 도시는 도시 전체보다는 사실상 격리된 조건에서 거주하는 임시 외국인 근로자가 증가한 현상과 계층화가 밀접하게 관련되어 있다. 하지만 거대 국가에 거주나 생활 수준에 대한 보장 없이 더 많은 인구가 유입되면 내국인과 외국인, 숙련된 근로자와 비숙련 근로자, 부자와 빈자 사이에 계층화가 뿌리내리는 것은 불가피한 일이다.

실제로 스마트해지기 전까지 스마트 도시는 구호에 그칠 것이다. 내부인을 외부의 불안 요소로부터 차단시킨다고 해서 더 안전해지지는 않았다. 오히려 불평등과 두려움이 커지고 더 많은 사람이 낙오되면서 경제가 취약해졌다. 도시든 국가든 포용적인 제도를 갖춰야 부분의 합이 전체보다 커질 수 있다. 지난 십 년 동안 처음으로 집을 잃은 많은 사람의 상당수가 55살 이상의 은퇴자였으며 이들은 저축액이 충분하지 않았다. 하지만 노숙자, 감옥에서 석방된 사람, 곤궁한 학생이 저렴한 장소를 찾을 수 있도록 도와주는 앱이 있다.

뉴욕에서 나이로비에 이르기까지 코로나19로 파산에 처한 수백 개의 호텔을 최하층을 위한 주거지로 개조하면 어떨까? 우리가 얼마나 '스마트'한지를 테스트하는 것은 그리 어려운 일이 아니다.

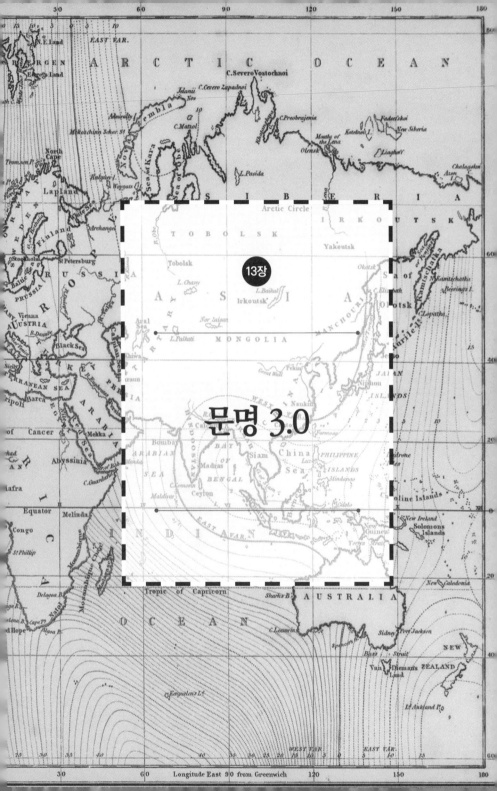

13장

문명 3.0

이동성을 최대한 활용하라

제1차 세계대전 이후의 유럽과 흡사하게 세계화의 물결이 광범위하고 깊이 있게 진행되면 이를 축소하려는 움직임이 뒤따른다. 따라서 앞으로도 그런 일이 일어날 것이다. 원유 거래가 감소할 수 있겠지만 디지털 거래는 폭발적으로 증가할 것이다. 제조 상품의 거래가 줄어들더라도 자본 이동과 암호 화폐는 번성할 것이다. 포퓰리즘과 코로나19 팬데믹으로 국경 간 이동이 제한되었지만 기후 변화로 이전보다 더 많은 사람이 국경을 넘게 될 것이다. 시대를 불문하고 인간에 대한 가장 기본적인 사실이 있다. 인간은 지구를 아우르는 연결성을 끊임없이 구축하고 있으며 그 연결성을 계속 활용하고 있다. 이동성은 우리의 운명인 것이다.

2020년 세계 인구 분포를 나타낸 지도를 보면 북아메리카와 환태평양 지역의 연안, 유럽, 아프리카, 남아시아의 도시에 인구가 집중적으로 몰려 있음을 확인할 수 있다. 하지만 2050년 지도로 이동하면 북아메리카·아시아의 해안 지대는 침수되며 인구는 내륙으로 이동할 것이다.

남아메리카와 아프리카에서도 농지가 사막화되고 경제가 파탄 상태에 빠지면서 북쪽으로 이주하는 인구가 크게 증가할 것이다. 인도, 파키스탄, 방글라데시 등 남아시아에서는 해수면이 상승하고 하천이 마르면서 더 많은 인구가 탈출에 나설 것이며 한편으로는 자동화로 인해 잉여 노동력이 발생하고 정부가 안정성과 복지를 제공하는 데 실패할 것이다. 수십 년에 걸쳐 캐나다의 북극과 그린란드부터 러시아의 시베리아와 중앙아시아 스텝 지대에 이르기까지 이전에는 사람이 살지 않던 지역에 수십 개의 새로운 도시가 조성될 것이다. 주민들과 함께 이동하는 마을도 생길 것이다.

정치, 경제, 환경, 인문 지리가 안정적인 조화를 다시 이룰 수 있을까? 운이 매우 좋다면 그러한 어려운 일을 해낼 수 있을 것이다. 산업, 생태, 인구 구조, 기술 등의 요소에서 복잡한 연쇄 반응이 진행되면서 급격한 변화가 끊임없이 일어난다. 우리가 사는 동안 훨씬 많은 사람이 일자리를 찾거나 기후 변화의 영향에서 도피하거나 더나은 정치 체계를 찾아가거나 다른 동기에서 이주하는 등 다양한 이유에서 여러 곳으로 빈번하게 이동할 것이다. 앞으로 수십 년 동안 자원, 국경, 산업, 사람 간 심각한 불일치를 바로잡으려는 시도가 일어나는 가운데 끊임없는 순환이 발생할 것이다.

여기까지만 들으면 거대한 혼란이 벌어질 것만 같다. 하지만 혼란이 아닌 진화라면 어떨까? 구석기 시대를 살았던 인류의 조상은 새로운 환경에 적응하면서 생물학적으로, 사회적으로, 기술적으로 진화했다. 들소, 새, 나비도 생존하기 위해 이동하는 행동에 변화를 준다. 오늘날 인류는 적도의 열대 우림에서 고위도의 북극에 이르기까지 지구의 모든 지역을 지속 가능한 삶의 터전으로 만들 수 있는 기술력을 갖췄다.

인간이 선제적이고 집단적으로 거대한 변화를 시도해야만 하는 시기에 역사는 훌륭한 안내서가 될 수 없다. 하지만 현재 우리가 처한 상황을 참고할 수는 있다. 코로나19에 전 세계가 닥치는 대로 대응했지만 흑사병(1억 명), 스페인 독감(5,000만 명), 에이즈 유행(4,000만 명) 시기와 비교해 인구수 대비 사상자 수가 적었다. 인류는 알 수 없는 미래의 운명을 받아들이기보다는 그 어느 때보다 빠르게 조직력을 발휘했다.

대대적인 이동 제한 상황에서 협력할 수 있었다면 다음에 일어날 거대한 이주를 미리 대비할 수 있지 않을까?

과거에 문명이 붕괴한 이유는 스스로 자초한 복잡성에 적응하지 못했기 때문이다. 이는 인류가 해결해야 할 막중한 임무가 복잡성을 해소하고 이동하는 한편 전 세계의 연결성을 유지해야 함을 시사한다. 보다 압축적이고 이동성이 향상된 공동체는 해안선 상승과 질병에 취약한 연안 메가시티에 대규모 인구가 거주하는 환경보다 덜 위험할 것이다.

그저 한 장소에서 다른 장소로 이동하는 것을 뛰어넘어 하나의 문명 모델에서 다른 문명 모델로 발전해야 한다. 문명 1.0은 유목과 농업 사회였다. 세계 인구는 소규모였고 지역에 기반했으며 인간이 생존할 수 있는 장소가 환경에 좌우되었다. 그러다 문명 2.0 시대가 도래하여 인간이 정착하고 산업화되기 시작했다. 인류는 더 큰 도시에 거주하고 전 세계 공급망을 통해 자연을 상품화했다. 인간과 자연 사이에 부정적인 피드백 루프가 형성되면서 인간과 자연 모두를 파괴했다.

이제 우리는 다시 변화를 감행해야 한다. 문명 3.0 시대에는 이동과 지속 가능성이 필요하다. 고지대를 향해 내륙으로 이동하고 북부의 광활한 영토로 옮겨 가야 한다. 재생 에너지 사용으로 탄소 발자국이 줄어들겠지만 환경·경제·사회 변동 때문에 더욱 빈번하게 이주해야 할 것이다. 더 많은 사람이 유목민의 삶을 살면서 일시적으로 정착할 수도 있다. 광범위한 지역으로 흩어지겠지만 연결성은 유지된다.

영국의 전설적인 역사학자 아놀드 토인비는 "인류의 문명이라는 여정은 조건이 아닌 이동이며 정박이 아닌 항해다."라고 말했다. 우리가 수용한다면 문명 3.0은 이러한 모습일 것이다.

문명 3.0 시나리오는 인문 지리를 지속적으로 최적화하는 것이다. 여름에는 캐나다, 북유럽에 중간 규모의 저층 정착지를 만들고 기후 조건에 따라 남쪽의 멕시코나 지중해로 이동한다. 아시아인은 해안의 메가시티에서 히말라야산맥, 중앙아시아, 러시아의 광활한 동쪽 지역으로 퍼져 나간다. 의미 없이 마천루에서 보내는 시간을 줄이고 탄소 섬유와 수소로 움직이는 항공기, 하이퍼루프(진공 튜브에서 차량을 이동시키는 운송 수단), 호버크래프트(대형 원심팬이 공기를 아래로 뿜어 지상으로부터 떠오른 상태로 움직이는 운송 수단으로 공기 부양선이라고도 함)를 타고 이동한다. 석탄 발전소보다는 담수화와 재생 에너지에 투자를 늘리고 가축을 키우기 위해 삼림을 개간하는 대신 현지에서 수경법으로 식량을 재배한다. 더 많은 사회가 이주에 개방적인 태도를 취할 것이며 그렇지 않은 사회는 경제적으로 쇠락하거나 의지와 상관없이 이주자가 증가할 것이다. 다양한 조치를 통해 인류는 복잡한 21세기에서 살아남기 위해 필요한 새로운 지리에 한 걸음 다가갈 것이다. 거기에 도달하는 길은 이주뿐이다.

분열적인 결과로 이어지는 폭력적인 여정도 있다. 강대국 간 갈등으로 승자가 없이 모두가 약해지는 전쟁이 벌어지는 경우다. 로마제국이 무너진 뒤 유럽은 현지화된 작은 시장으로 되돌아갔다. 사람들은 자신이 판매할 수 있는 물건을 만들어 필요한 물건과 교환했다. 미국의 쇠퇴와 중국의 퇴보로 세계는 고도로 분열된 신중세 시나리오를 맞이할 수 있다.

여러 나라가 서로 존중하면서 하나의 문명을 형성하는 대신 ISIS 잔당, 난민, 예비 민병대 등 떠도는 무장 단체가 '이동 주권'을 행사하면서 자신이 뿌리내린 지역을 다스릴 것이다. 포스트모던 봉건주의가 자칭 무정부주의 공산주의자, 무정부주의 원초주의자, 혹은 예비 생존주의자의 관심을 끌 것이다. 인구가 저절로 줄어들고 자연이 회복되며 수렵 채집 방식으로 돌아가도록 놔둬 보라. 월든 (Walden, 헨리 데이비드 소로가 월든 호숫가에 오두막을 짓고 자급자족한 내용을 기록한 책) 호수의 비전에는 스마트폰, 3D 프린터, 조립식 주택, 태양광 패널이 어디에서 비롯되는지 나오지 않는다. 우리에게 연결성, 무역, 이주가 필요 없다고 믿고 싶지만 인간에게는 필요하다.

오늘날 우리의 현실은 지정학적 의심과 기후 변화가 해롭게 뒤섞여 있는 상황 어딘가에 위치하고 있다. 공동의 자원에 대해 협력하지 않는다면 토지 수탈과 자원 전쟁이 벌어지고 만다. 재산권이 취약한 곳에서는 정부와 기업 연합체가 명령에 의해 토지를 빼앗을 수도 있다.

　서안에 거주하고 있는 이스라엘인의 숫자가 1995년 2만 명 미만에서 현재 60만 명 이상으로 증가했다. 중국은 신장과 내몽골에서 자치권을 빼앗고 에너지와 광물 채굴을 늘렸다. 인도는 빙하수를 이용하고 아름다운 계곡에 부동산을 개발하기 위해 힌두교도를 무슬림이 월등히 많은 카슈미르 지방으로 보내기 시작했다. 러시아와 베트남 등은 정부가 실력을 행사하고 재산권 분쟁을 무력으로 진압할 수 있는 사회다.

　캐나다 원주민은 수십 년 동안 싸운 끝에 북부의 광활한 영토에 대한 자치권을 얻었다. 보수 정부와 석유 회사 연합체라면 이러한 성과를 하루아침에 뒤엎을 수 있다. 인간은 이동하지만 이 과정에서 정치가 따라간다.

주권에서 관리로

코로나19 이동 제한으로 경제가 무너졌지만 (일시적으로) 하늘은 맑아졌다. 히말라야 자락에 거주하는 수백만 인도인은 수십 년 동안 시야를 가로막던 자욱한 스모그가 일시적으로 걷힌 2020년 3월에 처음으로 히말라야 봉우리를 볼 수 있었다. 해로운 온실가스 배출을 없애면서도 경제 활력을 유지할 수 있을까?

　파리기후협정은 세계를 위한 로드맵으로 제시되었지만 집단적인 행동이 뒷받침되지 못했다. 미국 대통령의 약속은 후임자의 거부와 의회의 입법 실패로 인해 달성에 수십 년이 걸릴 수도 있다. 캐나다는 파리기후협정의 조인국임에도 최근 거대한 역청탄 유전 지대를 새로 개발하도록 승인했다.

유럽은 탄소 배출을 줄이고 있지만 성장률은 더 중시하고 있다. 중국은 국내에서는 친환경 노력을 기울이지만 오염을 유발하는 석탄을 수출하고 있다. 인도와 브라질은 기후 식민주의를 비난하고 있다. 인도는 석탄 발전에 계속 의지하며 브라질은 아마존을 벌목한다. 탄소세가 지지를 얻고 있지만 절반의 조치에 불과한 실정이다. 많은 비판가는 시장이 인류를 애초에 혼란에 빠뜨렸다고 주장한다.

식민지 시대에 임의로 설정한 많은 국경이 오늘날 인구 구조와 환경 측면에서 직면한 존재론적인 문제를 놓고 협력하는 데 방해가 되고 있다. 예를 들어 인도와 파키스탄은 아라비아해와 합류하는 지역의 페니강 삼각주를 형성하는 서크릭 어귀를 놓고 분쟁을 벌이고 있다. 하천 경계를 중간 지점으로 해야 하는지 강둑으로 해야 하는지를 놓고 각국은 합의를 이루지 못하고 있다. 이에 대해 메릴랜드대학교의 살림 알리Saleem Ali 교수는 취약한 생태계를 무장하는 대신 오래전에 습지 보호 지역으로 만들었어야 한다고 주장한다. 보츠와나, 잠비아, 모잠비크, 남아프리카공화국 같은 사하라 이남의 아프리카 국가에서는 국경 간 생태 보호구를 설정하는 데 성공했다. 한국과 북한 사이에 위치한 위태롭지만 생태적으로 소중한 가치가 있는 DMZ에 대해서도 같은 조치가 취해져야 한다. 전 세계에서 그런 사고가 필요하다. 악명 높은 1885년 베를린 회의에서 아프리카의 국경을 직선으로 설정했지만 유럽인은 '받기 위해 준다' 혹은 '눈에는 눈, 이에는 이'라는 뜻의 '도 우트 데스do ut des'라는 법 개념을 활용했다. 오늘날 각국은 그보다 더 나은 일을 할 수 있다. 주권을 공유할 수도 있다.

오늘날 주권은 정치적 통제의 경계를 표시하는 역할을 하지만 초국가적인 의무를 따르는 일에서 정부를 보호하기도 한다. 하지만 기후 변화는 서식지를 보호하고 온실가스 배출량을 감축하고 이주를 수용하기 위해 국가가 어떤 의무를 따라야 하는지에 대해 새로운 질문을 제기한다. 이러한 질문의 핵심에는 냉엄한 선택지가 놓여 있다. 국적과 지속 가능성 중 무엇이 더 중요한가? 국가는 우리 모두를 위해 지구를 파괴하는 지도자를 허용해야 하는가? 캐나다나 러시아의 영토는 캐나다와 러시아가 다스리도록 놔두기에는 너무나 중요한 땅인가? 우리는 주권에서 관리로 발전해 나갈 수 있을까?

대규모 정착지 조성을 위해 지구의 전체 땅덩어리를 새로운 목적에 맞게 변경하려면 경직된 주권을 농업, 삼림, 해양, 주거를 위한 행정적인 보호국 개념으로 전환해야 한다. 이러한 맥락에서 각국은 중요한 주거지에서 지속 가능한 경작이 일어나도록 국제 협력 기구에 영토를 임대해야 한다. 공간의 중요성이 커서 어느 한 나라가 배타적으로 통제할 수 없다면 지속 가능성에 공정한 접근을 더하는 체계를 구상할 수 있다. 국제자연보전연맹International Union for Conservation of Nature은 각국이 자연 보호 구역, 야생 구역, 국립 공원, 지속 가능한 자원 개발 구역을 지정하도록 도와주고 생태 지역을 보호, 재생하고 관광객 유치를 지원할 적절한 파트너를 찾아 준다. 지금까지 국제자연보전연맹과 세계자연기금World Wildlife Fund의 기술 지원에 힘입어 지구 면적의 15퍼센트가 보호 구역으로 지정되었다. 에드워드 윌슨은 이 비율을 지구 면적의 절반인 50퍼센트로 높여야 한다고 주장한다. 생물권을 연결하면 현재 멸종 위기에 놓인 많은 종과 북미 삼림부터 아마존 하천 분지, 아프리카 초원에 이르는 서식지가 회복될 수 있다.

중요한 해양권에는 어장과 해저뿐 아니라 조력 발전에서 풍력 터빈에 이르는 재생 전력 생산 가능성을 포함시켜야 한다. 지표면의 70퍼센트가 물이며 그중 절반 이상이 국가의 관할 지역 바깥에 존재한다. 현재 공해의 생물 다양성을 보호하기 위해 해양법을 개정하는 작업이 진행 중이다. 여기에 더해 세계해양위원회World Ocean Council가 정부, 기업, 환경 단체와 회의를 통해 해양 공간 계획을 마련할 수 있도록 권한을 확대해야만 한다.

이 모든 노력은 예방이 치료보다 낫다는 예방에 관한 원칙을 (특히 치료책이 마련되어 있지 않은 상황에서) 합리적으로 적용한 것이다.

환경 보호를 강제해야 한다면 어떻게 해야 할까? 하버드대학의 스티븐 월트Stephen Walt 교수는 생태계 보호를 위한 군사 개입을 정당화할 수 있도록 국제 인도법을 개정해야 하는지의 여부를 물었다.

오바마 정부 시절 과학기술보좌관을 지낸 존 홀드렌John Holdren은 '지구 정부'의 구성을 요구했다. 지구 정부는 전 세계 환경을 규제하고 모든 천연자원을 관리하며 국제 무역을 조절하고 지역의 인구 할당량을 설정하는 초국가적 기관이다.

하지만 러시아, 브라질 같은 국가가 주권을 지키는 일 못지않게 서식지를 보호할 수 있도록 경제적으로 압박하거나 금전적인 대가를 제공해야 할 가능성이 높다. 2019년 브라질은 산불 진압에 약 5만 명의 군대를 보냈다. 프랑스와 아일랜드에서 삼림 파괴에 대한 진지한 조치를 취하기 전까지 EU 무역 협정의 체결을 막아야 한다고 위협한 것도 우연이 아닐 것이다. 세계적응센터Global Commission on Adaptation는 해안 맹그로브 보호, 육상 작물 생산 증대, 관개 효율성 개선 등에 1조 8,000억 달러를 투자하여 7조 1,000억 달러의 경제적 효과를 유발할 수 있다고 주장했다.

더 강한 채찍이 없는 상황에서 생태계 친화적인 조치를 유도할 수 있는 당근을 더 많이 사용해야 할 것이다.

빈 나라

일부 국가는 다음 시대까지 버텨 내지 못할 것이다. 이러한 나라의 생태계는 황폐화되고 정치는 불안정하며 경제는 자유 낙하하고 인재는 유출된다. 전 세계로 빠져나간 인구를 제외한 나머지만 남게 되거나 국가 자체가 완전히 버려지는 상황이 오는 것이다. 하지만 정의상 국가는 영구적으로 거주하는 인구가 있는 곳이다. 그렇다면 텅 빈 국가에서는 어떤 일이 벌어질까? 이웃 나라와 합쳐지거나 여러 나라의 피보호국이 될 것인가? 어떤 경우든 이 나라의 지리는 아직 유용할 수도 있다.

인구가 어디로 이동했든 중앙아프리카와 서아프리카에는 코발트, 철광, 보크사이트가 풍부하며 아무것도 남지 않을 때까지 채굴될 것이다. 나미비아, 남아프리카공화국, 앙골라 같은 사하라 이남의 아프리카 국가는 다이아몬드, 우라늄, 아연, 기타 광물의 보고다. 볼리비아와 아프가니스탄은 배터리의 핵심 소재인 리튬의 거대한 채취장이 위치해 있다. (관련 지역에서는 경제가 마비된 북한과 같은 나라로 취급되는) 투르크메니스탄의 경우 매장된 가스와 태양열이 해당 지역의 시장에서 활용되더라도 600만 명의 국민은 카자흐스탄 서부나 러시아 남부로 이주해야 할 것이다.

빈 나라가 전 세계 노동 분업에서 하게 될 역할도 있다. 담수 처리 과정에서 발생한 염분 폐기물과 원자로의 폐기물을 매장하는

> 장소가 되는 것이다.* 지역을 버리면 더는 거주할 수 없기 때문에
> 우리는 어떤 지역이라도 당연하게 여겨서는 안 된다.

지구 공학적 해결책

오늘날의 기후 국가주의에 군국주의가 뒤따라올 여지가 있다. 한 나라의 천연자원을 보호하면서 다른 나라가 이용할 수 없도록 막는 것이다. 이주를 배척하는 사람 중에는 이주를 늘리면 빈곤한 이주자의 생활 수준이 높아져서 전체 탄소 배출량이 증가한다고 주장하는 사람도 있다. 하지만 같은 논리를 적용하면 빈곤하고 인구가 과잉 상태인 지역이 안정화되면 남반구의 인구가 이주할 필요가 사라지기 때문에 북반구에서 선호하는 전략이 실현될 수 있다.

국가는 자국의 이해관계에 따라 행동할 때 환경 공학을 적극적으로 활용했다. 미국은 1970년대 이후 가뭄을 퇴치하기 위해 인공

● 특히 화강암이 풍부하면서도 지진이 활발하게 발생하지 않는 장소가 원전 폐기물을 매장하기에 적합한 장소다. 현재 세계의 원전 폐기물 대부분은 핀란드, 스웨덴, 프랑스, 스페인, 체코 공화국과 같은 화강암 산지에 저장하거나 미국의 기존 원자로 현장에 보관한다(유카 산맥, 네바다, 데스밸리, 라스베이거스 등에 매장하는 것은 현지 주민이 반대하고 있다). 하지만 글로벌 이주로 이 지역의 인구가 증가하고 있어 인구가 거의 없고 기후 변화로 건조한 아르헨티나 파타고니아 지역의 시에라 델 메디오 같은 곳에 원전 폐기물을 매장(하고 이동)하는 편이 낫다.

강우를 활용했으며 최근에는 스키장의 환경을 개선하기 위해 인공 눈이 내리도록 만들었다. 모로코에서 UAE에 이르는 아랍 국가들과 더불어 인도는 강우량이 부족하자 1980년대 이후 인공 강우를 활용했다. 현재 UAE는 거의 날마다 구름 씨를 뿌려서 내리는 비를 거대한 댐과 저수지에 저장한다.

인도네시아와 말레이시아에서는 관목 지대의 화재에서 발생하는 해로운 연기를 진압하는 일이 관건이다. 전 세계의 인공 강우 계획은 일시적으로나마 물 부족 농업 지역의 갈증을 해소할 수 있다.

숲을 다시 가꾸는 계획 역시 전 지역과 대기에 유익하다. 나무는 이산화탄소를 흡수하고 증발하는 수분을 빨아들이는데 나무가 훨씬 빨리 자라는 열대 국가에서 이러한 현상이 두드러진다(따라서 아마존의 나무를 베는 것이 캐나다에서 벌목 행위를 하는 것보다 더 나쁜 영향을 미치며, 아마존에 나무를 다시 심는 사업이 캐나다에서 나무를 심는 것보다 더 중요하다). ETZ-취리히에 따르면 러시아, 캐나다, 미국, 오스트레일리아, 브라질, 중국에서 (미국 대륙 규모에 맞먹는) 10억 헥타르의 땅덩어리에 나무를 심을 경우 탄소 배출량의 3분의 2를 포집할 수 있다. 하지만 10억 그루의 나무를 심자는 글로벌 캠페인에도 불구하고 현재 해마다 1,000만 헥타르의 숲이 사라지고 있으며 새로 심는 나무가 탄소를 흡수하는 수준에 완전히 이르려면 수십 년이 걸린다.

발전한 강대국이 앞장서서 탄소 격리(이산화탄소의 흡수를 높이도록 바다에 영양분을 공급)를 하거나, 높은 고도의 대기에 이산화황 입자를 살포하여 햇빛을 반사하거나, 빙하에 빛 반사율이 높은 백색 모래를 뿌려 빙하가 녹지 않고 더 단단하게 얼도록 만드는 등 지구 공학과 관련된 계획을 추진할 수 있다. 빌 게이츠와 제프 베조스같이 자선 사업을 펼치는 억만장자, NASA, 기타 기관에서 이미 이러한 계획을 실행하고 있다. 학자들은 다양한 고도에서 태양 복사를 반사하면 전 세계가 혜택을 입고 기후 변화와 관련된 불평등을 완화할 수 있다고 주장한다. 하지만 한 지역에만 이로운 해결책은 역효과를 낳을 수 있다. 사람들이 지구 공학적인 계획에 대해 알게 되고 어떤 장소가 혜택을 볼지 파악한다면 그들은 그 장소로 몰려들 것이다. 모두를 위한 해결책을 찾지 않는다면 대규모 이주와 막대한 고통이 이어질 것이다.

대규모 이주 및 도덕성

불과 20년 전 인류는 과잉 인구를 경계했다. 하지만 오늘날 우리가 직면한 가장 심각한 문제는 정반대의 모습이다. 태어난 상태이거나 아직 태어나지 않은 세대를 양육해서 21세기에 인간이 최대한 살아남아야 하는 것이다. 생존하기 위해 인간은 이동해야만 하는데, 이주를 허용할 것인가?

규모가 크고 자원이 풍부하지만 인구가 줄고 있는 나라가 빗장을 걸어 잠그는 상황에서 기후 변화에 책임이 가장 덜한 국가가 가라앉거나 물 부족을 겪고 있는 상황을 어떻게 설명할 것인가? 세계 인구를 현재 위치에 고정시키는 일은 생태계 파괴를 초래하며 생존하는 사람들도 형편이 더 나아지지 않는다. 경제는 여전히 심각한 노동력 부족에 직면하게 될 것이며 더는 글로벌 무역에서 부가 창출되지 않을 것이다.

우리는 지구에서 거주 가능한 오아시스를 지속 가능하도록 가꾸고 그곳으로 인구를 이주시켜야 한다. 런던대학교의 인류학자 잭 히켈Jack Hickel은 "모든 사람이 지구에서 안전하고 거주 가능한 곳에 접근할 수 있도록 만들어야 한다."라고 주장한다.

그럼에도 도덕 철학자들은 사유에서 국가를 인간보다 앞에 두었다. 17세기 잉글랜드의 철학자 존 로크John Locke의 경우 노동력 규모를 키우고 생산과 무역을 확대하기 위해 이주자를 귀화시키자는 실용적인 주장을 했다. 하지만 이주로 인해 토착민의 재산권이 박탈당해서는 안 된다는 점을 분명히 했다. 18세기 프로이센의 철학자 임마누엘 칸트Immanuel Kant는 한 걸음 더 나아가 모든 사람을 환영할 권리를 인정하면서도 영구적인 거주가 아닌 일시적인 체류를 염두에 두었다. 또한 로크와 마찬가지로 방문자가 체류국에 해를 끼치지 않는다는 조건을 가정했다.•

칸트의 주장은 20세기에 이주 권리에 관해 전개된 논쟁에서도 이어졌다. 전후 수십 년 동안 영국과 식민지 국가를 이주하는 삶을

• 칸트는 지리를 학문으로 취급한 초기 철학자 중 하나로 자연지리, 경제지리, 윤리지리라는 하위 범주를 나누었는데 이는 우연이 아니었다. 그는 '철학적 지형'에 대해 글을 쓰면서 공간과 장소가 인간의 경험과 지식을 형성하는 데 어떤 영향을 미치는지 설명했다.

살았던 옥스퍼드대학교의 철학자 마이클 더밋Michael Dummett은 도덕적인 국가가 시민과 비시민 모두에게 기본적인 권리를 제공해야 한다는 칸트의 주장을 반복했다. 이주할 권리 자체가 기본권에 해당하며 국적이 없는 사람이 특정 국가의 시민이 되는 권리도 마찬가지다. 자크 데리다Jacques Derrida도 이와 유사하게 국권이 엄격한 나라에서 외국인을 윤리적으로 보다 환대할 것을 주장했다. 저명한 철학자인 존 롤스John Rawls는 사람들이 이주할 권리를 지지했지만 국권에 이를 도입하는 방안까지 나아가지는 않았다. 다만 글로벌 체계에 따라 빈곤, 부패나 기타 이주를 촉발하는 근본 원인이 사라질 것으로 봤다.

하지만 단순히 사고 실험을 수행하던 시기는 지나갔으며 우리의 글로벌 체계는 공평함과는 거리가 먼 상황이다. 인간은 북반구의 공업으로 철저히 파괴된 기후를 공유하고 있으며 남반구는 가장 심각한 타격을 입었다. 남반구에서는 토양의 사막화가 진행되고 있고 북반구에는 농사를 지을 만한 땅이 풍부하다. 북부에는 최신 주택이 즐비한 마을이 버려지고 있으며 남반구에서는 수백만 명이 터전을 잃고 피난민이 되었다. 북반구에서는 심각한 노동력 부족 사태가 벌어지고 있는데 남반구에서는 잉여 노동력이 넘쳐 난다. 브라이언 카플란Bryan Caplan은 『개방된 국경Open Borders』에서 대다수의 이주자가 학생이나 은퇴자가 아닌 경제 활동을 하는 X세대와 밀레니얼 세대라고 설명하면서 미국에서만 이주자 한 사람당 25만 9,000달러에 달하는 재정적인 혜택을 장기적으로 제공할 것이라고 말한다. 글로벌개발센터Center for Global Development의 경제학자 마이클 클레멘스Michael Clemens는 세계의 국경을 임시 이주 근로자에게만 개방하더라도 세계 GDP가 두 배 증가할 수 있다고 추정한다.

대규모 이주를 지지하는 도덕적, 경제적 주장에도 불구하고 여전히 글로벌 이주 정책이 마련되어 있지 않은 실정이다. 갈수록 도덕적 시험대에 오르는 상황이 늘어난다. 지중해를 건너는 아프리카인, 리오그란데강을 건너는 라티노를 비롯한 여러 사람이 다양한 위기에 직면하고 있다. 이주는 서양의 거의 모든 민주주의 국가에서 정치적 로흐샤흐 검사(좌우 대칭인 잉크 얼룩이 있는 카드를 통해 정신 상태와 인격을 진단하는 기법)가 되어 가고 있지만 많은 이주자가 환영받지 못하며 상당수가 이주 과정에서 목숨을 잃고 있다. 외부에서 가한 고통을 고려하면(군사 개입과 생태 파괴 등) 이주자들의 고국에 충분한 회복 조치가 취해지지도 않았다. 내부적으로는 부패와 무분별한 인구 증가 등으로 실패를 겪고 있다. 칸트와 롤스 모두 지금의 상황을 본다면 무척 실망할 것이다.

피터 싱어Peter Singer처럼 실패를 거울삼아 인류의 의무에 대해 치열하게 사유하는 철학자도 드물다. 그는 모든 사람을 동등하게 여기고(범세계주의) 최대 다수의 행복을 추구(공리주의)하는 것이 운 좋은 사람이 운 나쁜 사람에게 지리나 국적에 관계없이 최대한 많이 베푸는 일이라고 주장한다. 이러한 주장을 최대한 키우면 국경을 개방하고 부를 집단적으로 재분배하자는 주장이 되고, 최소화한다면 빈곤국에 더 많은 원조를 제공하자는 주장이 된다.

하지만 원조가 사람들을 계속 살리는 경우는 거의 없으나 이동이 사람이 살 가능성을 높인다는 증거는 많다. 빈곤국에 살고 있는 대다수의 인구에게 사이클론 피해 이후 3D 인쇄 주택이 마련되거나, 가뭄 이후 수경 재배로 식량을 생산하거나, 내전 중에 모바일 지갑에 많은 돈이 생기는 마법 같은 일은 일어나지 않는다. 진정으로 피해자를 돕는 방법은 이웃이 되는 것이다. 서양의 국가들은 압박을 가한다고 해서 성과를 거의 거두지 못한다는 사실을 알면서도 해외에서 인권 증진을 외친다. 하지만 인권 상황을 개선할 수 있는 가장 확실한 방법은 다름 아닌 이주다. 이주는 언론의 자유나 정당한 법 절차와 마찬가지로 인간이 누려야 할 권리다. 많은 사람에게 국경을 넘는 일이 권리를 얻을 수 있는 유일한 방법이다. 따라서 이주는 21세기에 가장 중요한 인권 중 하나가 되어야 한다.

내 입장이 무엇인지 묻는다면 '세계적 공리주의cosmopolitan utilitarianism'라고 말하겠다. 우리는 현재와 미래 세대에게 최대의 복지를 선사하도록 지리를 재구성해야 한다. 이는 '세계적 현실주의'이기도 하다. 각국이 자체적인 결정을 내릴 일이지만 이주의 증가는 국익에 상당 부분 부합한다. 실제로 현명한 정부는 이주에 대해 모 아니면 도라는 태도를 취하지 않는다. 그 대신 분야별로 노동력 수요를 예측하고 공급이 부족한 분야에 외국인을 채용한다. 이를 통해 국내의 실업률을 낮게 유지하면서도 인구는 늘릴 수 있다. 내국인 근로자와 외국인 근로자 사이에 제로섬 경쟁은 벌어지지 않는다는 점을 기억하라. 노동력이 많이 유입될수록 경제가 활성화되고 노동력에 대한 수요가 더 많이 창출된다. 이와 동시에 개방성을 계속 유지할 수 있도록 불법 이주를 억제하고 채용 시 현지인을 선호하는 등의 타협안을 마련할 수 있다. 이주를 지지하는 입장을 유지할 수 있는 또다른 방법은 해외 투자에서 발생한 수익을 시민들에게 배당으로 분배하는 것이다. 이러한 조치는 생산성을 높이고 전 세계인에게 인간적인 배분을 달성하기 위해 치러야 할 사소한 비용인 셈이다.

보다 공정하고 합리적인 인문 지리를 구현하기 위해서는 권리와 의무 모두에 기반한 주장을 해야 한다. 2018년 각국 정부는 이주자가 재정 부담이 아닌 일을 하고 기여할 권리가 있음을 인정하는 '안전하고 질서 있고 정규적인 이주를 위한 글로벌 협정Global Compact for Safe, Orderly, and Regular Migration'에 동의했다. 하지만 미국은 이주 협정뿐 아니라 이와 유사한 난민을 위한 글로벌 협정도 거부했다. 2016년 아랍 이주자가 유럽으로 대거 이동할 당시 독일의 앙겔라 메르켈 총리는 망명 신청자의 권리를 옹호했다가 나중에 통제를 강화하는 방향으로 입장을 바꿨다. 극우인 반이주 정당에 정치 기반을 빼앗기지 않기 위해서였다. 윤리적으로 옳고 인구 구조적으로 필요한 이주와 자멸적이고 근시안적 민주주의 정치가 대비를 이루는 것이다.

서양의 민주주의 국가 중에 대규모 이주가 일어나는 새로운 시대에 준비된 나라는 거의 없다. 인도계 미국인으로서 노벨상을 수상한 수케투 메타suketu Mehta는 "지금처럼 인류의 이동이 대규모로 일어났던 적은 없으며, 지금처럼 인류의 이동에 조직적인 저항이 일어났던 적도 없다."라고 지적했다. 메타는 북반구와 남반구의 격차에 대한 보상을 지지하면서도 북반구에는 그 어느 때보다 이주가 절실한 상황이라고 주장한다. 인재 유출은 앞으로도 계속될 것이다. 하지만 배상에 관한 주장은 역사적으로 무지하고 재정이 취약한 서양에서는 대중의 호응을 얻지 못한다. 게다가 캐나다, 러시아 등 앞으로 가장 많은 이주자를 받아들일 나라들은 아프리카와 남아시아를 식민지로 삼은 적이 없다. 과거를 둘러싼 갈등을 완화한다고 해도 미래에 대한 집단적인 지혜로 이어지지 않는 것이다.

인구를 제한하면 빠른 시일 안에 인구 구조상 부담이 덜했던 시대로 돌아갈 수 있다고 허세를 부릴 수도 없다. 미국지리학회의 크리스 터커Chris Tucker 회장은 이상적인 세계 인구는 30억 명이라고 주장한다. 이는 20세기 중반의 세계 인구인데 이때는 산업화의 혜택을 누리면서도 지구 온난화가 가속화되지 않았던 시기다. 하지만 오늘날 인구가 이상적 인구의 3배 수준에 육박하면서 '지구의 인구가 몇 명이어야 하는가?'라는 질문은 고려할 가치가 없어졌다. 미래에 인구가 어느 수준이든 인류는 지금처럼 이주를 해야만 한다.

사실 인류는 현상을 유지하면서 미리 결정된 국경에 편안하게 안주한 적이 없으며 앞으로도 그럴 것이다. 지금은 이주자를 받아들여야 하는지를 놓고 논쟁을 벌이지만 미래에는 새로운 이주자를 흡수할 수 있는 역량에 주목할 것이다.

각국과 지역의 집단은 '이주자가 어디로 이동해야 하는가?' '어떤 일을 할 수 있는가?' '어떻게 동화될 수 있는가?' '어떻게 하면 가장 지속 가능한 방식으로 살 만한 공간을 확대할 수 있는가?'와 같은 질문에 미리 답안을 만들어 놓아야 한다. 인류학자 데이비드 그레이버David Graeber는 "세상에 숨겨져 있는 궁극적인 진실은 우리가 변화를 만드는 일이 얼마나 쉬운가다."라고 말했다.

북미, 유럽, 아시아의 부유하고 거대한 나라들은 생활 수준을 유지하기 위해 대규모 이주가 필요한 상황이다. 하지만 이주자를 필요한 만큼 흡수한 나라는 아직 없다. 선진국의 인구 감소는 사회 경제적 갈등을 일으키는 반면 빈곤한 국가의 인구 급증은 공평한 발전을 지연시킨다. 이주가 증가하면 이러한 간극이 메워지면서 세계가 집단적으로 가난해지거나 불평등해지는 상황을 막을 수 있다. 따라서 세계 인구의 대규모 이주는 모두의 이해에 부합한다. 우리는 세계의 청년들을 유급 일자리를 얻을 수 있는 지역으로 재배치할지, 아니면 전 세계 하층민의 반란을 목격할지 선택해야 한다. 최근 수년 동안 우리는 후자가 어떤 모습일지 엿볼 기회가 있었다. 우리에겐 더 나은 길을 선택할 용기가 있는가?

세계를 다시 거주할 만한 곳으로

지구에서는 사람과 살 공간이 동시에 사라지는 현상이 벌어지고 있다. 자원을 사람에게 옮기는 일이 환경에 재앙과 같은 영향을 미쳤다. 이제 우리는 자원을 파괴하는 일 없이 사람이 자원으로 이동해야만 한다.

북반구의 주요 국인 미국, 캐나다, 영국, 독일, 러시아, 일본은 보다 광범위한 이주와 더불어 농업과 인프라에 새로운 투자를 단행하여 미래를 대비해야만 한다. 또한 이주자에게 관용을 베푸는 나라는 지나치게 많은 사람이 한꺼번에 몰려오면서 비극이 발생할 가능성에 대비해야만 한다.

전 세계 청년의 끊임없는 이주가 인구 고령화, 기후 변화와 합쳐지면서 기존 인프라와 인간이 이용하는 기타 시설을 적극적으로 개선할 필요가 생겼다. 유휴 상태의 항공기는 발이 묶인 빈민을 이송하는 데 활용할 수 있으며 빈 크루즈선과 호텔에는 난민과 노숙자를 수용할 수 있다. 쇼핑몰은 창고와 생산자의 공간으로 개조하고 골프 코스는 농장으로 활용할 수 있다. 오늘날의 베이비 붐 세대가 세상을 뜨면 필요한 묘지 공간이 충분히 남아 있는지 궁금하게 여기는 사람도 있을 것이다.

주요 지역에서 인구가 사망으로 자연 감소하는 가운데, 멀리 떨어진 여러 지역에서 이주한 청년들이 역동적으로 빈자리를 채우는 모습은 인구 구조상 시적 감흥을 불러일으키는 구석이 있다.

지난 10만 년 동안 인류는 아프리카를 떠나 나머지 모든 대륙으로 이주했으며 해안과 하천을 따라 집중적으로 정착했다. 앞으로 백 년 혹은 천 년 동안 우리는 어디로 이동할까?

우리가 자연스러운 흐름에 따라 내륙으로, 고지대로, 북쪽으로 이동하고 지속 가능성과 이동성에 관련된 최신 기술을 활용한다면 인간의 문명이 새로운 모델을 탄생시킬 뿐만 아니라 인구가 증가세로 반전되는 일이 일어날 수도 있다. 모신 하미드Mohshin Hamid는 〈내셔널지오그래픽〉에서 "이동하는 종은 실제로 그런 삶을 살 때 마침내 편안함을 느끼게 된다. 이는 내게는 탐험할 가치가 있는 목적지다." 라고 말했다.

조지타운대학교의 학부생들이 그토록 수강을 원하는 '현대 세계의 지도' 수업은 성적이 통과 혹은 낙제로 나온다. 오늘날 우리는 새로운 지리 철학을 고안하는 시험에서 통과할 수도, 낙제할 수도 있다. 1946년 미국의 지리학자 존 커틀랜드 라이트John Kirtland Wright는 지리와 인간 본성 간의 친밀하고 발전하는 관계를 표현하기 위해 '지리적 지혜geopophy'라는 단어를 만들었다. '지리적 지혜'는 인위적인 권위를 극복할 수 있도록 영감을 준다. 국경은 수정될 수 있고 인프라는 변화할 수 있으며 인간은 이동할 수 있다. 기후 변화를 나타내는 위성 사진에 정치, 경제, 사회 데이터 포인트 수십억 개를 조합하면 인류가 이동하고 번성하는 생생한 시나리오를 얻을 수 있다. 지리가 고등학교에서 다시 인기를 얻고 있다는 사실은 놀라운 일이 아니며 대학교에서는 지구 관측Earth Observation과 지리 정보 시스템Geographical Information Systems이 인기 강좌로 각광받고 있다. 졸업생들은 눈에 보이는 긍정적인 영향을 미치는 일자리에서 일하고 있다.

청년들에게 공부보다 중요한 것은 없다. 지리는 우리가 앞으로 펼쳐질 복잡한 시대를 어떻게 살아 나갈지에 관한 열쇠를 쥐고 있다. 지리는 변화하며 인간 사회 역시 지리와 더불어 변화해야만 한다.

대이동의 시대
인류, 새로운 생존의 지도를 쓰다

대이동의 시대
인류, 새로운 생존의 지도를 쓰다

초판 1쇄 인쇄 ∣ 2022년 7월 15일
초판 1쇄 발행 ∣ 2022년 7월 20일

지은이 ∣ 파라그 카나
옮긴이 ∣ 박홍경

발행인 ∣ 고석현
발행처 ∣ ㈜한올엠앤씨
등 록 ∣ 2011년 5월 14일
편 집 ∣ 정내현
디자인 ∣ 전종균
마케팅 ∣ 정완교, 소재범, 고보미

주 소 ∣ 경기도 파주시 심학산로12, 4층
전 화 ∣ 031-839-6804(마케팅), 031-839-6811(편집)
팩 스 ∣ 031-839-6828
이메일 ∣ buzmap@naver.com
ISBN ∣ 978-89-86022-62-9 03300